Gusti Reichel · Reinhold Rabenstein
Michael Thanhoffer

Bewegung für die Gruppe

Mit beigetragen haben:

Erich Heiligenbrunner ▪ René Reichel ▪ Elfi Thanhoffer

Ökotopia

Wir, die Autoren

Gusti Reichel

„Ich mag die freie und bewußte Bewegung, sie ist meine „zweite" Sprache. Wenn ich tanze, spüre ich die Unendlichkeit der Möglichkeiten, mich auszudrücken — durch die Energie, die Stille, den Raum. Ich bekomme ein neues Bewußtsein von meinem Körper, erkenne meine Körpersprache, ich forme und gestalte sie mit anderen zu Tanz und Szene.
Diese Erfahrungen möchte ich durch meine pädagogische Arbeit und das Buch vermitteln."

Geboren 1948, verheiratet, Mutter, arbeite ich derzeit als freischaffende Gruppen- und Tanzpädagogin: kaufmännische und sozialpädagogische Ausbildung, Weiterbildung in kreativem Tanz (England und Schweiz), langjährige Praxis in außerschulischer Jugend- und Kinderarbeit.

Reinhold Rabenstein

„Ich fühle mich wohl, wenn ich in Schwung bin — und viele der Anregungen und Anstöße dieses Buches bringen mich in Schwung.

Direkt beisammen und spürbar allein:
Diese Spannweite im Kontakt mit mir und andern ist mir wichtig.
Die hier gesammelten Kontaktspiele erleichtern und regen diesen Wechsel an.

In Situationen, wo ich mich schlaff fühle, geben mir diese Bewegungsspiele ein ‚Haltbares Geländer', an dem ich mich wieder in Bewegung bringe.
Zugleich sind viele dieser Bewegungsanregungen die Möglichkeit, mit mir und bei andern weit genug zu gehen.

All dies schätze ich an den bewegenden Methoden und an der Arbeit, dieses Buch zusammenzustellen."

Ich arbeite als selbständiger Gruppenberater und Spielpädagoge, an der Sozialakademie Linz als Lehrer für den Bereich „Kreatives Training."

Dr. Michael Thanhoffer

Ich kann mir eine lebendige Gruppenarbeit ohne die körperlichen Medien „Tanz", „Bewegung", „Berührung", „Spiel" und „szenische Darstellung" nicht vorstellen. Gruppenmitglieder, die sich bewegen, kommen mit sich selbst, mit den anderen und mit einem Thema leichter in Berührung.
In meinem Körper spüre ich mich, meine Energie und Lust, meine Spannung und Entspannung, alle meine Gefühle. Mit ihm kann ich meinen Kontakt zu anderen fühlen und zeigen, mit meinen Augen kann ich Distanz und Nähe auch sehen.
Lasse ich mich von einem Thema bewegen, so erlebe ich eindrucksvoll seine Bedeutung für mich und ich kann leichter handeln, wenn ich das möchte.
Ein besonderes Anliegen für mich ist die bewegte Gestaltung von Festen und Veranstaltungen für große Gruppen. Ich habe dabei viele angenehme Erfahrungen gemacht."

Geboren 1949, verheiratet, arbeite ich als selbständiger Kommunikationsberater, Spielpädagoge und Gruppentrainer in Wien.

Inhalt

Inhalt

Leitgedanken

Von Dr. René Reichel

Körperbewußtsein ist Selbstbewußtsein

Grundlagen einer Bewegungspädagogik

Wir bewegen uns, bevor wir sprechen lernen

Das Kleinkind lernt beim Krabbeln, Klettern, Gehen und wird dabei mehr oder weniger ermutigt. Je nachdem wie die Umwelt gestaltet ist, wird das Kind durch Bewegung begreifen lernen: je vielseitiger die Anreize, desto mehr Entwicklungsmöglichkeiten.

Diese Interpretation von Lernen und Bewegen endet abrupt mit dem Eintritt in die Schule. Schüler dürfen sich beim Lesen, Schreiben, Reden, Singen nicht bewegen (Lehrer dürfen wenigstens auf und ab gehen). Bewegung ist bestimmten Einzelstunden zugeordnet: Leibeserziehung. Der Leib, der in den meisten Stunden zur Starre erzogen wird, wird zwei mal pro Woche ein bisserl entschädigt. Hier beginnt diese Trennung von Geist und Körper, die viele für eines der Grundprobleme unserer Arbeitswelt halten, eine „Arbeitsteilung", die sicher auch mitschuldig ist an einerseits der auffäligen Lernunlust der meisten Schüler und andererseits an der erschreckenden körperlichen Verfassung, die alljährlich von den Stellungskommissionen konstatiert wird.
Die Sprache hilft uns verstehen: Das Wort „Haltung" zeigt deutlich den

Zusammenhang von Körperlichkeit und Geistigkeit.

Eine Erfahrung:
Ich habe schon an vielen Tagungen, Enqueten, Konferenzen etc. teilgenommen; Sie sicher auch. Dabei ist für viele Teilnehmer von vorneherein klar, daß wohl wenig herauskommt, daß wohl wieder dieselben viel reden werden, daß über immer dasselbe geredet wird, daß wieder wenig zugehört wird, . . ., daß das Ganze halt sein muß.

Der Körper ist auch Träger der Sprache.

Wenn die Teilnehmer einer Zusammenkunft bald auf fixen Plätzen hinter Tischen oder in Sesselreihen verschwinden, und alles weitere Sachliche sich aus dieser Position heraus abspielt, dann ist die geistige Unbeweglichkeit gleich mit „festgesetzt": sozusagen als heimlicher Punkt der Geschäfstordnung. Da „geht nix weiter". Niemand kann „seinen Standpunkt aufgeben".

Wieder verdeutlicht die Sprache den Zusammenhang zwischen körperlichem und geistigem Verhalten.

Wenn Sie schon einmal ein Teffen miterlebt haben, wo das Aufeinanderzugehen, das Kontaktnehmen, das sich Ausdrücken vielfältig ermöglicht wird, dann wissen Sie, um wieviel mehr da „weitergeht". So wie beim Kleinkind, so hängt auch beim Erwachsenen das Lernen, das Erfahren, das Entwickeln von Ideen und Lösungen mit Beweglichkeit zusammen.

Die Spaltung der Menschen in starres Denken, Hören und Reden einerseits und einseitig intensives Bewegungstraining (Sport) oder Austoben (Disco) andererseits will unsere Bewegungspädagogik wieder überwinden. Mein Selbstbewußtsein, meine Kontaktfähigkeit, meine Ausdrucksmöglichkeiten sollen wieder in Bewegung geraten und dadurch stärker werden . . . durch:

+ Mehr Körperbewußtsein: „meine Leistung steigt, wenn ich mich besser spüre und kenne."
+ Lernen durch Entdecken, Erleben und Begreifen: z.B.: Spielkarussell „den Frieden spielen". S. 145
+ Verdeutlichen der eigenen Lebenserfahrungen und -einstellungen durch Rollenspiele und nonverbale Darstellungen.
+ Entwicklung und Vertiefung des Selbstbewußtseins durch Rhythmus- und Tanzerfahrungen und ermutigende Erfahrungen in der Selbstdarstellung.
+ Förderung von Kulturbewußtsein durch Erfahren und Erproben verschiedener Tanz- und Theaterrichtungen (im Bereich „Schulspiel" gibt es hier schon beachtliche Ansätze).
+ Soziales Lernen durch vielfältige Kontaktmöglichkeiten in Schulklassen, Kinder-, Jugend- und Erwachsenengruppen durch zwanglose Raumgestaltung und Sitzordnungen und durch aktivierende Spiele.
+ Bessere Entwicklung der erotischen und sexuellen Identität durch ermutigende und differenzierte Körper- und Kontakterfahrungen.
+ Kreative Ideenfindung und Problemlösungen durch vielfältige, auch nonverbale Ausdrucksmittel.
+ Mehr Wirksamkeit durch das „an die Öffentlichkeit gehen": Demonstrationen, Befragungen, Strassentheater, . . .

Die Aufbrüche zu einer solchen Pädagogik –

wie sie auch in diesem Buch entwickelt werden – haben mir persönlich und meiner Gruppenarbeit wesentliches gebracht.

Reinhold Rabenstein

1. Kapitel

Lockern-Berühren Spielen

Lockerungen, Kontaktspiele, Gruppentänze

Wie Ihr in Fahrt, Bewegung und Kontakt kommt — wie Ihr Euer Fühlen und Empfinden bewußt erleben könnt und wie Nachahmen, Vorzeigen und Zusammenspielen auf- und anregend sein können: diese bunte Palette von Möglichkeiten zeigt dieses Kapitel.

Übersicht:

Einleitung: Erlebnismöglichkeiten. Zur Animation. Spielraum.

„kräftig, schnell, taktisch"
„lockernd bewegen"
„berühren, zusammentreffen"
„entspannen, empfinden"
„darstellen, ausdrücken"

Bewegungsspiele selbst erfinden

Zusammenstellung der Impulse und Spiele für Paare, Kleingruppen und zum Durcheinander / für alle.

Einleitung:

Dieses Kapitel zeigt Dir und Deiner Gruppe eine bunte Palette von Möglichkeiten: wie Ihr in Fahrt, Bewegung und Kontakt kommt – wie Ihr Euer Fühlen und Empfinden bewußt erleben könnt und wie Nachahmen und Vorzeigen, Zusammenspielen und Vor-allen-Stehen auf- und anregend sein können.

Erlebnismöglichkeiten:

Die Spiele, Impulse und Übungen dieses Kapitels bringen körperliche Bewegung, impulsive Aktivitäten und abwechslungsreiches Körper-Spüren. Zusätzlich fordern und fördern sie vielfältige Kontakte wie zugreifen, einander beobachten, jemand auswählen, sich zusammenkuscheln, einander nachlaufen, fangen, streicheln, jemand wachrütteln, jemand nachahmen, zusammen atmen, einander fühlen.

Diese Kontakte unterscheiden sich wesentlich von den alltäglichen Möglichkeiten, die wir haben. So beeinflussen diese „Bewegungsspiele" deutlich die Vitalität, sie bringen uns ganz in Bewegung, nicht nur unseren Kreislauf. Zugleich ermöglichen uns diese Impulse, uns nach und nach ganz zu erleben, uns pulsierend zu erfahren. Wir können einander unterstützen, uns wertvoll zu schätzen.

Zur Animation:

Anregend sind Impulse, die eine glückliche Mischung aus Regeln und Reizen haben. Anders gesagt, jeder Mitspieler braucht genügend Sicherheit und Anreiz, um mitspielen zu können.

Achte deshalb auf die stimmige Mischung! Je ungeübter die Gruppe, umso mehr bekannt-gewohnte Elemente und Signale braucht sie. Zusätzlich gibt's spezielle Anreize, wie pikante Worte und aufregende Aufgaben (z.B. sich blind fallen lassen).

Wichtig ist Deine eigene Beziehung zu den Impulsen und Spielen, die Du vorschlägst: Deine Neugier und Begeisterung ist bereits ein wichtiger Anreiz für die Gruppe, mitzumachen. Erzähle deshalb bei der Animation eines Spiels, was Dir daran gefällt, worauf Du schon neugierig bist!

Bei ungewohnten, schwierigen und anspruchsvollen Impulsen ist es gut, wenn Du einen Teil der Übung vor allen mit einem Partner vormachst. So kann sich die Gruppe ein Bild machen, was dabei wichtig und förderlich ist, welches Tempo gut tut, wie jeder das Spiel vollenden kann und was dabei „erlaubt" oder „tabuisiert" ist.

Spielraum:

Achtet auf einen zu Euch passenden Spielraum! Sofern Ihr die Wahl habt, wählt Euch eine Fläche, in der jeder ca. 2m Bewegungsfreiheit hat und die zugleich so eng ist, daß die Gruppe ihre Gestalt behält!

Auf weiten Wiesen oder in großen Räumen können ausgebreitete Decken, Tücher oder Teppiche einen klaren Spielraum ergeben und eine einladende Grenze zur übrigen Umgebung bilden.

Bei vielen der folgenden Interaktionsspiele ist es wichtig, daß der Raum jeweils so „abgesteckt" ist, daß die einzelnen Gruppenmitglieder einander im Auge und echter Reichweite behalten.

„kräftig, schnell, taktisch"

Einfach und üblich kommen Kinder wie Erwachsene beim Laufen und Fangen in Bewegung. Die meist klaren Erfolgsaussichten und Regeln erleichtern allen das Mitmachen und versprechen Spaß.
Geringe Kooperationsansprüche und wenig Beziehungsdichte ermöglichen einander fremden Mitspielern lockernde Bewegungserlebnisse, Hitze, Außeratemkommen, Lachen, Entwischen und Zugreifen.

Das bewußte Spielen mit der eigenen Kraft ohne feindseliges Besiegenmüssen erlaubt das undosierte aufeinander Losgehen und Zusammenprallen. Dieses kraftvolle Erlebnis erleichtert oft folgende zartere, entspannende Körper- und Kontakterlebnisse.

● Versteinern — erlösen

Je nach Gruppengröße gibts einen oder mehrere Fänger:
Er läuft den andern nach. Wen er abschlägt, „versteinert" er: Das versteinerte Gruppenmitglied bleibt mit gespreizten (gegrätschten) Beinen stehen – und kann so auf seine Befreiung warten und hoffen.

Flitzt oder kriecht ein anderer Mitspieler durch die Beine, ist der Versteinerte wieder frei – und kann davonlaufen und andere befreien.

Spannend ist, ob der (die) Fänger die ganze Gruppe versteinern kann.

Lustbringende Variationen:
Dieses Spiel am steilen nassen Wiesenhang–
im knöcheltiefen Wasserstrand –
Schlammboden –
am Eislaufplatz –

● Zweierzeck

Zwei geben sich die Hand – und sind „das Zweierzeck": So mit einander verbunden laufen sie den andern nach. Schlagen sie einen Mitspieler ab, so ist der – an der Hand gefaßt – der dritte im Laufe. Kaum ist der vierte abgeschlagen, trennen sich diese auf zwei Paare. So läuft das weiter bis alle „an der Hand" sind: zu lauter Paaren oder zu dritt.

Variationen:
Jeder abgeschlagene Mitspieler faßt zu, sodaß sich eine Fängerschlange bildet, deren Enden fangen können.

Die Fänger trennen sich erst, wenn sie zu sechst sind ..... usw.

● Bruder/Schwester hilf!

Spielt dieses Spiel jeweils auf engem Raum – dann wird's lustiger! (Alle Fang-Spiele werden lebendiger, wenn sie auf eher engem Raum gespielt werden. Die Mitspieler sind viel häufiger zum Reagieren angeregt !)
Wieder gibt's einen oder mehrere Fänger. Jede(r) kann sich vor dem drohenden Abschlagen retten, indem er eine(n) andere(n) umarmt und „Bruder hilf!" ruft. Solange also zwei einander umarmen, können sie nicht abgeschlagen werden. Wen der Fänger erwischt, der wird neuer Fänger oder Mitfänger = Kettenreaktion.

Variationen:
Es können sich nur Dreier-Gruppen retten.
Es dürfen nur gleichgeschlechtliche Paare bilden.
Nur verschieden-geschlechtliche können einander retten. usw.

● Schlangenfangen

Die Gruppe bildet zwei oder mehrere Menschenschlangen, die sich jeweils mit den Händen an den Schultern zusammenhalten.
Die erste Mitspielerin – die also beide Hände frei hat – ist jeweils Fänger – und zwar Fänger des letzten der andern Schlange(n). Diese(r) letzte wird nun zum ersten der eigenen Schlange und fängt wieder den oder die letzten der anderen Schlange(n).
So wachsen – oder schrumpfen – ständig die Schlangen.

Variationen:
Gefangen ist ein Mitspieler erst, wenn er von der Schlange losgerissen ist: ergibt Keilerei um jeden.
Gefangen ist, wer von der Gruppe losgeküßt wird: ergibt „Gruppe aus einem Kuß".

● Zublinzeln

Ähnlich einfach geht dieses Spiel:
Alle sitzen im Kreis bzw. stehen hinter den Sitzenden.
Der Sessel eines Mitspielers ist frei: der blinzelt einem sitzenden zu — wer angeblinzelt wird, kann blitzschnell zum „Blinzler" überwechseln, was der dahinterstehende, schnell zufassend, verhindern will.
Die Stehenden haben ihre Hände am Rücken verschränkt und blicken auf den Scheitel ihrer Sitzenden. Dann werden die Rollen gewechselt.

Dieses Spiel kann in aggressiven Gruppen leicht feindselig werden.

● Die schwächste Maus

Alle seid Ihr Mäuse, einer ist Euer Fänger (Kater?)

Die Katze steht den Mäusen an der gegenüberliegenden Seite des (knappen!) Spielfelds gegenüber. Die Mäuse machen nun tuschelnd aus, wer von ihnen die schwächste Maus sein will. Diese schwächste Maus muß dann von allen andern so geschickt geschützt werden, daß sie der Fänger möglichst als letzte abschlägt.
Nun laufen Katze und Mäuse jeweils gegeneinander – von einer Endlinie zur anderen. Alle, die von der Katze abgeschlagen werden, scheiden aus.

Gelingt es den Mäusen, so taktisch zu laufen, daß ihre schwächste Maus zuletzt gefangen wird, haben sie gewonnen.

Dieses spannende Spiel lebt von der Möglichkeit, wiffe Taktiken entwickeln zu können. Spiele dieses Spiel daher öfters hintereinander! So können die Mäuse draufkommen, wie sie die schwächste Maus durchbringen. Unterstütze ungeübte Mitspieler bei diesem Taktiksuchen!

● Krebse — Fische

Zunächst sind alle Fische, nur der Fänger = Krebs. Alle sind auf Füße und Hände gestützt und bewegen sich so. Wen der Krebs zwischen seine Beine kriegt, der wird auch Krebs oder statt ihm Krebs: Dies hängt von der Gruppengröße ab.
Je größer die Gruppe, umso eher wende ich die Kettenreaktion an: Solange also, bis alle Krebse sind.

● Feuer — Wasser — Sturm

Alle laufen auf einer abwechslungsreichen Spielfläche umher, eine(r) ruft für alle die Impulse: „laufen – laufen – laufen – STURM!" Bei „Sturm" müssen sich alle schnell irgendwo anhalten. Wer zuletzt zum Anhalten kommt, ruft die Impulse weiter: „laufen – laufen – laufen – laufen – FEUER." Bei „Feuer" müssen sich alle schnell auf den Boden legen oder niederhocken. Bei „Wasser" müssen alle schnell irgendwo hinaufsteigen. Jeweils der/die letzte ruft die neuen Impulse.

● Ebbe und Flut

Dieses Spiel ist obigem sehr ähnlich: Hier erzählst Du oder ein anderer Mitspieler eine Geschichte, zu der alle umher gehen. Kommt das Wort „Ebbe" vor, setzen sich alle am Boden, bei „Flut" muß jede(r) wo hinauf. Der/die letzte erzählt die Geschichte weiter.

● Rücken an Rücken

Hier könnt Ihr alle mit Eurer Kraft spielen:
Zwei Reihen bilden sich, die sich mit eingehängten Armen zusammenhalten. Mit dem Rücken einander zugekehrt, treffen sie aufeinander und versuchen so, die andere Reihe wegzuschieben.

Zum Ausklang oder Weiterklingen kann **„Rücken begegnen einander"** angenehm erlebt werden. Siehe Seite: 27

● Hoch-Sprung

Je drei spielen zusammen:
Eine(r) steht in der Mitte, die beiden äußeren fassen ihn/sie an den angewinkelten Unterarmen. Alle drei wippen nun gemeinsam und zählen dabei 1 - 2 - 3 ! Bei 3 springt der mittlere fest hoch und die beiden äußeren stemmen schnell hoch, ohne allerdings auszulassen, sonst geht die Landung schief.
Durch diese Unterstützung (endlich einmal wörtlich !) springt das mittlere Gruppenmitglied wirklich leicht und hoch. Die drei wechseln so, daß jede(r) zum Hochspringen kommt.

● Federbett

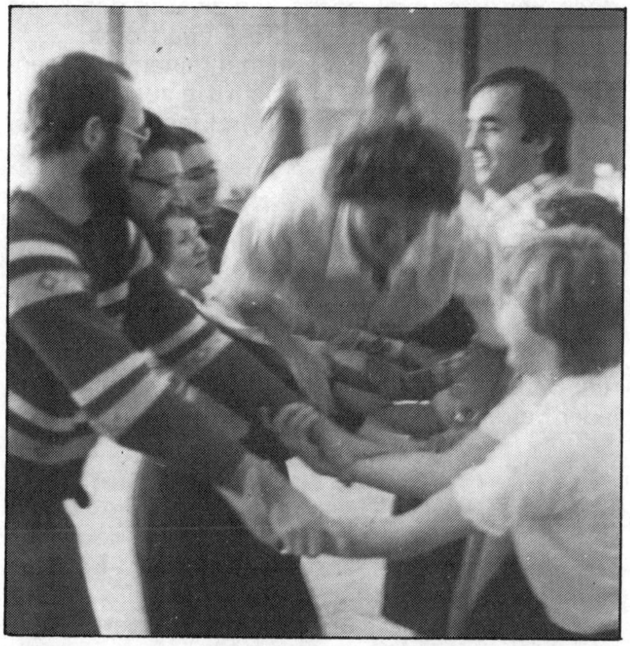

Auch hier braucht Ihr Eure Kraft füreinander: Stellt Euch in einer Doppelreihe einander gegenüber und faßt Euch fest an den Armen. Ein Gruppenmitglied kann sich von einem Tisch oder Sessel in dieses Armbett fallen lassen und Ihr federt es dann bis zum Ende der Reihe, wo Ihr es sanft absetzt.

● Katapult — Hexensprung

Je vier spielen hier zusammen:
Eine(r) legt sich mit dem Rücken am Boden und zieht die Beine katapultartig an. Der Springer setzt sich mit seinem Po auf die Fußflächen des Liegenden. Die beiden übrigen fassen den Springer an den angewinkelten Unterarmen. Nun wippen alle leicht — beim dritten Mal schleudert der Liegende den Sitzenden fest weg, die beiden Unterstützer gehen stark mit.
So entsteht ein weiter Hexensprung und ein Spaß für die Beteiligten. Wechselt so, daß jeder dran kommt.

● Spots in Movement

Die „Bewegungsstückerl" sind eine derart bewegende Struktur, daß Du sie für fast alle Gruppen und Anlässe verwenden kannst:
Zu lockerer, beschwingter Musik (Charleston) bewegen sich alle im Raum, bzw. auf der Spielfläche.
In kurzen Abständen brichst Du die Musik ab, rufst einen Bewegungs- oder Kontaktimpuls, alle agieren diesen Impuls aus, dann setzt Du wieder mit der Musik ein und alle bewegen sich wieder dazu.
So kannst Du die verschiedensten Bewegungen und Kontakte anregen.

Passende Impulse zu „kräftig, schnell, taktisch":
- möglichst viele Hände schütteln
- schnell alle vier Wände berühren
- zu zweit auf einem Sessel stehen
- zur kommenden Musik verkehrt gehen
- sich in die Mitte des Raumes stellen
- einander auf die Schultern klopfen
- schnell zu verschiedenen Bereichen „gleiche" suchen: Schuhgröße, ...
  Augenfarbe
  Geburtsmonat
  Anfangsbuchstaben des Namens
  Kleiderfarben, Kleidungsstücke
- verschiedene Redewendungen körperlich verwirklichen:
- jemand auf Händen tragen
- jemand unter die Arme greifen
- jemand den Rücken stärken

Zu „kräftig, schnell, taktisch" gibt's viele bekannte Fang- und Plätzetauschspiele, die Kindern und Jugendlichen vertraut sind.

Spiele, die Du auf den nächsten Seiten findest:

- **Atome-Moleküle**
- **Follow me**
- **Zurufen**
- **Verfolgen**
- **Gruppentänze**
- **Schattengehen**
- **Auf den Rücken nehmen**
- **Schlagzeilen rufen**
- **Statuen versetzen**
- **Gruppen-Federbett**
- **Fliegen**
- **Stop — Los**
- **Knie — Sitz — Kreis**

„lockernd bewegen"

Die folgenden Spiele und Impulse zu „lockernd bewegen" erleichtern das Aus- und Abschütteln und das dosierte In-Bewegung-und-Kontakt-Kommen.

Gemeinsam ist allen Anregungen, daß die Teilnehmer eher flüchtig und eilig auf andere treffen, wenig Intimitätsanspruch entsteht, die Gruppe die tragende Atmosphäre für Einzelbewegungen ist.

Die Reihenfolge der Impulsbeschreibungen entspricht dem steigenden Grad der Verbindlichkeit und Bewegungsgestaltung.

● Follow me! (Follow the leader)

Einfachste Form:
Ihr steht im Kreis, eine Person macht eine einfache Bewegung zur Musik, die alle anderen gleichzeitig mitmachen. Wenn der „leader" nicht mehr will, zeigt er auf eine andere Person im Kreis, welche mit einer anderen Bewegung weitermacht.

Variation 1: selbe Kreisaufstellung, nur löst sich der Kreis in eine sich weiterbewegende Linie/ Schlange auf, bei der immer die erste Person der „leader" ist und mit bestimmten, einfachen Bewegungen die Gruppe anführt.

Variation 2: Aufstellung im Kreis, es werden jedoch Schritte vorgemacht und zwar in den Kreis hinein. Möglichst einfach und wiederholbar.
Diese Methode ist auch geeignet, einen Gruppentanz aufzubauen: ähnliche Schritte ausfeilen und zu einem bestimmten Ablauf in kleinen Gruppen zusammenfügen.

● Von Wand zu Wand

Alle Teilnehmer stehen auf einer Seite des Raumes oder der Wiese etc. und eine Person macht eine Bewegung durch den Raum zur anderen Seite, die alle wiederum nachmachen. Auf jeder Seite Wechsel des „leaders".

● Ausschütteln

Die Gruppenmitglieder stehen verstreut. Lockere schnelltaktige Musik:
Nun beginnen alle Körperteil um Körperteil auszuschütteln:
„Beginnt mit den Fingern der rechten Hand .... jetzt die rechte Hand ..... dazu den Arm .... dazu die linke Hand .... dazu den linken Arm .... dazu die Schultern .... dazu den rechten Fuß .... den Popo .... dazu die Wirbelsäule .... dazu den Kopf."
Hier schütteln sich alle und winden ihren gesamten Körper.

● Roboter und Gummimanderl

Zu einer sehr impulsiven elektronischen Musik bringt dieses Spiel viel Bewegungserlebnis:

Variation 1: Jede(r) wählt sich eine Ausgangsrolle – Roboter oder Gummimanderl(frauerl). Bei einsetzender Musik beginnt sich jeder in seiner Art zu bewegen.
Beim Trommelschlag (Tamburin, Becken), oder wenn die Musik unterbricht, wechselt jeder blitzschnell seine Rolle und damit die Bewegung.
Diese Wechsel sollten häufig und unregelmäßig „geschlagen" werden.

Variation 2: Nun (oder stattdessen) wird der Raum in Hälften oder Viertel geteilt (Tesa-Krepp-Streifen am Boden oder Kreidestriche). Die einzelnen Teile werden abwechselnd zu Roboterland oder Gummiland erklärt.
(Dies kann auch ein kleiner Teppich in der Mitte des Raumes leisten: Wer sich darauf bewegt ist im Roboterland ....)
Die Musik beginnt wieder, alle bewegen sich in der Rolle, die dem jeweiligen Land entspricht.
Beim Übertreten einer Grenze wird sofort die Bewegung gewechselt. Hier kann jeder nach eigener Wahl wechseln.

Variation 3: Wie Variation 1 dazu: Wenn die Musik abbricht wird eine kleine Aufgabe gestellt
– sich mit Partner auf einen Sessel stellen
– sich aneinanderlehnen
– sich umarmen ....all das in der jeweiligen Rolle ......

Mit diesem Spiel kannst Du sowohl Bewegungsmöglichkeiten wie Begegnungsmöglichkeiten anregen.

● Vereisen — enteisen

Alle gehen im Raum umher und werden vom Animateur „vereist" und „enteist":
„Wir gehen so heut morgen durch die Welt – ah, den kenn ich ja – ..... schaut euch genau an ..... plötzlich geraten wir in eine Eiswolke – jeder spürt, wie der eisige Dunst über seinen Kopf rinnt – jetzt erstarrt die Kopfhaut – nun rinnt das Eis über die Stirn in die Augen, die erstarren unbeweglich – nun erstarrt mein Nacken, ich kann meinen Kopf nicht mehr bewegen – die Kinnlade erstarrt – die Schultern – die Oberarme – ha, meine Unterarme bewegen sich noch – jetzt nicht mehr – meine Brust erstarrt mit – mein Atem wird klein und eng – mein Bauch steinhart – meine Hände auch schon – sie stehen starr vor Eis – jeder Finger unbeweglich – und jetzt vereist mein Becken – jeder Schritt wird zur Qual – die Oberschenkel – die Knie – ich bin jetzt bewegungsunfähig – das Eis rinnt weiter – jetzt hats meine Zehen erwischt – ich bin ein einziger Eiszapfen: mit dem Boden zusammengefroren, keine Bewegung mehr möglich, steif und schwer."

Mit oder ohne beschwingt-dezenter Musik geht das Auftauen vor sich:
Du erzählst die „Geschichte vom Auftauen" die Zehen aufwärts.
Wichtig: Jede neue Bewegungsmöglichkeit auskosten lassen!
Das Tempo Deiner Erzählung sollte den Bewegungsmöglichkeiten der Gruppe entsprechen: Je mehr die Gruppe die einzelnen Phasen „auskosten" kann, umso langsamer erzähle!

● Vom Opa bis zum Baby

Ähnlich wie „Vereisen" geht dieses Spiel:
Die Animateurin beginnt beim Alter: „Wir sind 85, hier und ..... sind wir schon steif (haben zuviel Fleisch und Zucker gegessen) und so gehen wir herum ....
Jetzt sind wir jünger: rüstige 50 ......
und nun selbstbewußte 30 .....
jetzt unsichere 16 ....
jetzt stürmische 8 ....
jetzt neugierige 2 ....

jetzt frische 3 Monate (alle liegen am Boden und sind Babies ....)"
Die Mitspieler spielen die jeweiligen Altersstufen und deren Bewegungen.

● Stop — los

Ein klassisches Lockerungsspiel, das viel Aufmerksamkeit auf die übrigen Gruppenmitglieder fördert!

1. Die Teilnehmer stehn verstreut und hören die Spielerklärung:
   „Alle stehen. Sobald einer von uns „Los" ruft, laufen (gehen) alle umher.
   Ruft dann einer „Stop" bleiben wir alle sofort stehen.
   Also Los!"
2. Nach einigem Stoppen und Losgehen:
   „Wir können nun so weiterspielen: Der oder die, die „Los" sagt, geht in einer besonderen Gangart los, und wir alle machen's ihr nach.
   Wer „Stop" sagt, bleibt in einer besonderen Figur stehen – und wir alle ahmen diese nach, bis wieder eine(r) „Los" macht ...."
3. (oder 2.) „Ab jetzt sagt keiner mehr was, sondern bleibt einfach stehen – und wir alle bleiben stehen. Geht wer los, gehen wir alle weiter."
   Dieser wortlose Teil ist nur nach dem 1. Teil und in überschaubaren Gruppen möglich und meist sehr spannend.

Ich spiele dieses Spiel gern nach Pausen, weil sich die Gruppe selbst in Schwung bringt.

● Winkel-gehen

..... für bereits etwas Gelockerte:
Musik, die zum flotten Gehen und Wippen anregt (z.B. „Cracy Piano" oder „Schottische Märsche")
Dazu ein Tamburin (Trommel, Becken o.ä.).
Die Teilnehmer werden eingeladen, zur Musik

beschwingt durch den Raum zu gehen – Arme und Körper locker mitbewegen!

Jetzt:

Jede Richtungsveränderung nur mehr im rechten Winkel. (Besonders leicht, wenn der Raum einen karierten Bodenbelag hat).

Jetzt:

Ein Viereck wird benannt. Jeder stellt sich entlang einer Außenkante auf und hat damit seine Spur (bis zur gegenüberliegenden Außenkante). Jetzt gehen alle in ihrer Spur zur Musik – beim Tamburin-Schlag erstarrt die Querrichtung – die Längsrichtler haben nun Hindernisse in ihren Spuren, die sie nicht umgehen dürfen.

Tamburin-Schlag: Längsrichtler erstarren – Querrichtler bewegen sich und treffen auf Hindernisse ....

Das gesamte Spiel lebt von einer flotten, anregenden Musik, klarer Erklärung und häufigen unregelmäßigen Tamburin-Schlag-Impulsen.

Das bewußte Bewegen im Raum und mit den anderen als „Hindernissen" kann viel Spaß machen. Hängt von der Atmosphäre ab!

● Maschinenteile zusammenfangen

Anknüpfend an Winkel-gehen könnt Ihr dieses Spiel erleben.

Wie wir dieses Spiel zum ersten Mal erlebt haben, hat's uns viel Spaß gemacht. Das siehst Du auf diesem Foto:

Je drei spielen miteinander.

„Jetzt schlag ich euch ein lustiges Spiel zu dritt vor – bitte geht je 3 zusammen und stellt euch Rücken an Rücken – 2 von euch sind ab jetzt Maschinenteile, die einfach und ununterbrochen vorangehen – euer Dritter bestimmt nun eure Gehrichtung, indem er eure Köpfe dorthin wendet, wohin er euch gehen lassen will.

Er hat nämlich die Aufgabe, euch Maschinenteile wieder zusammenzubringen: von Rücken an Rücken zu Aug in Aug.

Geht's schon?"

Zwei von den dreien bewegen sich nun als Maschinenteile und werden vom „Monteur" durchs Kopfdrehen gesteuert – solange, bis ihm gelungen ist, die beiden Maschinenteile Aug in Aug aneinanderzubringen.

Das bringt viel Bewegung in den Raum.

● Name und Bewegung

Zum einander Vorstellen wie zum Lockern könnt Ihr dieses Spiel erleben:

„Stellt euch bitte im Kreis auf. Jetzt kann sich jeder mit einer typischen oder zufälligen Bewegung vorstellen: Ich heiße z.B. Reinhold und mache .... (zeige eine einfache Bewegung vor). Ihr wiederholt meinen Namen und meine Bewegung – und jetzt setzt mein Nachbar fort. Wir wiederholen seinen Namen und seine Bewegung. Bis wir rundum sind."

Auf diese Weise zeigt jeder seine Bewegung und beim Wiederholen kommen alle andern Gruppenmitglieder mit in Bewegung.

Sind alle rundum, könnt Ihr eine zweite Runde mit etwas typischeren Bewegungen, oder Kontaktbewegungen o.ä. machen.

Reizvoll ist's, eine Runde einfach zu wiederholen – ohne die jeweilige Mithilfe der Gruppenmitglieder, deren Namen und Bewegung alle gerade wiederholen. Einige aus der Gruppe erinnern sich immer wieder.

Variation:

Die Gruppenmitglieder machen Bewegungen, die ihren Namen unterstreichen.

Die Gruppenmitglieder stellen ihren Namen in Schritten vor.

Mittlerweile ist dieses Spiel für mich zum klassischen Lockerungs- und Kennenlernspiel geworden. „Name in Schritten" war die Geburtsidee für das ebenso bewegende Spiel „Namen-Melodie".

Bewegen mit Material

Musik ist der üblichste Bewegungsimpuls. Zusätzlich bringen Materialien wie Luftballons, Tücher, Gummibänder, Stäbe, Seile u.a. ganz eigenartige Bewegungsmöglichkeiten.
Luftballons und Tücher haben zusätzlich ihre ganz spezifische animative Wirkung.
Hier beschreiben wir einige Möglichkeiten, wie Ihr durch Material zu Bewegung angeregt werden könnt.

● Mit Luftballons

Jede(r) bläst sich seinen/ihren Luftballon auf und
- schreibt darauf den eigenen Namen
- malt ein passendes Symbol
- zur Musik stubst jeder seinen Luftballon und tauscht mit anderen
- die Musik bricht ab, jeder sucht den Inhaber des Luftballons, den er gerade in Händen hat
- alle lassen die Luftballons über ihren Körper gleiten
- die Luftballons werden nur mit den Fingerspitzen getupft, nur mit der Nase, nur mit .... (verschiedene Körperteile nennen)
- die Luftballons werden einfach zur Musik geschubst

- alle mit der gleichen Luftballonfarbe versammeln sich in den jeweiligen Raumecken: die so entstandenen Gruppen haben die Aufgabe, ihre Luftballons zur gegenüberliegenden Ecke am Boden zu blasen,
- bzw. sich Transportarten zu vereinbaren, wo jeweils alle der Farbgruppe beteiligt sind
- die Farbgruppen erfinden Luftballonspiele

- auf Riesenluftballon schreiben alle (bis 15 Personen) ihren Namen. Wer den Luftballon in Händen hält, sucht sich einen Namen aus, schaut und fragt wer so heißt und wirft diesem Mitspieler den Luftballon zu – ev. mit einem Satz zu einem vereinbarten Thema. Das „angespielte" Gruppenmitglied spielt das nächste an usw.

Bei allen Luftballonspielen ist eine Gruppenatmosphäre wichtig, die Wertschätzung dieses „sensiblen" Materials ermöglicht. Es ist frustrierend, wenn die Luftballons nur zerplatzt werden. (Es sei denn, dieser Krach ist ein Ziel Deiner Animation).

● Mit Tüchern

Große Tücher, aus bunten Futterseidenbahnen zusammengenäht, geben Euch schwungvolle Impulse. So werden diese Tücher auch schon Schwungtücher genannt. Das Bewegen mit und von diesen Tüchern bietet der Gruppe einen guten „Zusammenhalt", macht Wind, ist deutlich sichtbar und kann sowohl zu szenischen Aktionen wie zu entspannendem Fühlen führen.

- stellt Euch rund um das Tuch und bewegt es und Euch zur Musik
- tauscht unter dem Tuch schnell Eure Plätze: zufällig oder durch Zublinzeln
- bewegt Euch am Tuch durch den Raum, über die Spielfläche
- fangt fliehende Gruppenmitglieder ein
- spielt Glasplattenheben: spannt das Tuch eben am Boden und beginnt es als „Glasplatte" langsam zu heben und wieder niederzulegen
- zur Entspannung: die Hälfte von Euch legt sich unter das Tuch, die andern lassen das Tuch locker über die liegenden streifen und machen sanften Wind (nach kraftvollen Aktionen ist das eine herrliche Abkühlung)
- experimentiert, was Euch dieses Tuch ermöglicht, wozu Ihr Euch anregen laßt!

feste Tücher:
- Gruppenmitglieder tragen
- über den Boden flitzen lassen
- Gruppenmitglieder schupfen

● Mit Gummibändern

Knüpft Einziehgummibänder, ca. 2 - 3 m lang, zu Schlaufen

- jede(r) bewegt sich, um seine Hände und Füße den Gummi gespannt, zur Musik und verdeutlicht so seine Bewegungen
- je ein Paar hat eine Gummischlaufe und bewegt sich zusammen
- die Paare bandln sich zu andern, verbandeln sich, knüpfen an

Gruppentänze

Zu all den bisher gezeigten Möglichkeiten der Lockerung regen Gruppentänze zur Bewegung an, bringen in die Gruppen lockere Atmosphäre. Rene Reichel hat hier seine Erfahrungen zusammengefaßt:

Was Gruppentänze bringen:

Belebung der Gruppenarbeit

o Die noch unsicheren Gruppenmitglieder zusammen- und in Schwung bringen.
o Verkrampftes Gruppenklima entspannen. Ohne Probleme zu verdrängen, kann animierende Bewegung das Gruppenklima in ein neues Licht rücken.
o Muffige Stimmung erfrischen. Manchmal sitzen wir einfach zu lange herum.
o Ängste abbauen. Wenn alle im Kreis sitzen, werden die Gruppenmitglieder sich nach ein, zwei Tänzen etwas enger zusammensetzen und leichter reden.
o Müdigkeit abschütteln. Manchmal bringen die Gruppenmitglieder echte Müdigkeit mit. Ein, zwei Tänze sind gesünder als starker Kaffee und wirken (mindestens) genauso.
o Wie ich gehört habe, soll es für die Gesundheit wichtig sein, einmal am Tag richtig zu schwitzen. Na bitte!

Bei Festen

o Geschlechterunterschiede werden aufgehoben, das durchbricht das oft einseitige Rollenverhalten bei Festen.
o Ungleiche Geschlechterverteilung vergessen machen. Keine Mauerblümchen mehr, Männer lernen auch mit Männern zu tanzen – ein oft befreiendes Erlebnis.
o Singles werden integriert.

o Fixierte Paare entdecken Kontakte mit anderen.
o Es gibt kein „nicht tanzen können", alle werden mitgetragen. Und wenn etwas durcheinander kommt, umso lustiger.
o Ich komme in Kontakt mit vielen, viele kommen in Kontakt mit mir.

Für Dich als Animateur

o Du entdeckst, daß Du Teilnehmer zum Tanzen animieren kannst, auch wenn Du Dir das bisher nicht zugetraut hättest.

Gruppentänze
unterscheiden wir von Volkstänzen:

o Gruppentänze sind einfache Tänze, die alle sofort (lernen) können – kein längeres Üben ist notwendig.
o Gruppentänze müssen daher nicht perfekt funktionieren, ganz im Gegenteil. Eine gewisse Portion Chaos vergrößert die „Hetz".
o Gruppentänze kennen keine speziellen Männer- oder Frauenrollen wie viele Volkstänze.

Beispiele für erfolgreiche Gruppentänze
(die Platten/Kassetten und Beschreibungen könnt Ihr bei vielen Organisationen und Animateuren ausleihen):

- **Hawa netze bamachol**
- **Hawa nagila**
- **Yankee doodle**
- **Swing in der Gasse**
- **Bingo**
- **Jiffy Mixer**
- **Doudlebska Polka**
- **Sirtaki**
- **Seven Jumps**
- **Jingle Bells**
- **Kolo von Srem**

Lockerungen

Zu Beginn von Gruppenereignissen bringe ich gern mit lockernden Impulsen die Gruppenmitglieder in Bewegung. Sobald wir diesen Impulsen eine klare Zeit widmen, nennen wir diese oft „Lockerungen":

Für die Lockerungen ist wichtig, daß die Spielstrukturen und Spielimpulse den Bewegungs- und Intimitätsmöglichkeiten der Gruppe entsprechen. Ein Aufbau von schnellen, lockernden Bewegungen bis zu bewußtem Empfinden, von „alle durcheinander" bis zu klaren Kontaktpartnern ist günstig.

Zur Zusammenstellung Deiner Lockerungen kannst Du Impulse aus den unterschiedlichen Schwerpunkten dieses Kapitels wählen und diese sogar um ein Thema gruppieren.
Spielstrukturen wie
o Spots in Movement
o Zwiebel
o Mein rechter Platz ist leer
o 4 Ecken
kannst Du mit verschiedenen, für Deine Absichten typischen Spielimpulsen beleben. Dies erleichtert Dir die Zusammenstellung von Spielimpulsen am Ende dieses Kapitels.

Impulse speziell für Großgruppen findest Du in unserem Buch „Großgruppen-Animation".

Beispiel einer Lockerung zum Thema
Kontraste
Die folgenden Spielimpulse ermöglichen der Gruppe kontrastreiche Bewegungserlebnisse und Interaktionen:
einzeln — zusammengeballt
stoppen — loslaufen
eckig — fließend
führen — geführt werden
fallen — zugreifen

1. Ausschütteln
2 Atome — Moleküle
3. Stop — Los
4. Roboter und Gummimanderl
5. Marionette „handgreiflich"
6. Pendeln

Beispiele für „Zwiebel" und „Spots in Movement (auch thematisch)" findest Du bei den jeweiligen Impulsbeschreibungen.
Diese Spielstrukturen können eine ganze Lockerung tragen.

„berühren, zusammentreffen"

In Bewegung bringt Euch nicht nur die rein motorische Tätigkeit Eures Körpers: Ihr kommt auch beim An- und Zugreifen, beim Wählen eines Partners, beim Zusammenballen und Zusammenkriechen, beim Streicheln und Klopfen in Bewegung.
Derartige Kontakte machen die Atmosphäre in der Gruppe warm, die Gruppenmitglieder werden einander spürbar.
Zur Animation: Beachte das Nachwort zur „Zwiebel"!
Die folgenden Impulse und Übungen ermöglichen und fordern Körperkontakt und Kooperation, bringen körperliche Aufregung und spürbare Lust.

● Knie-Sitz-Kreis

Hier können beliebig viele mitmachen: von 6 bis 5000 Personen.

Alle Mitspieler stehen im Kreis, hintereinander und halten sich an den Schultern des vorderen Partners.
Jetzt versuchen sie, sich gleichzeitig auf die Knie des hinteren Partners zu setzen.
Das gelingt noch besser, wenn alle bis drei zählen und wird solange probiert, bis jeder erfolgreich sitzt.
Ein Lied oder andere Späße können so sitzend richtig genossen werden.

● Mein linker Platz ist leer

Ein bekanntes Spiel mit vielen reizenden Variationsmöglichkeiten:

Variation 1:
„Mein linker Platz ist leer, da wünsch ich mir die .... her." Es werden einfach andere Gruppenmitglieder mit ihrem Namen gewählt.

Variation 2:
In gleicher Weise wählt jeder Namen aus, die er aber noch nicht kennt: Nur bei neuen Gruppen möglich —
sehr reizvoll im Anschluß an **Namen-Kreuzwort.**

Variation 3:
Nicht der Name wird gerufen, sondern das gewünschte Gruppenmitglied nach äußeren Merkmalen z.B. Kleidung, beschrieben.

Variation 4:
Der gewünschte Partner wird in einer bestimmten Bewegungsart herbeigewünscht: laufend, kriechend ..... Vorsicht: Blamagegefahr!

Variation 5:
Der Partner wird ein Tier darstellend herbeigewünscht.

Variation 6:
Der gewünschte Partner wird ein Gefühl darstellend bestellt: traurig, ausgelassen, ängstlich .....
oder
nach dem Zeugnis, vor der Hochzeit, am Morgen

Variation 7:
Mehrere Partner werden auf Grund von Gemeinsamkeiten herbeigewünscht:
Alle mit einer Uhr, Bart, blauen Augen
oder
die risikofreudig sind, die gern weitermachen wollen, denen das Spiel gefällt usw.

Alle Betroffenen setzen sich auf den freien Platz.

● Atome — Moleküle

Dieses bekannte Spiel ermöglicht mit seinen Variationen abwechlungsreiches Bewegen und Begegnen.

Alle sind Atome, die sich den gerufenen Graden entsprechend schnell bewegen und sich dann zu gerufenen Merkmalen zu Molekülen zusammenballen:
Der Animateur ruft den Hitzegrad der Moleküle = Geschwindigkeit. O = Stillstand bis 100 Grad = Herumrasen. Die Moleküle bewegen sich entsprechend schnell oder langsam durcheinander. Jetzt ruft der Animateur „Molekül 5!" und alle bilden plötzlich 5er-Moleküle. Nach dem Auskosten der Ballung wird die neue Geschwindigkeit gerufen.

Das Spiel lebt vom lebendigen und flotten Wechsel zwischen Herumbewegen und Zusammenballen.

Die Merkmale der Moleküle können vielfältig sein:
- Zahlen
- Gemeinsamkeiten wie
- Augenfarbe
- Haarfarbe
- Alter
- Geburtsmonat
- Lieblingsspeise
- Sternzeichen
- Kleidungsstücke

u.a.

Den Molekülen können nach dem Ballen weitere Kontaktimpulse gegeben werden. Siehe dazu „Impulse für Paare, Gruppen und zum Durcheinander" am Ende des Kapitels!

● Knoten

Diese schon sehr bekannte Übung hat mindestens 3 Variationen bzw. Steigerungsmöglichkeiten:

Variation 1:
Alle stehen im Kreis und halten einander an den Händen. Sie werden nun eingeladen, ohne die Hände auszulassen, sich ineinander zu verknoten. (Dazu ist dezente Musik möglich)
Ist der Knoten fest, beginnen wieder alle, ihn zu „entwickeln".
Möglicherweise wird dabei der Knoten nie „fest" – es entsteht eine dichte Gruppenbewegung.

Variation 2:
Alle stehen im Kreis, an den Händen gefaßt. An einer Stelle ist der Kreis offen: Diese beiden Mitspieler verknoten nun die andern, indem sie die „Schlange" anführen.
Ist die Gruppe verknotet, geben sich die beiden Verknoter die Hand – jetzt probieren alle den Knoten zu lösen, ohne die Hände auszulassen.

Variation 3:
Alle stehen in einem Kreis (nicht mehr als 10). Dicht beieinander, schließen Sie die Augen und reichen ihre beiden Hände in die Mitte. Jeder sucht für seine Hand eine andere.
Wer seine Hände in anderen hat, öffnet die Augen.
Sobald alle ihre Hände gefaßt haben, versuchen sie den Knoten zu entwirren, ohne die Hände loszulassen.

● Die Zwiebel

Die Zwiebel ist eine hervorragende Kontaktstruktur für Gruppen ab ca. 14 Personen:
Lade die Gruppenmitglieder ein, sich so in einen Innen- und Außenkreis zu stellen, daß sich jeweils zwei gegenüberstehen! Diese Paare haben nun den gleichbleibenden Ablauf von
Begrüßen, einen Impuls miteinander erleben, sich verabschieden und zum neuen Partner wechseln. (z.B. Außenkreis wechselt nach links zum neuen Partner)

- **einander blind beschreiben**
- **miteinander ein Lied singen oder summen**
- **sich vom (gestrigen Abend) erzählen**
- **einander auf den Rücken nehmen**
- **Schattengehen**
- **Mimik nachmachen**
- **Spiegeln**

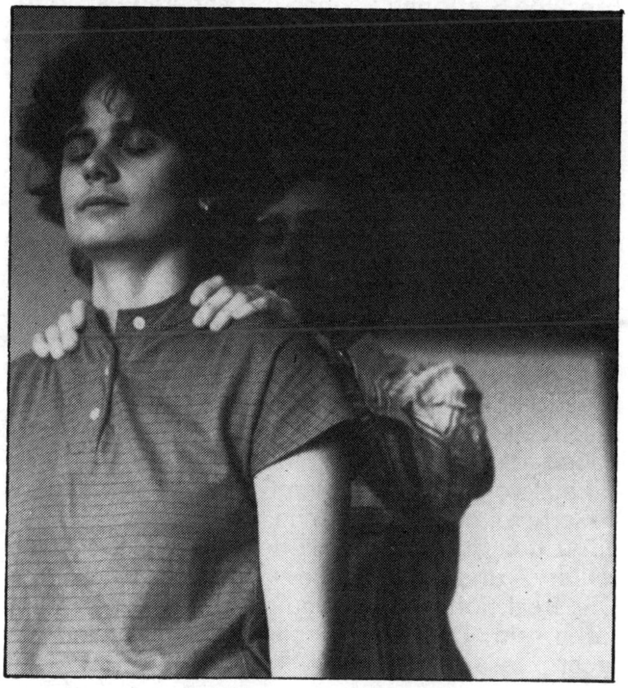

- **Spiegeln und verzerren**
- **blind führen**
- **Maschinen abstellen**
- **Figuren formen (Bildhauerspiel)**
- **blind nachformen**
- **Konturen nachfahren**
- **Schulter klopfen**

und daraus zum Beispiel als letzten Impuls:

- **Umrisse nachzeichnen.**

Je nach Intimitäts- und Bewegungsmöglichkeiten der Gruppe werden die Impulse zur An- oder Aufregung sorgen.
Oft spielen ungeübte Gruppenmitglieder laut und mit vielen verbalen Gags – dies ist ihre Möglichkeit, mit der ungewohnten Dichte im Kontakt umzugehen.
Achte allerdings auf „Intimitätskiller"! Verwende bei Deinen Spielerklärungen wenig aggressiv-sportliche Redewendungen und Ausdrücke!
Schwäche intimitätszerstörende Reaktionen von Mitspielern ab!
Beispiel:
Beim Schulterklopfen hat einmal einer gesagt „Aha, Schnitzelklopfen" Ich darauf: „Ja das ist so ähnlich – aber beachte vor allem deinen Partner, welches Klopfen ihm angenehm sein kann! Die Vorstellung Schnitzel kann dir eine Intimitätsmöglichkeit nehmen."

Zusätzlich zeige ich unbekannte Impulse meist mit einem oder meinem Partner vor und erkläre dabei, woraufs ankommt. Dies erleichtert den Mitspielern,die Erlebnismöglichkeiten des jeweiligen Impulses leichter zu entdecken.

Jedenfalls sollte gerade beim ersten Mal des Spielens eine Station sein: Wie fühle ich mich bei diesem Spiel? Welche Stationen haben mir besonders gefallen?
Einzelne Stationen können mit anderen Partnern wiederholt werden.

Beachte die auf den nächsten Seiten folgenden Paarübungen!

● Auf der Eisscholle

Ihr seid alle Pinguine, die auf einer Eisscholle in den Golfstrom treiben und auf der immer kleiner werdenden Fläche „überleben" wollen.
Und das geht so:
Eine große Packpapierfläche ist die Eisscholle. Macht die Fläche so groß, daß alle bequem Platz haben, locker darauf stehen können.
Eine(r) von euch spielt den Golfstrom und bleibt außerhalb der Papierfläche. Der Golfstrom beginnt nun Stück um Stück der Papierfläche abzureißen – und die Pinguine?
Die Reaktionen der Pinguine können sehr vielfältig sein. Du wirst sie gleich beim Spielen erleben.

Wie bei der „Schwächsten Maus" und „Maschinen zerstören" geht's hier um gemeinsame Taktiken. Spielt von diesen Spielen jeweils mehrere Durchgänge, damit die Gruppe gemeinsame Möglichkeiten entwickeln kann.

● Verfolgen

Ein lustiges Kontaktspiel, das sich auch als Fortsetzung von **Spots in Movement** eignet:
Zu lockerer Musik geht jede(r) umher und sucht sich insgeheim ein Gruppenmitglied aus, das er/sie verfolgt.
Bricht die Musik ab stürzt sich jede(r) auf sein verfolgtes Gruppenmitglied. Dies macht einige Male Spaß!

Variation:
Danach verfolgen Paare andere Paare, usw.

● Vampir-Spiel

Ein „reizendes" Spiel, das seinen Reiz zunächst durch die Fantasien aller Mitspieler zum Titel bekommt:
„Wir sind alle blind. Einer von uns ist der Vampir!
Jeder kann nun blind herumgehen, wird er vom Vampir in die Schulter gebissen – macht er einen dezenten Schrei oder Gluckser. Und ist zudem auch Vampir. So werden alle Vampire.
Außer: Beißen zwei Vampire einander, so werden sie wieder Menschen."
Das Spiel endet, wenn wieder alle Menschen sind, oder nach angemessener Zeit – nicht ins Fade ablaufen lassen.

● Goofy

Ähnlich wie beim Vampir-Spiel und beim Verfolgen geht's hier um Spannung und Nähe:
Ihr seid alle blind und einer ist der Goofy (oder hat einen anderen originellen Namen). Jede(r) fragt nun jede(n) „Goofy?". Bekommst Du „Goofy" zur Antwort, war er's nicht, denn der Goofy ist der einzige, der keine Antwort gibt. Jeder, der auf den stummen Goofy trifft, nimmt ihn bei der Hand, stellt sich zu ihm und gibt ab jetzt auch keine Antwort mehr.
So bildet sich allmählich eine stumme Goofytraube, die durch ihre Ruhe leicht zu finden ist. Sind alle Goofys, ist das Spiel vollendet.
Der erste Goofy kann durch's Los oder den Animateur bestimmt werden.

● Leute zu Leute

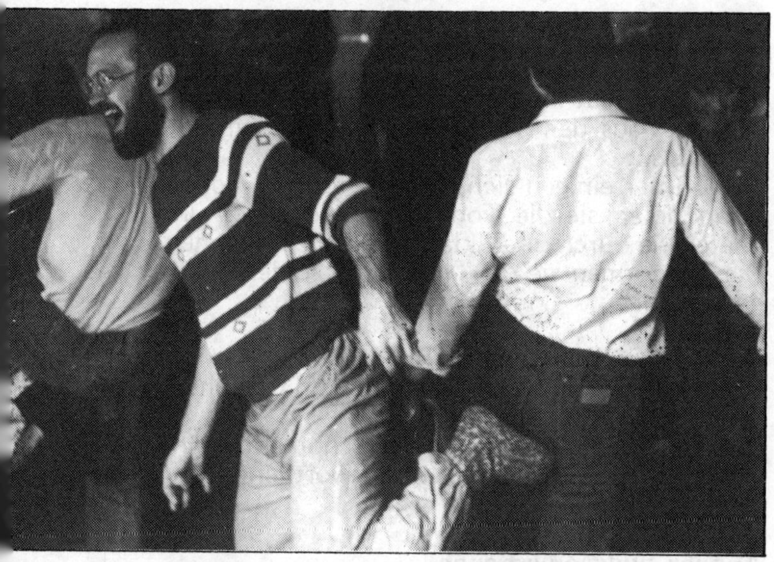

Schon der Titel dieses Spiels zeigt, daß es hier um Einandertreffen geht.
Beginn:
Die Mitspieler treffen sich zu Paaren (z.B. durch Zweierzeck oder Atome—Moleküle, oder Wahl) Ein Mitspieler bleibt über. Anfangs ist dies die Animateurin.
Diese ruft nun:
„Schulter zu Schulter (die Partner treffen sich Schulter zu Schulter), Hände zu Hände (die Paare berühren einander an Händen), Rücken zu Rücken (die Partner lehnen sich Rücken an Rücken) und
Leute zu Leute !"
Hier wechseln alle schnell ihre Partner: Wer jetzt übrig bleibt, ist der neue Animateur, der die Berührungspunkte ansagt:
„Nase zu Knie, Finger zu Auge, Ellbogen zu Po, Ferse zu Kinn,
Leute zu Leute ....."

Hier muß der Animateur darauf achten, daß (in einem feindseligen Klima etwa) nicht unpassende Berührungspunkte genannt werden.

● Zwischenräume

Hier könnt Ihr enges Durchschlängeln und Aneinandergleiten erleben: Die Hälfte der Gruppe bildet mit Armen und Beinen ein Zwischenraumgebilde.
Die anderen können nun (zu Musik) durch die Zwischenräume drängen und krabbeln und den Wechsel zu weiten Bewegungen außerhalb des Gebildes bewußt erleben.

Oft macht das Durchkrabbeln soviel Spaß, daß sich aller Bewegung auf die Zwischenräume konzentriert.

Verstecken-entdecken

Dieses Spiel kann in verschiedenen Gruppenphasen etwas mehr Nähe und Neugier fördern — sogar zum jeweiligen Gruppenthema passend:

● Namen verstecken — entdecken

Jeder Mitspieler schreibt auf einen kleinen Zettel — oder irgendwo auf seine Haut — seinen Namen. Der wird nun am Körper versteckt.
Je zwei — oder mehrere — gehen aufeinander zu und suchen gegenseitig ihre Namen.
Haben sie diese entdeckt, verstecken sie ihre Namen neu und treffen andere Partner.
Je nach Neugier und Geschmack dauert dieses Spiel an.

Variation 2:
Hobbys, Interessen, Erwartungen, Ängste, Wünsche usw. verstecken und entdecken.
Dies ist gut für Gruppen, die einander schon kennen (auch bei Schwierigkeiten, Interesse aneinander zu zeigen — also dazu neigen, vieles zu verstecken).

● Wer fehlt?

Wie **Stop — Los, Verstecken und entdecken,** kann dieses Spiel die Aufmerksamkeit und die Neugier der Gruppenmitglieder aufeinander lenken:

Alle stehn im Kreis. In der Mitte liegt eine Decke oder Tuch.
Die Animateurin lädt die Mitspieler ein, sich aus den Kreis zu drehen. Jetzt stehen alle mit den Gesichtern nach außen und schließen die Augen. Einen Mitspieler versteckt die Animateurin unter der Decke und sagt: „Geht schon." Jetzt drehn sich alle um und schauen, wer fehlt.
Ist das versteckte Gruppenmitglied erraten, kommt es aus der Decke hervor.
Alle gehen durch den Kreismittelpunkt zu einer neuen Stelle, schließen die Augen — der ehemals Versteckte versteckt nun ein anderes Gruppenmitglied und sagt: „Geht schon" ....

Aus dem Spielimpuls „Wer fehlt?" haben wir folgende anregende Weiterspiele entwickelt:

● Ein Stück von mir

Ein Mitspieler versteckt nun zwei bis drei Gruppenmitglieder unter dem Tuch oder einer größeren Decke. Von jedem Gruppenmitglied schaut ein Körperteil aus der Decke hervor. Die Gruppenmitglieder raten und erfühlen, welche Hand, welcher Fuß usw. zu wem gehört.

● Was gehört zu wem?

Als weiterführende Beobachtungsaufgabe haben wir folgendes gespielt:
Wieder versteckt einer zwei bis drei Gruppenmitglieder unterm Tuch. Jetzt läßt er aber von jedem Gruppenmitglied mehrere Körperteile hervorschauen. Die übrigen Gruppenmitglieder können jetzt erforschen und kombinieren – durch Angreifen und Vergleichen – welche der Füße und Hände zu einem bestimmten versteckten Gruppenmitglied gehören.
Dies ist sehr interessant und erfordert die Zusammenarbeit aller.

● Stellungen erraten

Bei diesem Spiel verstecken sich zwei Gruppenmitglieder unter dem Tuch und nehmen eine bestimmte Stellung ein. Jetzt drehen sich die übrigen Mitspieler um, sehen das Gebilde und versuchen nun mit je einem anderen Mitspieler, selbst die vermutete Stellung einzunehmen.
Haben alle Paare ihre Stellung, so enthüllt ein Gruppenmitglied die versteckten. Jetzt vergleichen Alle, wie nahe sie der verhüllten Stellung mit ihrer gekommen sind.
Dies führt zu einem körperlich engen Zusammenspiel.

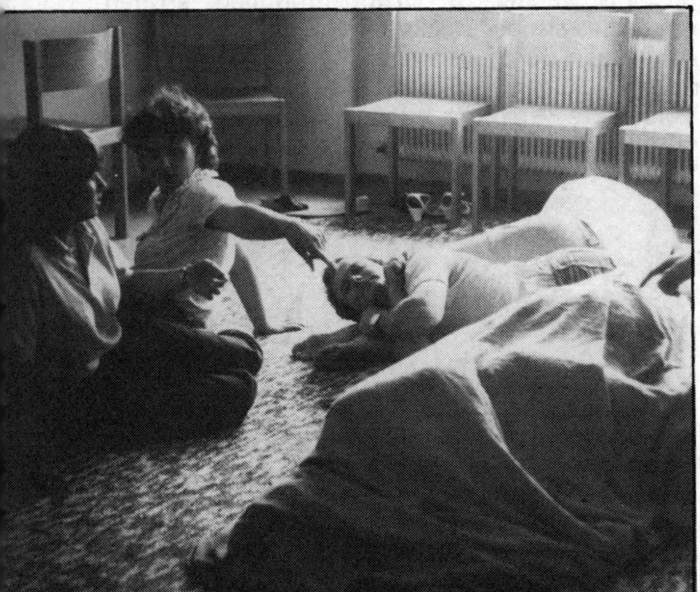

● Ton-Batzln und Töpfer

Die Gruppe teilt sich in zwei Gruppen:
Die Ton-Batzln und die Töpfer. Die Ton-Batzln liegen verstreut am Boden. Die Töpfer haben die Aufgabe, aus den Ton-Batzln was zu formen – und das so:
Die Töpfer einigen sich, was sie formen wollen. Dann holen sie die Ton-Batzln zusammen und kneten sie durch und „klatschen" sie zusammen. Danach formen sie die Ton-Batzln zu der vereinbarten Form.

Nach dieser Spielphase tauschen die Spieler ihre Rollen: Töpfer werden zu Ton-batzln und umgekehrt.
Es ist gut, wenn dies die Spieler schon am Beginn wissen – das erhöht den verantwortlichen Umgang miteinander.

Ähnlich funktioniert auch
- **Statuen bauen**
- **Maschinen bauen** und
- **Schaufenster**

● Statuten bauen

Ein Teil (wenige) bilden ein Bildhauerteam, einigen sich, was sie aus der Gruppe bauen und machen dies.

Variation 2:

Verschiedene Themen sind darzustellen. Kleingruppen überlegen sich, wie sie die ganze Gruppe zur Statue bauen.

Variation 3:

Einer ist des anderen Bildhauer.
Die Gruppe steht im Kreis und weiß, daß aus ihr eine Statue entstehen kann. Einer nimmt ein Gruppenmitglied und formt es in der Mitte des Kreises zur Ausgangsfigur. Dieser erste Bildhauer wird nun von einem neuen Gruppenmitglied zu seiner Statue dazugeformt.
So baut ein Gruppenmitglied jeweils den vorherigen Bildhauer in die Statue ein.
Jede(r) wird Bildhauer und Statue.

● Maschinen bauen

Variation 1:

Ein Team baut aus der Gruppe eine Maschine:
Jede(r) wird ein Teil der Maschine mit Bewegung und Geräusch.
Die Maschine kann nur Bewegungen und Geräusche machen oder auch bestimmte Aufgaben haben und so gebaut werden:
- Streichelmaschine
- Begrüßungsmaschine
- Aufweckmaschine

Variation 2:
Einer beginnt als ein Teil mit Geräusch und Bewegung und nacheinander fügen sich alle dazu. Diese Spielvariation braucht bereits lockere oder interessierte Mitspieler. Zum Lockern könnt Ihr zuvor „Follow me", „Wer fehlt" oder „Ton-Batzln" spielen.

● Schaufenster

Variation 1:
Kleingruppen einer größeren Gruppe stellen einander Themen, die dann zum Schaufenster gestaltet werden (auf Zettel schreiben und austauschen). Die Kleingruppen bauen dann aus der gesamten Gruppe das Schaufenster. Möglicherweise erraten dann alle das Thema.

Variation 2:
Die Hälfte der Gruppe wird zu Puppen, die andere zu Dekorateuren.
Die Dekorateure „biegen" nun ihre Puppen zurecht – dann tragen die Dekorateure ihre Puppen zusammen und stellen sie zueinander passend auf. Alle beschauen einander und mit einem gemeinsamen „Klatsch" löst sich das Schaufenster auf. Rollenwechsel.
Meist ist das Formen und Zusammentragen bereits so anregend, daß das „Schaufenster" wenig Rolle spielt.

● Gruppengummi, Gruppendickicht

Ausgehend vom gemeinsamen „Feuer-Spielen" haben wir diese Bewegungserlebnisse erfunden:

● Gruppengummi

Alle liegen am Boden und bilden zähen Gummibrei. Nun versuchen einige Gruppenmitglieder durch diesen Brei zu gehen, der schließt sich fest um ihre Füße und Beine und beim Aufstützen um die Hände, bis die Gruppenmitglieder schließlich kleben bleiben.
Die Zähigkeit des Gummis könnt Ihr Euch zu Beginn des Spiels ausmachen. Jedes Gruppenmitglied kann sich den Gummi so zäh wünschen, wie es Widerstand wünscht.

● Gruppendickicht

Die Gruppenmitglieder bilden einen dichten Wald. Ein Gruppenmitglied versucht, hindurch zu kommen. Auch hier kann sich das Gruppenmitglied die Durchdringlichkeit des Waldes selbst wünschen und so den Widerstand abstimmen.

● Efeu-Ranken

Alle sind kleine Efeu-Ranken die zunächst am Boden kauern: Sie wollen krabbelnd wachsen und ineinander verschlingend groß werden (dezente Musik möglich).
Jeder beginnt nun, von seinen Fingern geleitet, zu wachsen – erstmal rundherum, anderen hinauf, dann – schön langsam höherwerdend – verwinden sich auch Arme ineinander, die Gruppe „wächst zusammen".
Ende ist unbestimmt: Ende des Wachstums, wenn alle die Augen offen haben, wenn die Ranken nicht mehr weiterkönnen .....

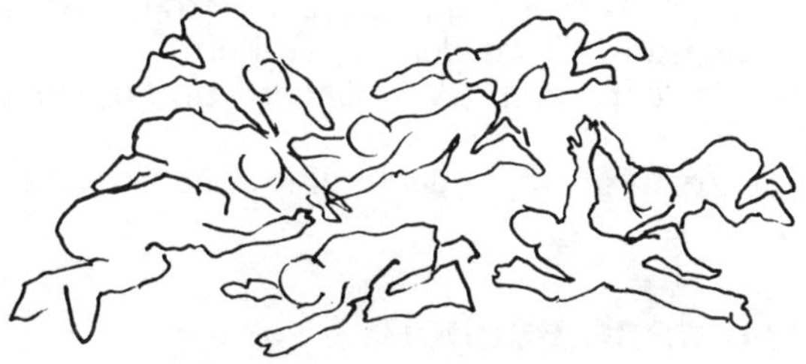

● Förderbandl

Hier könnt Ihr die Tragfähigkeit Eurer Gruppe erleben: Ihr legt Euch Kopf an Kopf mit dem Rücken am (warmen) Boden in einer engen Doppelreihe auf. Zwei bleiben stehen und legen je das erste Gruppenmitglied auf Eure in die Höhe gestreckten Hände. Gebt nun das auf Euren Händen liegende Gruppenmitglied weiter, bis zum Ende Eurer Reihe. Dort legt sich der frisch Beförderte in die Reihe und „fördert" mit.

Übungen für Paare

● Blind beschreiben

Beide Partner stehen einander gegenüber und schauen den Partner an. Dann schließt ein Partner die Augen und beschreibt den andern:
So wie er ihn noch „vor Augen hat".
Überprüfen. Rollenwechsel.

● Schatten gehen

Zu einer recht beschwingten Musik geht der eine Partner voraus, der „Schatten" folgt ihm dicht und macht jede Bewegung nach. Bricht die Musik kurz ab, wechseln die beiden die Rollen:
Der Schatten wird zum „Vorgänger" und umgekehrt.
Musik kann öfters und unregelmäßig abgebrochen werden.

● Mimik nachmachen

Beide stehen einander gegenüber: ein Partner beginnt den Ausdruck seines Gesichts zu verändern – das macht ihm sein Partner möglichst genau nach.
Nach einiger Zeit Rollenwechsel.

● Spiegeln

Beide stehen einander gegenüber:
Ein Partner beginnt, sich langsam zu bewegen – der andere Partner macht ihm diese Bewegungen spiegelbildlich nach (ev. ruhige Musik dazu).
Dann: Rollenwechsel

● Spiegeln und verzerren

Erste Phase so wie oben.
Dann: Was der eine Partner vormacht, vergrößert der andere (auch mit Lauten !!) und umgekehrt.

Variation 2: Der spiegelnde Partner verkleinert oder verblödelt oder verernstet sein Gegenüber.

● Maschinen abstellen

Ein Partner spielt den Ingenieur, der den Knopf seiner Maschine = anderer Partner vergessen hat: Der Maschinen-Partner macht nun ein Geräusch und Bewegung, und denkt sich seinen Knopf aus. Der Ingenieur-Partner sucht diesen mit seinen Händen. Hat er ihn ertastet, so bleibt die Maschine steh'n.
Rollentausch.

● Figuren bauen

Ein Partner ist der Figurenformer, der andere das lockere Material. Die Figur hängt zunächst vornüber und wird nach und nach vom Former aufgebaut, in Gestalt gebracht. Hat der Former seine Gestalt vollendet, halten beide inne und nehmen das Ergebnis wahr, dann klatscht der Former und die Figur fällt wieder locker zusammen.
Hier könnt Ihr die Rollen tauschen.

● Sich fallen lassen

Ihr steht wieder zu zweit beisammen und eine(r) von Euch kann sich jetzt fallen lassen – der andere Partner hat die Aufgabe, Dich aufzufangen. Das ist zunächst am leichtesten, wenn Du Dich ziemlich steif machst und die Arme ausbreitest: so kann Dir Dein Partner gut unter die Arme greifen und Dich sicher fangen.
Versucht das mit unterschiedlichen Entfernungen und auch unterschiedlichen Partnern.

Marionetten

Ein Partner ist die Marionette, der andere der Marionetten-Spieler:

● Marionette auf Zuruf

Je zwei sind Partner:
Eine(r) ist die Marionette, der/die andere ist Marionettenspieler(in).
Die Marionettenspieler stellen sich jeweils hinter einen freien Sessel, die Marionetten verstreuen sich im Raum vor der Sesselreihe und schließen die Augen.
Jetzt ruft jede(r) seiner Marionette Bewegungen zu: „heb deine linke Hand", „geh zwei Schritte vor" usw.
Mit den Zurufen können die Marionetten untereinander in Kontakt gebracht und schließlich zum freien Sessel geführt werden.
Damit ist dieser Durchgang vorbei, die beiden unterhalten sich über ihre Erlebnisse und tauschen dann die Rollen.

Bei diesem Spiel entsteht eine reizvolle Mischung aus Tumult und Aufmerksamkeit.

● Marionetten—Wünsche

Je zwei bilden ein Paar und spielen miteinander: Eine(r) ist die Marionette, der/die andere der „Wunschbeweger" –
die Marionette wünscht sich nämlich ein Bewegungsziel im Raum und der Beweger bewegt mit seinen Händen die Marionette zu ihrem Wunschziel.
Beispiel: „Ich möchte dort oben am Tisch sitzen" „Ich möchte dort an der Tür lehnen".

Haben die beiden ihr Ziel erreicht, tauschen sie die Rollen.
Bei diesem Spiel entsteht eine sehr bewegte Atmosphäre im Raum.

● Marionette — an Fäden

Die beiden Partner, Marionette und Marionettenspieler stehen einander gegenüber. Der Marionettenspieler bewegt an gedachten Fäden die Puppe: Zunächst ganz einfach bis bewegter und komplizierter. Die Puppe geht den Zugbewegungen der Hände mit ihren Bewegungen nach.
Nach einiger Zeit Rollenwechsel.

● Lotsen-Spiele

Variation 1: Mit Lauten lotsen
Beide Partner machen sich einen Laut, Ton usw. aus. Der eine schließt die Augen und geht den Lauten seines führenden Partners nach.
Spielregel: Sobald der Laut aufhört, bleibt der blinde Partner stehen!!

Variation 2:
Beide machen sich wieder ein Geräusch aus. Die blinden Partner bleiben verstreut stehen – die führenden Partner verteilen sich im Raum und machen ihr Geräusch: solange bis die blinden zu ihnen gefunden haben.

Variation 3: Der führende Partner steht hinter dem blinden Partner und lotst diesen durch Tupfen auf die Schultern: rechts nach rechts, links nach links, beide = stop.
Dies ist insofern schwieriger, als der blinde Partner nur Korrekturen erhält – und blind aktiv sein muß.

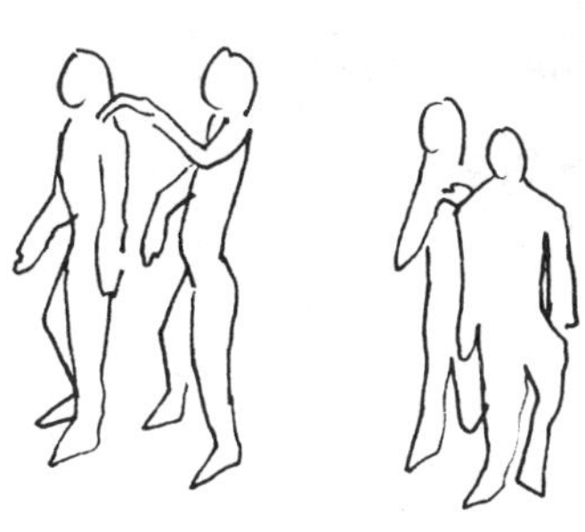

● Blind führen

Variation 1: Ein Partner legt seinem führenden Partner leicht die Hand in die Handfläche. Der führende Partner führt so seinen blinden Partner durch den Raum.

Variation 2: Der führende Partner führt seinen blinden Partner nur mit den Fingerspitzen.

Variation 3: Zu dezenter Musik tanzt der führende Partner mit seinem blinden Partner.
Die blinden Partner werden dabei behutsam unter den führenden Partnern ausgetauscht.

Variation 4:

● Ich zeig' Dir meine Welt

Der sehende Partner führt den blinden Partner mit oder ohne begleitenden Worten zu verschiedenen Stellen, Gegenständen, Pflanzen und Personen im Raum oder in der nahen Umgebung.
Der blinde Partner hat die Möglichkeit, all das gezeigte anzugreifen, zu riechen und sonstwie zu erfühlen.
Nach einiger Zeit (vereinbart 5 – 20 Minuten) wechseln die beiden ihre Rollen.

● Blind nachformen

Zwei Partner spielen miteinander:

Einer schließt die Augen. Währenddessen bildet der sehende Partner eine Figur.
Nun versucht der blinde Partner, die Figur zu ertasten und sich ebenso hinzustellen, wie sein Partner.
Dann vergleichen beide ihre Stellung und erzählen sich, nach einem Rollenwechsel, was ihnen angenehm war.

Variation: Das gleiche, nur mit Paaren

„entspannen, empfinden"

**„Entspannen und empfinden" ist der schwierigere Teil dieses Kapitels.
Angespannte Hektik und „spannende" aggressiv-feindselige Unterhaltung lassen diese Art von Körpererleben schwer fallen.
Deshalb unterteile ich diese Übungen deutlicher nach dem Schwierigkeitsgrad.**

Einfache Spiele:

● Schulter klopfen

Die Partner stehn hintereinander:
Beide stellen sich sicher auf und schließen die Augen.
Der rückwärtige Partner legt die Hände auf die Schultern des Partners und beginnt nach dem ersten Gefühl der Wärme mit leichtem gleichmäßigem Klopfen der Schultern, des Nackens und der Arme.
Das Tempo und die Festigkeit sollten dabei verändert werden.
Nach ca. 1 - 2 Min. kurzes Gespräch, was angenehm war und Rollentausch.
(Musik möglich, nicht nötig)

● Jakob, wo bist du?

Die Gruppe steht im Kreis und hält einander an den Händen.
Im Kreis drinnen stehen die beiden Partner. Beide schließen nun die Augen, einer ist der Fänger. Der darf nun insgesamt 3mal rufen „Jakob, wo bist du?" Worauf der sich verbergende mit einem Laut reagiert.
Die andern im Kreis sorgen mit ihrem Körper für die Grenzen des Spielfeldes.
Ende: Wenn die beiden beisammen sind.
Rollenwechsel oder neue Partner.

● Gleichgewicht

Die Partner oder die Kleingruppe versuchen miteinander in eine entspannte Gleichgewichtshaltung zu kommen.
Dabei ist bei Anfängern die ermunternde Unterstützung der Animateure hilfreich.
(Musik möglich)

● Personen ertasten

Die Spieler sitzen im Kreis, einer versucht nun reihum die Personen abzutasten und zu erraten.

● Hochgefühl

Entspannung im Wechsel mit Spannung:
Ein Partner liegt am Boden, vier kräftige Mitspieler nehmen ihn an Händen und Füßen und schleudern ihn mit kräftigem Anspannen an Händen und Füßen bei „1 - 2 - 3 - hoch!" in die Luft, ohne ihn loszulassen. Dabei schwingt der „Fliegende" mit seinem Becken mit hoch. Die Schleuderer müssen für die sanfte Landung sorgen. Dies passiert mit jedem Fliegenden öfter, dann bleibt der Fliegende solange liegen, wie er sein Hochgefühl auskosten kann und will.

● Mit Luftballons

Mit Luftballons bewegen kann sehr entspannend sein. Einige Anregungen:
Luftballons gleiten lassen
Luftballons mit verschiedenen Körperteilen stubsen
Luftballons auf Körper liegend bewegen
usw.

● Mit Tüchern

Große Seidentücher zur passenden Musik:
wehend bewegen
liegende bestreicheln

Weitere einfache Übungen siehe

- **Übungen für Paare**
- **Die Zwiebel**

Anspruchsvollere Spiele:

Die folgenden Übungen brauchen meist mehr Zeit und Aufmerksamkeit aller Beteiligten. Zusätzlich fordern und fördern diese Erlebnisimpulse einige Zusammenarbeit und Abstimmung aufeinander, sowie die Bereitschaft, für ein und mehrere Gruppenmitglieder Wohltuendes zu machen.
Dies ist nicht in allen Gruppen möglich und auch nicht ohne weiteres selbstverständlich:
Da bei diesen Impulsen die Erlebniszeiten länger und die Kontakte deutlich spürbar sind (nicht durch Aktion und Bewegung verwischt und abgeschwächt werden) kann für manche Gruppenmitglieder die eigene Abwehr vor der Berührung und vor dem Spüren anderer deutlicher werden.

Diese Abwehr ist für dieses betroffene Gruppenmitglied gut und richtig. Laßt ihm Zeit und Raum. Versucht nicht, jemand mit Druck zum Mitmachen zu bringen.
Sorgt aber auch dafür, daß Ihr nur soviele Zuschauer habt, daß Ihr Euch nicht gestört fühlt. Wählt bei mehreren möglichen Räumen den, wo Ihr sicher sein könnt, daß nicht alle Augenblicke die Tür aufgeht und jemand hereinschreit, ätzt oder poltert.
Zusätzlich ist ein Teppichboden sehr entspannungsfördernd (bzw. Decken).

● Pendeln

Kleingruppen bis 8 stehen im Kreis:
Ein Mitspieler geht in die Mitte (nur wenn er will!), macht sich beim Becken steif, sonst locker. Die andern stehn dicht herum und halten ihre Hände bereit.

Wenn so alle bereit sind, für das Wohl des pendelnden Gruppenmitglieds zu sorgen, schließt der mittlere die Augen und läßt sich fallen – in irgendeine Richtung.
Die Umstehenden fangen ihn auf und reichen ihn weiter.

Fühlt sich der Pendelnde entspannt genug, öffnet er die Augen.
Kleines Gespräch und der nächste .....

● Entfalten

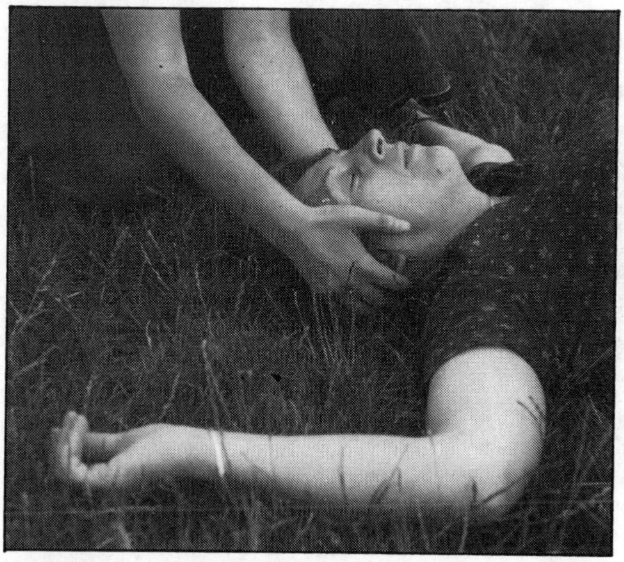

Ihr spielt wieder zu zweit. Eine(r) ist die Knospe, der andere Partner der morgendliche Sonnenschein. Die Knospe hockt oder liegt ganz eng und geschlossen. Nun beginnt der Sonnenschein-Partner, mit seinen Händen ganz behutsam und langsam die Knospe zu öffnen:
Bis die Knospe als Blüte entfaltet offen am Boden liegt und ihre Weite und Entfaltung genießen kann.
Erzählt Euch, was Ihr erlebt habt und tauscht die Rollen.

Bei hektischen Gruppen ist es wichtig, daß Du das langsame Öffnen vorzeigst.

● Rücken begegnen einander

Ihr steht in einem lockeren Kreis (ev. nach einem Blitzlicht oder Kreisspiel) dreht einander die Rücken zu und bewegt Euch behutsam zur Mitte. So begegnet Ihr bald einem Rücken, erfühlt diesen und gleitet dann zum nächsten oder bleibt beisammen.
Schließt dabei die Augen, dann könnt Ihr besser mit Eurem Rücken spüren!
Hört auf, wenn Ihr genug habt.

● Wellen-Bett

Kleingruppen zu 5 bis 6 Mitspielern können sich hier gegenseitige Entspannung ermöglichen:
4 - 5 bilden auf Händen und Füßen abgestützt ein Bett. Darauf (in der Höhe vom Kreuz der „Betten") legt sich das übrige Gruppenmitglied, streckt die Arme über den Kopf und schließt die Augen.
Das Bett beginnt sich nun sanft hin und her, auf und ab zu bewegen. Gut zusammenspielen !!
Nach ca. 1 - 2 Min. abklingen, jeder Kniende faßt den Liegenden und läßt ihn sanft über Po und Füße zu Boden gleiten.
Musik möglich.

● Schneckenhaus

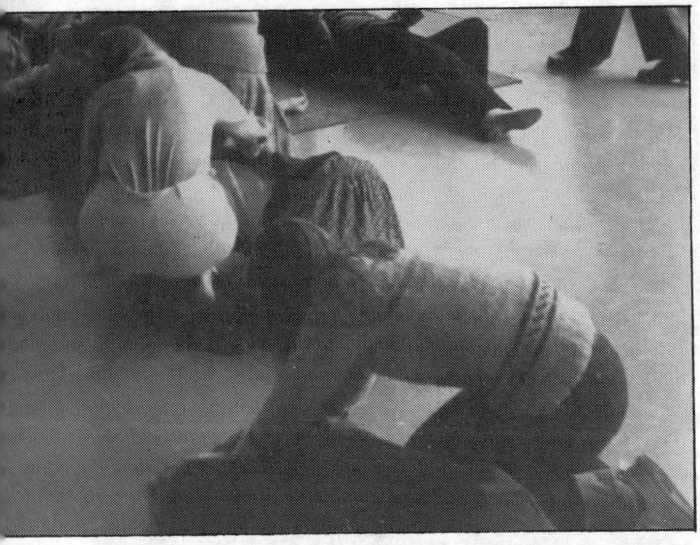

Bei diesem Spiel könnt Ihr den Wechsel von Initiative zur Abwehr, von Zurückweisung zur Kontaktbereitschaft erleben:
Ihr spielt zu zweit. Eine(r) verkriecht sich in sein „Schneckenhaus" = rollt sich eng und abweisend zusammen oder verkriecht sich in eine Ecke. Der andere Partner hat nun die Aufgabe, seinen verkrochenen Partner „herauszuholen". Seine Kontaktmöglichkeiten entscheiden, wie er das macht. Vorher könnt Ihr zusätzliche Regeln vereinbaren:
– nur mit Worten
– nur mit körperlichen Initiativen, wortlos

Als Experiment könnt Ihr auch den Unterschied zwischen behutsamem, auf die Motive des zurückgezogenen Partners eingehendem Herausholen und eher ergebnisorientiertem „Knacken" erfahren.

Variation:
Jeweils ein Paar oder mehrere versuchen die Schnecke herauszuholen. Dabei spielen die unterschiedlichen sozialen Absichten und deren Abstimmung eine große Rolle und können Inhalt Eurer Erlebnisauswertung werden.

● Regnen - tragen

Kleingruppen: 6 - 8 Mitspieler
Ein Partner liegt am Bauch (auf Decke) die anderen knien entlang seines Körpers.

1. Sie legen ihre Hände auf, belasten 3 x kurz den Körper (dabei sollte der Liegende ausatmen).
2. Dann beginnen sie den Körper mit den Handflächen abzuklopfen, in unterschiedlichem Tempo und Stärke.
   Nach ca. 1 - 2 Min, wieder belasten und entlasten.
3. Nun mit den Fingerspitzen abtupfen – nicht zu leicht und nicht kitzeln!
   Dann wieder belasten und entlasten.

Mögliche Fortsetzung:
Liegenden auf Rücken rollen, schnell unterfassen, aufheben und behutsam herumtragen – landen und „aufwachen lassen"

● Genußkarussell

Dieses Spiel hat eine ähnliche Struktur wie die „Zwiebel".
Das gemeinsame Entspannen und Berühren bringt viel Intimität.
Ich erlebe dieses Spiel oft als willkommene Verdichtung des Gruppenereignisses.

Die Hälfte der Gruppe (bis 10, sonst mehrere Kleingruppen) legt sich auf den (warmen) Boden. Die anderen sind jetzt die „Aktiven". Sie stellen sich zusammen und überlegen, was sie den Liegenden Gutes und Entspannendes „antun" können.
Dann wählt sich jede(r) eine dieser Wohltaten aus, möglichst so daß durch aller Aktivität für jede Körperzone der Liegenden Entspannung möglich wird: Von Kopfmassage über Bauchstreifen bis Zehen massieren.

Nun geht jeder Aktive zu einem Liegenden und beginnt mit seiner Wohltat. Nach ca. 1 - 2 Min. wechseln nach Blickkontakt der Aktiven diese zum jeweils nächsten Liegenden. Seid Ihr so reihum gekommen, ist dieser Teil vollendet. Die Liegenden kommen aus ihrer Entspannung zurück, geben ihren Gefühlen Ausdruck und schlüpfen nun in die Rolle der Aktiven, diese legen sich auf den Boden.

Musik im Hintergrund ist möglich, wird meistens nicht wahrgenommen.

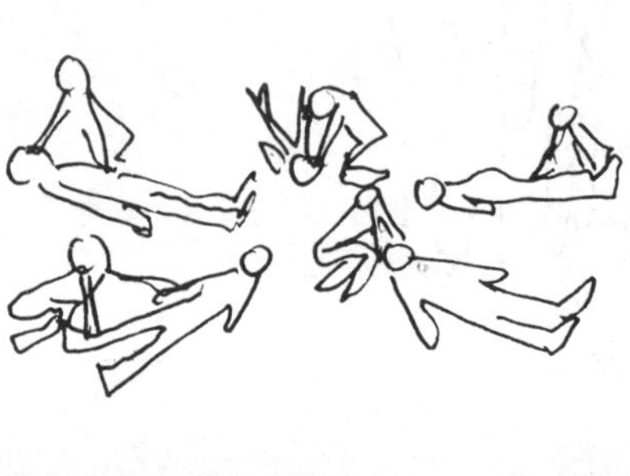

Entspannen wie...

Gemäß dem Prinzip von wechselnder Spannung und Entspannung sollen die Teilnehmer sich mit geschlossenen Augen als bestimmte Gegenstände empfinden und verhalten, die einen typischen Verwandlungsprozeß durchlaufen:

- o **Seifenblasen,** die im Raum leicht herumfliegen, ggf. anstoßen und entspannt zurückfedern, bis sie schließlich auf dem Boden landen, sich auflösen und ausbreiten.
- o **Kerzen oder Eiszapfen,** die zunächst starr und gerade stehen, dann aber zusehends schmelzen, bis sich das Wachs oder das Wasser ruhig fließend auf dem Boden ausbreitet.
- o **Schneestandbilder,** die im Frost eishart geworden sind, beginnen in der Sonne zu schmelzen, bis der Tauschnee zu riesigen Pfützen verwandelt wird, die langsam im Boden versickern.

Variation:

Die Übung kann auch als Gruppenübung verwandt werden: mehrere Personen bilden eine Kerze/Eiszapfen (sehr anregend!!)

Material:

ggf. Musikmaterial und Beleuchtung (z.B. Eiszapfen schmelzen in der Sonne: Nachempfunden durch den allmählichen Übergang von blauer zu orange/gelber Beleuchtung; von „kalter" zu „warmer" Musik.)
Wichtig ist auch hier, die Anspannungsphase möglichst intensiv erfahren zu lassen (z.B. auch durch zusätzliche Instruktionen im Übungsverlauf von außerhalb), um dann nach einem langsamem Übergang die Entspannung genießen zu können.

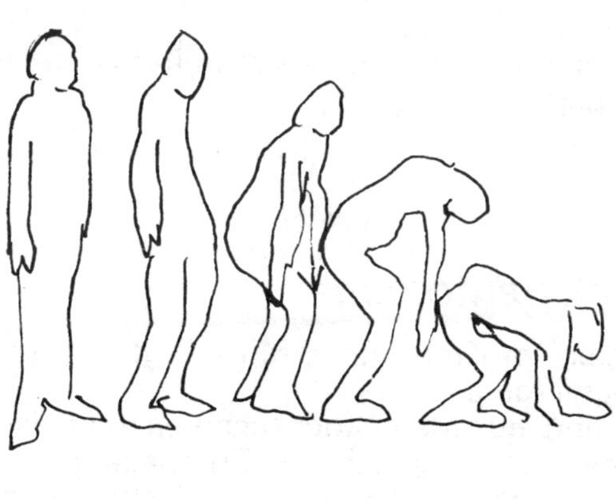

Ich bin Dein Wetter

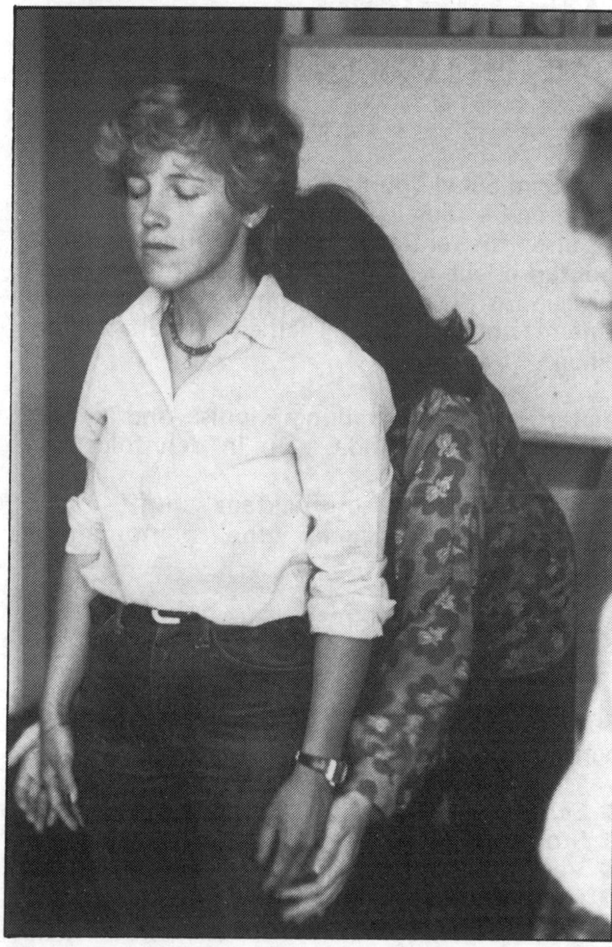

Zwei spielen und entspannen miteinander:
Ein Partner ist das Wetter, der andere schließt die Augen.
Die Animateurin erzählt nun eine Wettergeschichte, die die Wetter-Partner an ihren blinden Partnern spürbar machen:
Es ist morgen, die ersten Sonnenstrahlen **treffen** auf meinen Körper + ein zarter Wind **weht** mir übers Gesicht + der wird stärker und **wiegt** meinen ganzen Körper + ja **schüttelt** ihn sogar + da, die ersten Regentropfen **tupfen** auf meinen Körper + schwerere Tropfen **klatschen** + der Regen **rinnt** an mir entlang + das Wasser zu meinen Füßen **steigt** langsam und **umsprudelt** Füße und Beine + der Regen hört auf und das Wasser **sinkt** wieder + der Rest **rinnt** noch ab. Die Sonne **prickelt** wieder und der Wind **weht** mich warm und trocken.
Passende Musik ist möglich.
Jetzt Rollentausch.

Weitere Spiele und Übungen findest Du
im Kapitel „Faires Kämpfen – Körper Spüren".

„darstellen, ausdrücken"

In diesem Schwerpunkt des Kapitels „Lockern – Berühren – Spielen" findest Du Darstellungsimpulse, die einfach, bewegend und ziemlich spontan erlebbar sind. Die Impulse können Euch anregen, in Bewegung zu kommen und verschiedenen Fantasien und Themen Gestalt zu verleihen.

Weitergehende Darstellungsimpulse und aufbauende Vorschläge findest Du in den folgenden Kapiteln:
„Kreativ Tanzen – Ausdrucktanz" und „Darstellende Bewegung und pantomimisch Spielen"

Auch hier habe ich die Übungen in der Reihenfolge ihres „Schwierigkeitgrads" dargestellt.

Bereits in den vorigen Schwerpunkten beschrieben:

- **Schatten-gehen**
- **Stop-Los**
- **Vereisen-enteisen**
- **Roboter und Gummimanderl**
- **Vom Opa zum Baby**
- **Spiegeln-verzerren**
- **Mein linker Platz ist leer**

Auch hier wieder der animierende Rahmen für viele Bewegungs- und Kontaktimpulse:

● Spots in Movement

Zu lockerer Musik bewegen sich alle durcheinander; bricht die Musik ab, ruft der Animateur einen Impuls – den stellen alle dar – dann geht's mit Musik wieder weiter. Und so fort.

Bewegungsimpulse:
- alle „fliegen" mit ausgebreiteten Armen durch den Raum, ohne einander zu berühren.
- alle „fliegen" und suchen mit den Fingerspitzen Kontakt zu anderen, dann mit der Hand, dann mit dem ganzen Arm
- alle gehen schlürfend
- alle stampfen, hüpfen, hinken
- alle haben ein Holzbein
- der Boden ist sehr heiß (Sandstrand, Asphalt)
- der Boden ist mit klebrigem Lehm bedeckt
- am Boden sind lauter Wasserpfützen
- es regnet in Strömen, jeder nimmt zwei unter seinen Schirm .....

Spots in Movement „handfest"
- die Fingerspitzen berühren
- möglichst viele Hände schütteln
- einander auf die Schultern klopfen
- sich an jemand herantasten
- jemand den kleinen Finger reichen
- sich in jemandes Arme fallen lassen
- zum Handkuß kommen
- jemanden auf Händen tragen
- alle „Hände hoch!"

Redewendungen darstellen:
(zu vielen Themen möglich!)

● Szenische Rundumgeschichte

Dieses Spiel kann auch eine Gruppe über 20 Mitspieler anregen, miteinander szenische Aktionen zu erleben, spontan in Rollen zu schlüpfen – möglich ab 10 - 12 Personen:
Alle sitzen im Kreis, ein Animateur erzählt eine aktionsreiche Geschichte, wobei jeder Gegenstand und jede Person, die vorkommen, sofort reihum von den Mitspielern gespielt wird.
* = neuer Mitspieler
„Eine Frau* saß am Abend in ihrem Lehnsessel* und laß im Schein ihrer Stehlampe* in diversen Reiseprospekten. Plötzlich klingelt das Telefon*. Die Frau hebt ab, und am andern Ende der Leitung meldet sich ein alter Freund* der sie einlädt, mit ihr zum Nordpol zu fahren. ....
Beide treffen einander am nächsten Morgen im Kaufhaus beim Verkäufer*"
Und so geht die Geschichte weiter vom Kauf der Schlittenhunde*, des Schlittens*, mit Problemen auf der normalen Straße, bis zum Flugzeug*, das irrtümlich in der Wüste landet, wo sie als Staatsbesuch erwartet werden usw.

Wichtig ist, daß der Animateur darauf achtet, daß alles Spielbare seiner Geschichte auch tatsächlich ausagiert wird.
Läuft das Spiel spontan anders weiter, ist das gut und spaßig!

● Stock-Pantomime

Alle sitzen im Kreis, in der Mitte liegt ein Stock, ca. 1 Meter lang.
Jeder kann nun den Stock nehmen und damit eine kleine Szene spielen, die Zuschauer erraten, welchen Gegenstand der Stock darstellen sollte:
- Schirm
- Feile
- Zahnstocher

usw.

Hund und Katz

Jeder wählt sich zu Beginn die Rolle von Hund oder Katz: Jetzt krabbeln alle am Boden herum, spielen Hund und Katz.
Reizvoll ist die Aufgabe, sich je nach Situation in Hund oder Katze zu verwandeln.

Variation:

Das gleiche Spiel mit den Rollen Chef und Untergebener.

Städte-Pantomime

Dies ist ein einfacher szenischer Impuls, wo Situationen einer Stadt einander vorgespielt und von den Zuschauern die Städte erraten werden:

Die Gruppe teilt sich in kleine Gruppen (3 - 6 Mitspieler). Diese verteilen sich. Jede Kleingruppe einigt sich auf ihre Stadt und sucht dazu 3 typische Situationen.
Diese Situationen werden szenisch gestaltet, sodaß sie den andern Gruppen vorgespielt werden können.
Nach dieser Probezeit (10 - 15 Min.) kommen wieder alle Gruppen zusammen und eine Gruppe beginnt, ihre „3 Szenen einer Stadt" vorzuspielen. Nach der 3. Szene erraten die übrigen die Stadt der spielenden Gruppe.
Beifallklatschen verbessert hier die Spiellust!

Dann kommt die nächste Gruppe dran.

Bei spielungeübten Gruppen kann es erleichternd sein, wenn die Gruppen Kärtchen ziehen können, worauf die Stadt steht, die sie spielen.

Statuen und Pantomimen erraten

Dieses Spiel bringt lockere Bewegung und animiert zugleich die Gruppenmitglieder, einem Thema „Gestalt zu verleihen":
Die Gruppe teilt sich in Kleingruppen.
Zur Gruppensituation passende Begriffe liegen (auch von den Mitspielern selbst geschrieben) auf Kärtchen verdeckt in der Mitte des Raumes. Nun zieht jede Gruppe ein Kärtchen und versucht zu Ihrem Begriff eine passende Statue mit sich oder auch mit allen zu bauen.
Sind alle mit ihren Vorbereitungen fertig, beginnt eine Gruppe mit ihrer Statue und die andern erraten, welchen Begriff die Statue darstellen soll. Möglich sind auch mehrere Statuen einer Gruppe zu einem Begriff – die verdeutlicht, wie vielgestaltig Begriffe sind (oder eben wie einfältig).

Zurufen

Zwei Gruppen stehen sich in möglichst großer Entfernung gegenüber, so daß sie sich nur durch sehr lautes Rufen einander verständlich machen können. (Sehr gut im Freien).

1. Zunächst haben die beiden Gruppen – in einem nächsten Schritt jeweils ein Teilnehmer jeder Gruppe – die Aufgabe, sich wechselseitig einen beliebigen Satz zuzurufen. Hat die andere Gruppe verstanden, was ihre Partnergruppe oder einer der Teilnehmer gerufen hat, soll diese Verständlichkeit auf irgendeine Art zurückgemeldet werden (Händeklatschen, Antwort im Chor usw.)

2. Dann rufen die Gruppen einander Bewegungsaufgaben zu.
   Je nachdem, was die andere Gruppe „macht", sehen die Rufer, ob sie richtig verstanden wurden.

Variation:
Im Anschluß an die vorausgehende Übung denken sich die Teilnehmer Situationen aus, in denen Personen durch Zurufe sich über größere Entfernungen verständlich machen müssen (z.B. Bergsteiger, Fußballplatz, Führer und Touristen, Wasserfall).
Es können kurze Szenen improvisiert werden, in denen möglichst viel und laut gerufen werden muß, da die großen Entfernungen keine normalen Gespräche zulassen.

Es sollen in erster Linie Hemmungen und Schüchternheit verringert werden, die verhindern, daß Personen sich ihrer Stimme zu bedienen wagen. Deshalb kommt es weniger auf Dialoge und Gespräche an, sondern auf kurze, laute Zurufe.

● Impulsgeber (Dirigenten) raten

Ein Gruppenmitgleid geht hinaus, um den Impuls-Geber (Dirigenten) zu erraten:
Währenddessen schlägt sich ein(e) Mitspieler(in) vor. Diese(r) macht nun der Gruppe (auch zur Musik) Bewegungen vor, die alle nachmachen.
Die Impuls-Errater versuchen nun die /den Impuls-Geber(in) zu entdecken.

● Die Floßfahrt

Dieses Spiel macht vor allem in Gruppen ab 15 Mitspielern Spaß, falls die Leute schon locker oder vertraut sind – es gehört zu den „Tumultspielen":
Legt in die Mitte des Raumes einen Teppich oder zeichnet mit Kreide oder klebt mit Tesa-Krepp ein Viereck – das ist euer Floß. Ihr alle habt gerade Platz darauf.
Und jetzt geht die Floßfahrt los – jede(r) spielt die Rolle, die ihr/ihm liegt, macht Aktionen, die zur Floßfahrt gehören.

Bei spielunerfahrenen Gruppen kann ein Animateur dazu eine Geschichte oder zumindest den Flußverlauf oder das Wetter erzählen.

● Tiere begegnen einander

Ihr bildet Kleingruppen (z.B. bei einer „Zwiebel" gruppenweise oder bei „Punkt für Punkt"). Jede dieser Kleingruppen hat die Aufgabe, sich zu einem Tier zu formen und dazu die entsprechenden Bewegungen und Laute zu entwickeln.
Jetzt machen sich die Tiere auf den Weg und begegnen einander ....

● Namen-Melodie

Kleine Gruppen haben die Aufgabe, einen (oder mehrere) Namen aus ihrer Mitte in eine Klang-Bewegungs-Darstellung zu bringen. Wobei der Klang der Silben oder der Rhythmus der Buchstaben oder der Inhalt des Namens dargestellt wird. Dies durch ständiges Ausprobieren.
Dann einander Vorzeigen. Die Zuschauer applaudieren nach jeder Vorführung.

● Lodern

Die Gruppe, bzw. Untergruppen zu 10 Personen, stehen im Kreis.
Sie einigen sich auf ein rhythmisches Wort und versuchen dieses
kauernd (ganz leise und eng) bis
hochgestreckt (ganz laut und deutlich bewegt)
zurück zum Kauern (leise und eng-bewegt) durchzuleben, zu bewegen, und zu sprechen – rufen.
Das gleichzeitige Aktivieren von Körper und Stimme wirkt sich hier sehr lockernd und belebend aus!

● Feuer

(Zu passender Musik, evtl. auch Beleuchtung) empfinden die Teilnehmer, die sich am Boden liegend im Raum verteilt haben, mit ihren Körpern Feuer nach:

Erst entstehen einzelne, kleine Flammen, die wieder in sich zusammenfallen, dann aber wieder neu emporzüngeln und größer werden. Die Flammen vereinigen sich allmählich und werden (entsprechend der Musiklautstärke und der Beleuchtungshelligkeit) immer größer und mächtiger, bis sie schließlich — nachdem sie alles Brennbare verzehrt haben —; in sich zusammenfallen; plötzlich wieder aufleben, dann aber erlöschen.
Musikmaterial, ggf. Beleuchtung
Es ist wichtig, daß der gesamte Körper mit in die Gestaltung einbezogen wird, um die Verwandlung von kleiner Flamme zu lodernder Feuerwand nachzuerleben.

● Tamburin

Hier könnt Ihr gemeinsam die Steigerung Eurer Stimme und Bewegung ausprobieren: Ihr stellt Euch in zwei Reihen etliche Meter entfernt gegenüber. Jede dieser Gruppen macht sich nun ein rhythmisches Wort aus (Powidltatschkerl, Affenzirkus, Bienenhonig, Tamburin).
Nun beginnt jede Gruppe ihr Wort rhythmisch zu sprechen und dazu zur gegenüberliegenden Linie/Wand zu bewegen. Dabei steigert jede ihre Lautstärke und Bewegung. Höhepunkt bei der gegenüberliegenden Wand — zurück wieder abklingend. Dabei begegnen die Gruppen einander.

● Sirene

Die Gruppe steht im Kreis. Eine(r) beginnt nun mit einem leisen Laut und eine Bewegung dazu. Dieser Impuls geht nun reihum von Gruppenmitglied zu Gruppenmitglied, wobei jedes Gruppenmitglied den vorherigen Impuls steigert und ab einer vereinbarten Person wieder jeweils verkleinert und zurücknimmt bis zur ursprünglichen Impulsstärke.

● Ins Gegenteil verwandeln

Spannend ist diese Bewegungsaufgabe: Kleingruppen bilden zusammen eine gemeinsame Form. Nun versucht jede Gruppe das Gegenteil ihrer Form zu finden. Begriffe wie weit — eng, spitz — rund, hart — weich, bizarr — harmonisch, könnte dabei die Bewegung und Verwandlung unterstützen:
Hat die Gruppe das Gegenteil geformt, so versucht sie unterschiedliche Verwandlungstempi.

● Spiegeln — verzerren

Stark vital ist dieses Spiel:
Ihr spielt wieder zu zweit. Wie beim normalen Spiegeln macht ein Partner Bewegungen, die nun der andere je nach Vereinbarung vergrößert oder verkleinert. Bezieht dann schnell Eure Stimmen ein. Das führt zu einem großartigen Gestaltungs- und Körpererlebnis.

● Steigerungskarussell

Aus obigem Spiel haben wir in einer Gruppe dieses Bewegungskarussell entwickelt:
Ein Gruppenmitglied macht seine Bewegungen und Laute. Die andern stehen ihm im Halbkreis gegenüber, wobei vom äußersten bis zum äußersten Gruppenmitglied die Extreme pendeln:
Das links äußerste Gruppenmitglied verkleinert am stärksten, das rechte äußerste Gruppenmitglied vergrößert am stärksten. Die übrigen Gruppenmitglieder haben die nächst mögliche Schattierung darzustellen. Das dem Impulsgeber genau gegenüberstehende Gruppenmitglied spiegelt normal.

Nach einiger Zeit wechselt der Impulsgeber zum Halbkreisbeginn und das bisher äußerste Gruppenmitglied am einen Ende des Halbkreises wird neuer Impulsgeber.

So erlebt jedes Gruppenmitglied alle Darstellungsqualitäten durch. Bei mehr als ca. 14 Gruppenmitgliedern sind dann nächst größere Kleingruppen wichtig.

● Sound and Movement — Geräusche und Bewegung

Alle stehn im Kreis.
Die Animateurin in der Mitte und erklärt das Spiel:
„Ich beginne jetzt mit einem Geräusch und einer Bewegung — auf dich zu." Dabei bewegt sie sich von der Mitte zu einem Mitspieler. Der macht das Geräusch und die Bewegung bis zur Mitte nach, ab dort bewegt er sich mit einer neuen Bewegung und Geräusch zu einem andern Mitspieler. Dieser machts wieder zur Mitte nach .....

Variation für größere Gruppe oder Ängstliche:
Die Mitspieler stehen paarweise im Kreis .....

Bewegungsspiele selbst erfinden

Bewegungen und Kontakte von Vorstellungen/Fantasien angeregt

Wie die Spiele Maschinen bauen, Statuen bauen, Knoten, Schaufenster, Atome-Moleküle u.a. zeigen, können Impulse durch übliche Vorgänge und Fantasien angeregt werden. Wir spielen mit unseren Körpern Metafern und Analogien

zu Naturvorgängen:

- Efeuranken
- Wasserpflanzen
- Entfalten

und zum Tierverhalten:

- Schlangen fangen
- Krebse – Fische
- Gazellensprung
- Vampir-Spiel
- Auf der Eisscholle
- Sardinen

und zu technischen Konstruktionen:

- Maschinen bauen
- Statuen bauen
- Förder-Bandl
- Marionetten
- Roboter und Gummimanderl

und zu üblichen täglichen Vorgängen:

- Lotsen
- Dirigieren
- Spiegeln
- Verfolgen
- Zwischenräume
- Verzerren
- Gruppengummi, Gruppendickicht

Wir stellen Dir viele Übungen und Spiele vor, die aus solchen Fantasien entspringen oder zumindest ihre Titeln an solch bekannte Vorstellungen anlehnen.
Laßt Euch selbst zu Kontakten und Bewegungen von derartig überragenden Fantasien anregen.

Im Kapitel 3 „Darstellende Bewegung und pantomimisch Spielen" findest Du hierzu ausführliche Anknüpfungen.

● Dirigieren: im Paar — gruppenweise

Zu einer einfach bewegten Musik (oder auch ohne) bewegt ein Partner seinen anderen mit Impulsen seiner Hände: er dirigiert die Bewegungen seines Partners. Der Partner reagiert auf die Zeichen seines dirigierenden Partners.
Nach einiger Zeit Rollenwechsel.

gruppenweise:
Bildet Kleingruppen, jetzt dirigiert eine(r) Euch alle.
Die ganze Kleingruppe reagiert auf die Impulse des Dirigenten, der die Gruppenmitglieder auch in unterschiedliche Bewegungen und Distanzen führen kann.
Nach einiger Zeit wechselt ein anderes Gruppenmitglied in die Rolle des Dirigierenden.

Eine wehende, starke Musik wie Debussy's „Claire de lune" im elektronischen Arrangement von Tomita erleichtert dieses Bewegungs- und Improvisationserlebnis.

● Wasserpflanze — wehen

Auch hier seid ihr wieder 2 bis 3 Partner.
Eine(r) ist die Wasserströmung, die durch ihre Bewegung die Wasserpflanze(n) in Bewegung bringt. Die Wasserpflanze schlingert angewurzelt zu den Impulsen der Strömung – und kann sich auch entwurzeln lassen und quirlend weitertreiben ....
Nach einiger Zeit Rollenwechsel.
Auch hier kann eine entsprechend fließende Musik die Bewegung unterstützen.

Redewendungen spielen

Sehr anregend kann mit Redewendungen gespielt werden, die gerade zur Situation passen: Diese Redewendungen können auf Zuruf von allen verwirklicht werden.
Diese Redewendungen können als Impulse bei **Spots in Movement** dienen.

z.B.: am Morgen:
Jemanden wachrütteln, sich zusammenreißen, dich auf Vordermann bringen, die Wadeln nach vorn richten ....

z.B.: lähmende Stimmung:
An der Flucht hindern, schleppend vorankommen, aus dem Eck kommen, sich erdrückt fühlen

Diese und ähnliche Redewendungen werden von der gesamten Gruppe oder von Paaren oder von Kleingruppen körperlich ausprobiert, erlebt, dargestellt usw.

● Bewegungen zu Situationen

Es werden von allen Teilnehmern Ideen auf Zetteln gesammelt, die bewegungsreiche Aktivitäten beschreiben:

- gegen einen Schneesturm ankämpfen
- im Porzellanladen von einer Wespe angegriffen werden
- jemanden aus dem Sumpf retten
- einen Elefanten waschen und kämmen
- ein Auto vor dem Zurückrollen am Hang durch Entgegenstemmen bewahren
- eine Eimerkette zum Feuerlöschen bilden
- vergebens ein schweres Gewicht stemmen wollen .....

Bewegungsimpulse durch Raum und Mitspieler

Neben verschiedenen Vorstellungen und Fantasien können der konkrete Raum um die Gruppe und die anwesenden Gruppenmitglieder Impulse zur Bewegung und Begegnung geben:

● Ziel - An - Lauf

Die Gruppe versammelt sich in einem Garten oder auf einem Platz, wo viele sichtbare Elemente sind: Nischen, Pflanzen, Ein- und Durchgänge, Fenster . . .
Alle schauen nun umher, wer ein Ziel „ins Auge gefaßt hat", ruft: „Alle umfassen diesen Baum" oder lauft zu der Säule und stellt euch so starr hin"
Jeder kann also Ziele, nachahmende Haltungen und zu den Zielen führende Bewegungsarten rufen: „Zu dieser Blume hinrollen", „Zur Tür jemand hintragen".
Je abwechslungsreicher der Spielort, desto mehr Impulse gehen von diesem auf die Gruppe über.

● Spielräume

Wieder sucht sich die Gruppe einen abwechslungsreichen Raum. Die ganze Gruppe oder kleine Team gehen nun umher und fantasieren Spielmöglichkeiten und/oder Szenen zu den Treppen, Türen, Weggraben, Bänken, Baumgruppen, Strauchnestern, welche ihnen ins „Auge fallen".

● Körper-Quellen

Sammelt auf Kärtchen Bewegungs- und Begegnungsmöglichkeiten, die euch einfallen, wenn ihr euch so anschaut.
Dazu könnt ihr dann ein Würfelspiel erfinden, wo diese Impulse erwürfelt werden „Mensch freue Dich!"
Oder ihr baut diese Impulse in „Spots in Movement", ein.

Impulse

für Paare, Kleingruppen und zum Durcheinander / für alle:

Zusammenstellung der Spiele und Übungen des Kapitels „Lockern–Berühren–Spielen"

Die Impulse für Paare und Kleingruppen können Euch bei der Belebung der animativen Spielstrukturen

- **Spots in Movement**
- **Die Zwiebel**
- **Atome–Moleküle**
- **Punkt für Punkt**

unterstützen.

für Paare:

Mit Luftballons bewegen
Mit Gummibändern bewegen
Die Zwiebel
Verstecken–entdecken
Marionetten
Spiegeln–verzerren
Blind beschreiben
Schatten gehen
Mimik nachmachen
Spiegeln
Blind führen
Lotsen-Spiele
Maschinen abstellen
Dirigieren
Wasserpflanze–wehen
Figuren bauen
Sich fallen lassen
Schneckenhaus
Schultern klopfen
Gleichgewicht
Blind nachformen
Ich bin dein Wetter
Entfalten

ab drei, Kleingruppen:

Hoch–Sprung
Katapult–Hexensprung
Follow me
Lodern
Maschinenteile zusammenfangen
Name und Bewegung
Mit Luftballons bewegen
Mit Tüchern bewegen
Gruppentänze
Knoten
Ton-Batzln
Statuen bauen
Maschinen bauen
Schaufenster
Auf der Eisscholle
Knie–Sitz–Kreis
Stock-Pantomime
Tiere begegnen einander
Name in Schritten
Namen-Melodie
Sirene
Dirigieren
Ins Gegenteil verwandeln
Gleichgewicht
Hochgefühl
Wellenbett
Pendeln
Regnen–tragen
Feuer
Städte-Pantomime
Statuen und Pantomimen erraten
Sirene
Steigerungskarussell
Feder-Bett
Rücken begegnen einander
Entspannen wie ....
Eiszapfen, Seifenblasen Schneestandbilder

zum Durcheinander / für alle:

Versteinern–Erlösen
Zweierzeck
Schlangenfangen
Bruder/Schwester hilf!
Die schwächste Maus
Krebs Fische
Rücken an Rücken
Spots im Movement
Feuer, Wasser, Sturm
Ebbe und Flut
Ausschütteln
Follow me
Roboter und Gummimanderl
Stop -Los
Vereisen–enteisen
Vom Opa zum Baby
Winkel-Gehen
Name und Bewegung
Mit Luftballons bewegen
Mit Tüchern bewegen
Gruppentänze
Atome–Moleküle
Mein linker Platz ist leer
Zublinzeln
Verfolgen
Wer fehlt?
Ton-Batzln
Knie-Sitz-Kreis
Stock-Pantomime
Impulsgeber raten
Die Zwiebel
Leute zu Leute
Bewegung zu Themen
Feuer
Sound and Movement
Die Floßfahrt
Szenische Rundumgeschichte
Städte-Pantomime
Zurufen
Tamburin
Vampir-Spiel
Redewendungen spielen
Zwischenräume
Goofy
Sardinen
Förder-Bandl
Feder-Bett
Jakob, wo bist Du?
Rücken begegnen einander
Genußkarusell

Gusti Reichel

2. Kapitel

Kreativ Tanzen

Bewegungserfahrung und Ausdruckstanz

„Mich ausdrücken und darstellen"

Zum Tanzen brauche ich nur meinen Körper — den Rhytmus hole ich mir aus meinen Bewegungen, die wiederum meinen Alltag, meine Gedanken, Gefühle und meine Situation widerspiegeln.
Ich tanze, weil ich mich bewegen kann: mein Gehen wird zu Rhytmus, mein Tragen zu Schwingen, meine Alltagsschwere zu Erdkontakt... Mein Körper und meine täglichen Bewegungen inspirieren mich und ich drücke aus, was ich an mir wahrnehme — und ich teile mich dadurch anderen mit.

Einleitung:

Zum Tanzen brauche ich nur meinen Körper — den Rhythmus hole ich mir aus meinen Bewegungen, die wiederum meinen Alltag, meine Gedanken, Gefühle und meine Situation widerspiegeln.
Ich tanze, weil ich mich bewegen kann: mein Gehen wird zu Rhythmus, mein Tragen zu Schwingen, meine Alltagsschwere zu Erdkontakt. . .
Mein Körper und meine täglichen Bewegungen inspirieren mich und ich drücke aus, was ich an mir wahrnehme — und teile mich dadurch anderen mit.

Tanzboden Tanzschritte

Die Kapitel **Tanzboden** und **Tanzschritte** sind zu deiner Einstimmung geschrieben. Ich lade dich damit in den Bewegungsraum Kreativer Tanz — Ausdruckstanz — Körperausdruck — Bewegungsimprovisation ein.

Bewegungselemente

Die Kapitel mit den Bewegungselementen **Körper — Raum — Energie — Beziehung** sind die Grundlagen für Kreativen Tanz. Ich habe sie für die „normale" gruppenpädagogische Praxis verarbeitet. Eine spezialisierte Beschäftigung damit kannst du dir durch weitere Bücher und Kurse holen.

Die Elemente sollen dich dazu anregen, selbst Übungen dazu zu finden, Spiele und Methoden, die dein eigenes Bewegungsrepertoire und das deiner Gruppe erweitern und vertiefen.

Jedes Kapitel und Thema leite ich mit dem Gedanken „was ich dabei lernen und beobachten kann", mit Übersichten und Hinweisen dazu ein. Dann gibt es Übungen, die zum Teil in neutraler Anrede geschrieben sind, zu denen du deine eigenen Worte finden kannst und zum Teil direkte Animationen in der Du-Anrede. Ich mag das Du, weil es direkter ist.

Ich möchte dich und deine Gruppe durch diese Kapitel anregen, **selbstbestimmte** und **kollektive Formen des Tanzes** und **Körperausdruckes** zu entwickeln. Euer dadurch gewonnenes Selbstbewußtsein soll sich **ermutigend** und **verändernd** auch auf die Gesellschaft auswirken.

Tanzboden

Wir können uns bewegen, bevor wir sprechen!

Joan Russell (Meine Lehrerin) in „Dance in education"

„Wir leben in einer Welt von Bewegung: das ganze Universum ist in ständiger Bewegung, alle lebenden Dinge sind in einem Zustand schrittweiser Entwicklung und Wachstum. Es gibt Ebbe und Flut, Wind und Wasser. Der Mensch selbst zeigt sein Leben durch Bewegung — der urzeitliche Mensch mußte sich bewegen, um leben zu können, um sein Essen, die Bekleidung und Feuer zu bereiten. Er nützte die Bewegung als ein Mittel, seine Hoffnung, Erwartungen, Furcht und Freude in religiösen und rituellen Tänzen und Zeremonien auszudrücken. Geburt, Tod und die Fruchtbarkeit von Sippe und Ernte sind vitale Ereignisse seines Lebens, welche er durch Bewegung feierte. Je näher der Mensch zur Natur lebt und von ihrem Rhythmus beeinflußt ist, desto spontaner kann er sich durch Bewegung ausdrücken".

Geschichtliches

Tanzen hatte in der Geschichte verschiedene und doch ähnliche Funktionen

Ekstase:

Befreiung von seelischen Spannungen. Rausch, Zauber bis hin zu Tanzwut als Massenhysterie (Veitstanz in der Pestzeit).

Training:

Vorbereitung für „Alltagshandlungen" und körperliche Ertüchtigung, für Jagd, Krieg . . . verbunden mit geistigem Training ähnlich einem Rollenspiel (Vorwegnahme der Situation): pantomimischer Tanz; Verarbeitung durch Wiederholung der Situation.

Lebensabschnitt:

Aufnahme in die Sippe, Dorf etc. durch Initiationsriten und -tänze: Vermählung, Mannwerdung. . .

Heilung:

Medizintänze, Beschwörung von Geistern und Göttern, auch durch tänzerische Übernahme von Rollen: wenn ich tanze wie ein Löwe, seine Bewegungen nachmache, übernehme ich die „Kraft" des Löwen.

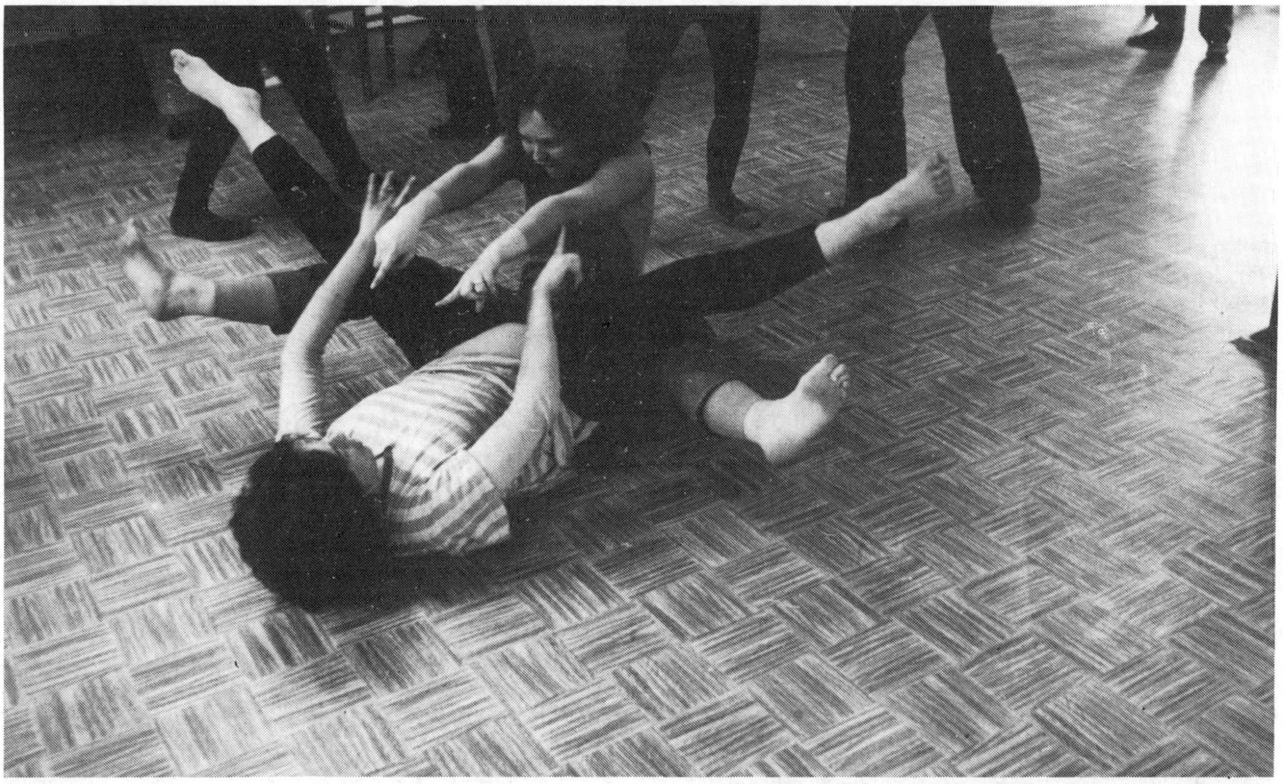

Erfolg:

Ernte, Geburt, Sieg usw. werden durch Festtänze erhöht und verarbeitet.

Meditation:

Gleichförmige Bewegungen mit beruhigender bis berauschender Wirkung, für religiöse und mystische Anlässe (Orient)

Schautanz:

In Antike und römischer Kultur entstehen „Tanzschulen", der Tanz wird als Bildungsbestandteil gesehen. Tanz als dramatische Form vor Zuschauern entsteht. Das Ballett als Höhepunkt einer höfischen Kultur trennt Zuschauer und Künstler in passive und aktive Teilnehmer.

Selbstdarstellung:

Arbeitsbewegungen und Alltagshandlungen werden in fixe Tanzbewegungen gegossen: Handwerkertänze – jede Zunft hatte ihren Tanz – Volkstänze heute noch erhalten (Spinnrad, Sägen, Hacken . . .)
Eine mehr individuelle Selbstdarstellung auf der Bühne gab es durch Isadora Duncan, der Schöpferin des freien Tanzes, eine kollektive Selbstdarstellung durch die „Bewegungschöre" mit Arbeitern von Laban. (Beide 19. Jhdt.)

Kommunikation:

erotische Beziehungen – „balzen" wurden immer schon durch Tanz hergestellt. Die direktere Form des Paartanzes von Mann und Frau wurde wahrscheinlich auch aus diesen Gründen anfangs als unmoralisch angesehen. Anfänglich waren es bürgerliche und höfische Reihentänze (Quadrille), später Einzelpaare, die sich im Walzertakt drehten.

Je weiter weg vom Volk, umso beherrschter und unnahbarer wurden die Tänzer. Sogar der Volkstanz ist zu einer elitären Spezialisierung geworden. Die Verstärkung dieser Entwicklung ist auch durch die Perfektionsformen in den Massenmedien beeinflußt. Die Wirtschafts- und Machtverhältnisse bestimmen die Tanzformen und Anlässe: kann das Volk eigene Tänze entwicklen, sind diese anerkannt oder gibt es nur mehr die bezahlte Form des Tanzes und der Bewegung, sogenannte „Spitzentänzer – Sportler" ? Wenn Tanzen hauptsächlich kommerziellen Zwecken dient, ist dies für mich auch ein Zeichen einer „Beherrschung".

Tanzspiegel

Wann tanzt Du?
Was fördert Deine Tanzlust?
Was hindert sie?
Welche Anlässe nützt Du zum Tanzen?
Welche Bewegungsformen verwendest Du beim Tanzen?
Welche Körperteile benützt Du beim Tanzen?
Was gibt Dir Dein Tanzen?
Welche Anlässe zum Tanzen gibt es in Deiner Umgebung?
Wie entstehen in Deiner Umgebung Tänze?
Hast Du schon einmal ohne Musik getanzt?
Welche Tanzformen beobachtest Du bei Anderen?
Hast Du schon einmal mit Gleichgeschlechtlichen getanzt?
Hast Du schon einmal alleine vor anderen getanzt?
Hast Du schon einmal mit anderen einen Tanz erfunden?
Was ist Dein nächster Anlaß zum Tanzen?
Wieviel mußt Du dafür bezahlen?

Papalagi = westlicher Mensch

„Je mehr einer ein rechter Papalagi ist, desto mehr Dinge gebraucht er. Darum ruhen die Hände des Papalagi nie im Machen von Dingen. Deshalb sind die Gesichter des Weissen oft so müde und traurig, und darum kommen auch nur die wenigsten dazu, die Dinge des großen Geistes zu sehen, auf dem Dorfplatz zu spielen, frohe Lieder zu dichten und zu singen oder an den Sonntagen im Lichte zu tanzen und sich vielfach ihrer Glieder zu freuen, wie es uns allen bestimmt ist."

Aus „der Papalagi" – Reden eines Südseehäuptlings

Tanz = Spiegel

Durch das bewußte Wahrnehmen alltäglicher Bewegungsmuster wie gehen, laufen, tragen, heben . . . lerne ich meinen Körper kennen, ich erkenne meine Möglichkeiten und Grenzen in der Bewegung: mein Körperbewußtsein hängt unmittelbar mit meinem Selbstbewußtsein zusammen.

Tanz = Veränderung

Meine Stimmungen, meine Lebenseinstellung meine Situation im Alltag drückt sich in Körperhaltungen und Bewegungsmustern aus. Ich kann meine psychische Situation durch meinen Körper erkennen und auch verändern, indem ich neue Bewegungs- und Körpererfahrungen mache. Ich erweitere mein Bewegungsvokabular und dadurch auch meine Ausdrucksmöglichkeiten.

Die Fähigkeit etwas aus mir heraus zu schaffen, „kreativ zu sein" – gibt mir Mut und Selbstvertrauen, ich finde meine eigenen Formen und meine Ästhetik, ich entwickle mit anderen Kultur.

Tanz = Erfahrung

Ich kann für mich alleine tanzen, ich kann mit anderen tanzen und vor anderen tanzen. Jedesmal werde ich mit ein und derselben Bewegung neue Erfahrungen machen. Ich nütze daher all diese Möglichkeiten und probiere sie immer wieder aus.

Tanzschritte

Der Aufbau im Buch, in den einzelnen Kapiteln und Einheiten entspricht dem Ziel, die Tänzer und Nichttänzer „Schritt für Schritt" zum freien und kreativen Tanz zu führen.

Das Spannungsfeld „mit Bewegung spielen" und „Bewegung bewußtmachen" und „trainieren" ist verschieden stark durch die Übungen berücksichtigt.
Die Schritte bei den Einheiten:

- aufwärmen (oft mit Musik)
- spielen mit dem Bewegungsthema
- bewußtmachen und üben ohne Musik
- improvisieren alleine, mit Partner oder Gruppe
- gestalten und
- vorzeigen

Die **Auswertung** kannst du je nach Gruppensituation, Zeit, Spiel und deinen eigenen Kenntnissen und Bedürfnissen in Richtung Darstellung oder Selbsterfahrung machen. Nach manchen Übungen findest du von mir Anregungen dazu.

Pädagogisches

Entwicklungsgemässer Aufbau

Kreativer Tanz geht auf gewohnte Bewegungsformen ein und dadurch auch auf die Altersstufe und Entwicklung. Jüngere Kinder bevorzugen Körperaktivitäten wie laufen, springen usw., und können langsame Bewegungen, die Balance erfordern, kaum ausführen. Ältere Kinder und Erwachsene haben auch schon mehr Freude an abstrakteren Bewegungen wie: den Bewegungsraum erfühlen, Übungen, die mit Beziehung zu tun haben. Dennoch gilt auch für die Arbeit mit Jugendlichen und Erwachsenen, bei den Grundformen wie: gehen, hüpfen usw. zu beginnen. Die Fähigkeit, spontan zu hüpfen und zu springen, soll auch bei Erwachsenen nicht total vergessen werden.

Ermutigen

Die Beobachtung und Auswertung der Übungen soll die Teilnehmer, egal welcher Altersstufe, immer **ermutigen!** Grundsätzlich sollen auch die kleinsten Bemühungen verstärkt werden z.B. die Maria hat das so gemacht oder der Hans hat es anders ausgedrückt. Es ist auch für den Leiter faszinierend, wie verschieden die Teilnehmer die Aufgabenstellung ausführen. Wenn eine Übung ihrem Inhalt nach noch nicht ganz verstanden wurde oder in einer anderen

Richtung ausgeführt wurde, kann es an der Aufgabenstellung liegen (siehe nächster Punkt) oder am geringeren Training. Der Leiter soll zu Wiederholungen ermutigen, indem er konkrete Anregungen zur Weiterentwicklung der Übung gibt: „. . . Du hast das schon ganz gut gemacht; wenn Du nun z.B. die Bewegung noch eine Spur langsamer machst, wird die Bewegung noch ausdrucksvoller".

Aufgaben stellen

Jeder komplexe Bewegungsablauf braucht eine systematische Aufgliederung in einzelne Übungen und einen guten Aufbau. Z.B. bei Übungen zu Kraftanwendung: alle Formen von Kraft durchspielen, mit Musik, mit Partner und dann erst die tänzerische Form ausprobieren und üben. Je ungeübter die Gruppe ist, desto genauer müssen die Aufgabenstellungen sein: die Aufforderung „bewegt euch so frei als möglich" ist für die meisten Gruppen eine Überforderung und führt eher zu mehr Hemmungen und Enttäuschung. Die Erfahrung der freien Bewegung entsteht durch ein gutes Zusammenspiel von Leiter, Gruppe und Struktur. Ermutigung, Wiederholung und ein kleines Produkt am Ende jeder Bewegungseinheit bringt die meisten weiter.

Strukturieren

Jede Bewegungsaufgabe wird verschieden ausgeführt. Diese Variationen sind die beste Grundlage für die Gestaltung von gemeinsamen Tanzformen und Bewegungsdramen. Die Animateurin sieht die Ideen, macht sie bewußt und führt zu einer gemeinsamen Gestaltung.

Musikunterstützung

Die Rolle von Musik bei Ausdruckstanz ist für mich eher zweitrangig. Musik, vor allem Kassetten oder Schallplatten (konservierte) helfen anfangs, Stimmung zu machen und den „Raum zu füllen": sie hilft Unsicherheiten überwinden und gibt Unterstützung bei ersten Bewegungsimprovisationen. Zu jeder Musik soll auch ein Impuls kommen: „bewegt euch durch den ganzen Raum, in verschiedenen Ebenen usw. ". Für die weitere Arbeit in Richtung Körperbewußtsein soll sie im Hintergrund bleiben bzw. dieselbe Übung nochmals ohne Musik gemacht werden. Dadurch legt der einzelne Tänzer mehr Aufmerksamkeit auf seine Bewegung und seinen Körper und nicht sosehr auf den Rhythmus der Musik. Außerdem gibt es kaum Musik, die auf die Bewegungsideen eines jeden eingehen kann. Weitere unterstützende Möglichkeiten sind: Rhythmusinstrumente wie Tambourin, Trommeln, Gong, Rasseln, wer's kann: Piano usw. Ich bevorzuge meine Stimme und versuche sprachlich-rhythmisch zu animieren.

Vorzeigen

Das Vorzeigen vor der Gruppe kann anfangs unangenehm erlebt werden. Die Wiederholung und Ermutigung läßt aber mit der Zeit das Selbstbewußtsein wachsen. Die Übertragung auf den Alltag, wo selbstsicheres Auftreten und sich Blicken aussetzen für den Einzelnen förderlich ist, motiviert meistens zu weiteren Versuchen.

Rahmen

Je konzentrierter die Tänzer sein können, desto eher werden sie sich trauen, mit Bewegung und Körper zu experimentieren. Dazu braucht es praktische und psychische Voraussetzungen:

Der Raum: geschlossene, helle Räume mit sauberen Holz- oder Teppichböden, genügend groß (für 10 Personen ca. 40 qm). Belüftung, Wärme und Akustik wirken sich auch auf die Bewegungslust aus. Dennoch: man kann auch ungünstige Räume verändern oder sich daran gewöhnen.

Die Kleidung: lockere, leichte Kleidung, die freie Bewegung fördert, lädt eher ein als Strassenkleidung oder hautenge Jeans oder Smokings. Körperbetonte Gymnastikanzüge machen die Bewegungen noch deutlicher. Auch ist das „Umziehen" einstimmend und als solches konzentrationsfördernd. Barfuß tanzt sich's am besten.

Der Einstieg: da Kreativer Tanz einen Aufbau braucht, erweist es sich als günstig, gleichzeitig zu beginnen.

Die Zeit: um ermutigende Erfahrungen und Experimente machen zu können, ist eine bestimmte Zeit notwendig: das Minimum ist pro Einheit 1 1/2 Stunden, mehrere Einheiten hintereinander, mit Pausen, bringt einiges. Günstig ist, wenn die Gruppe ein Wochenende, zumindest einen Tag zusammenbleibt oder sich regelmäßig trifft. Dadurch kann Erweiterung der Bewegung und Training geschehen.

Die Motivation: Kreativer Tanz braucht den ganzen Menschen – mit Körper und Geist. Zwischendurch oder in halboffenen Gruppensituationen ist es eher schwierig, sich auf sich zu konzentrieren.

Einzelne Impulse aus dem Bereich „Kreativer Tanz", sind jedoch auch in der Diskothek und an der Bar durchführbar: z.B. besonders leicht oder aggressiv tanzen, Kampftänze und Spiele . .

Bewegungselemente:

Diese Elemente entsprechen dem westlichen Bewegungsbewußtsein und wurden von Rudolf Laban (1879 – 1958) als Grundlage für künstlerischen und pädagogischen Tanz zu einer Bewegungsanalyse entwickelt.
Mit dieser im „Hinterkopf", noch besser im Gefühl, kannst Du Deine eigenen Tanz- und Bewegungsgewohnheiten bewußt machen, verstärken und erweitern. Damit kannst Du tänzerische und dramatische Gestaltungen bereichern und formen. Ebenso helfen sie Dir, eine alters- und entwicklungsgemäße Bewegungs- und Tanzerziehung aufzubauen.
Wenn Du die alltäglichen Bewegungsformen beobachtest, wirst Du die Elemente wiederfinden und sie als Grundlage für Kreativen Tanz verwenden können.

Übersicht: Bewegungselemente

Körper
was bewege ich

KÖRPERAKTIVITÄTEN
Fortbewegung
Sprünge
Drehung
Körpergesten

KÖRPERTEILE
einzelne Körperteile
ganzer Körper

KÖRPERFORM
Gestalt
Körpersymmetrie
Bewegungsfluß

Raum und Form
wo bewege ich mich

AUSDEHNUNG
Größe & Weite

EBENEN
hoch - tief - mittel

RICHTUNG
horizontal
vertikal
Raumorientierung

MUSTER
Luft- & Bodenmuster

Energie
wie bewege ich mich

RAUMRICHTUNG
direkt & flexibel

ZEIT
langsam & schnell

KRAFT
leicht & fest

BEWEGUNGSFLUSS
gebunden & frei

BASISAKTIONEN
pressen - gleiten - fließen - wringen
peitschen - flackern - tupfen - stoßen

Beziehung
wer bewegt sich mit

ICH
Körperteile

ANDERE
einzelne Personen
Paare

GRUPPE
Kleingruppe
Großgruppe
Gruppenformen

Körper — was bewege ich

Ich mache mir die spielerischen Möglichkeiten meines Körpers bewußt, so wie ein Baby seine Finger, Füsse, seine Fortbewegung entdeckt und entwickelt. Ich erlebe dabei den Körper als Instrument meiner Bewegungen und meines Ausdrucks. Ich übe verschiedene Bewegungsstrukturen.

Übersicht:

KÖRPERAKTIVITÄTEN

Fortbewegung
Sprünge
Drehung
Gesten
erheben und sinken

KÖRPERTEILE

einzelne Körperteile
ganzer Körper

KÖRPERFORM

Gestalt
Körpersymetrie
Bewegungsfluß

KÖRPERAKTIVITÄTEN: Fortbewegung

Wenn ich mich von einem Punkt im Raum zu einem anderen bewege

● Fortbewegung am Boden

— „Nimm Kontakt mit dem Boden auf, spüre die Oberfläche des Bodens, bringe deine Körperoberflächen auf verschiedenste Art und Weise mit dem Boden in Kontakt, berühre einmal den Boden mit „viel Körper", einmal weniger".

— zu Musik: alle probieren Fortbewegungen am Boden aus: kriechen, rollen, hüpfen wie ein Frosch. Wesentlich ist, daß der Körper nahe beim Boden bleibt und ohne Benützung der Füße als hauptsächliches Fortbewegungsmittel passiert. Dann zu zweit:

— alle Fortbewegungsmöglichkeiten probieren, dann zu viert und wenn genug Dynamik da ist, mit sovielen als möglich und miteinander am Boden fortbewegen.

— „löse dich vom Partner und gehe wieder zum Boden zurück. Nimm Bodenkontakt auf und löse dich dann (Begleitung eines Tambourins oder der Stimme) Stück für Stück vom Boden und stell dich auf die Beine"

— „setze bewußt die Fußflächen und spüre: Verschiedene Arten, wie du die Füße heben und aufsetzen kannst; mit den Fersen, den Außenkanten, mit den Ballen usw. Wechsle die Gehrichtungen."

— „schaue auf einen Punkt im Raum, am besten ein Punkt am Boden und laufe dorthin, halte. Suche neuen Punkt und eine andere Art von Fortbewegung. Dies kannst du auch zu zweit probieren."

● Mit den Beinen

— zu Musik sämtliche Fortbewegungsmöglichkeiten mit den Beinen und Füssen ausprobieren.

— ohne Musik: jeder probiert für sich eine Schritt- oder Hüpfform aus, die er/sie vorher gemacht hat. Diese kann nun verschieden ausgebaut werden:
„rhythmisiere deinen Schritt, indem du ihn wiederholst, eine bestimmte Anzahl von Schritten festlegst, auf den Weg achtest, den du benützt und setze Akzente durch Körpergeräusch (Stampfen)". Dieser ausgeformte Schritt

— wird im Kreis von jedem einzelnen vorgezeigt, von den anderen wiederholt oder verändert. Bei dieser Form nach einigen Wiederholungen auf einen raschen und rhythmischen Ablauf achten und zu einem gemeinsamen Gruppenschritt führen und gestalten.

— die individuellen Schritte in **kleinen Gruppen** zu einem Gruppenschritt oder mehreren Formen, und vorzeigen. So entstehen gruppeneigene Tänze!

Fortbewegung: Grundformen

● Große, weite Schritte

mit Tambourin begleiten, stimmlich und sprachlich animieren, große Schritte, in alle Richtungen, weit vom Körperzentrum weg, einen Rhythmus herausarbeiten und auch im eigenen Tempo versuchen. Dann auf einen Impuls hin **anhalten,** d.h. die Bewegung erstarren lassen, den Körper anschauen, die Form wahrnehmen, das Körpergefühl beachten, Spannungen und Energiepunkte im Körper feststellen. Lösen und Übung von vorne.

● Enge, kleine Schritte

Vorgang wie oben, Tambourin, Rhythmus und anhalten, Körper beobachten, lösen und von vorne. Die beiden Schrittarten dann im Kontrast zueinander machen und zwar mit raschem Wechsel, ohne lösen dazwischen.

● Dialog mit Schritten

zu zweit, einer ist A, der andere B. A beginnt mit einer Schrittform, klar und deutlich auf B zuzugehen, oder weggehen, hüpfen je nach gewählter Form. B reagiert mit einem anderen Schritt, wie in einem Gespräch, wobei vorerst noch kein Inhalt spürbar sein muß. Einige Minuten improvisieren und dann gestalten.

● Bewußter Spaziergang — „Geh"ditation

Die Teilnehmer gehen locker im Raum herum und wechseln öfter die Gehrichtung. Hier einige Impulse:

locker gehen, mit dem **Bewußtsein „ich gehe",** Richtungen und Tempo wechseln, geradeaus schauen

— mit **verschiedenen Flächen** des Fußes gehen: Außenkante, innen, Ferse . . .

— **ganz langsam gehen** und dabei ruhig durchatmen, Bauchatmen

— auf dem **ganzen Fuß** gehen, das heißt eher auf den Außenkanten, das Fußbett soll dabei das Gewicht des Körpers tragen (Fußskelett nicht nach innen kippen). Den Fuß dabei von der Ferse zum Fußballen abrollen, gut mit dem Boden in Kontakt bringen. Diese Übung ist barfuß am sinnvollsten. Hinweis: bei dieser Gangart werden die Reflexzonen auf der Fußsohle auf natürliche Art massiert.

— weitergehen mit diesem Fuß-Bodenkontakt und jetzt das Bein beachten: der **Schwung des Schrittes soll aus der Hüfte,** aus dem Beinansatz im Hüftgelenk kommen. Gegensatz: der Schwung kommt nur aus den Kniekehlen. Dieser Beinschwung wirkt sich auf den ganzen Körper aus. Der Gang wird, wenn aus der „Hüfte gegangen" wird, wiegender, harmonischer. Eventuell auch Laufen ausprobieren.

— Beobachtungspunkt **Brustkorb:** die leitende Energie sitzt hier, der Brustkorb soll das Gefühl von „nach oben frei sein" haben, die Schultern sind dabei weder verkrampft, noch hängend. Der Kopf ist gerade, d.h. das Kinn parallel zur Brust und der Blick ebenso. Der Teilnehmer soll das Gefühl von „geradlinig, ohne Steifheit", bekommen.

— Vorstellungshilfe **„ich bin mir meiner selbst bewußt"** als nächsten Impuls eingeben und die Teilnehmer anregen, dabei die entgegenkommenden Personen zu beachten, ihnen in die Augen schauen. Eigenes Gefühl wahrnehmen. Kurz halten und über die Erfahrungen bei diesem Impuls sprechen: Wie habe ich mich bei diesem Impuls gefühlt, was habe ich am Körper, am Blick usw. verändert? Woran erinnert mich diese Erfahrung im Alltag? (Sicheres Auftreten!)

— **Blickrichtung:** wieder bewußt weitergehen und den Blick am Boden halten, verschiedene Geschwindigkeiten probieren und anhalten, den Blick nach oben, wieder gehen. Wechseln und dann geradeaus schauen, Partner anschauen, durchschauen usw. Mehrmaliger Wechsel der Blickrichtungen und dann anhalten. Erfahrungen austauschen: bei welcher Blickrichtung habe ich mich am wohlsten gefühlt, bei welcher am sichersten? Mit Alltagserfahrungen vergleichen. Dieselbe Übung **im Freien** und barfuß machen bringt intensive Erlebnisse.

Körper

KÖRPERAKTIVITÄTEN: Sprünge

Wenn ich mich mit dem Gefühl bewege: ich hebe mich vom Boden weg und möchte in die Luft fliegen dann wird es vielleicht ein Sprung, ein Luftsprung. Wenn ich ganz wütend bin und in die Erde stampfe, am liebsten im Boden versinken würde, dann wird es vielleicht ein Bodensprung. Mein Gefühl oder mein Wille spielt dabei eine große Rolle.

● Luft- und Bodensprünge

— zu Musik: durch den Raum laufen und von Zeit zu Zeit in die Luft springen, dabei alle Arten von Springen ausprobieren,

— mit dem Gefühl laufen: der Brustkorb ist frei, leicht, ich werde leicht nach oben gezogen und dann Sprünge probieren. Leichtes Körpergefühl entwickeln. Mit Tamourin begleiten und später eigenen Sprungrhythmus entwikkeln.

— als Gegensatz dann: Sprünge in den Boden hinein, Körper nach unten gerichtet. Wechseln zwischen Luft und Bodensprüngen.

— Improvisation: kleinere Gruppen bilden, ein Teil übernimmt die Luftsprünge, ein Teil Bodensprünge und nun im Dialog mit der jeweiligen Sprungart reagieren. Variation: jeder kann seine Sprungart wechseln.

KÖRPERAKTIVITÄTEN: Drehung

Ich drehe mich um einen Punkt, entweder um mich selbst oder einem Punkt im Raum und wende dabei immer meine Vorderseite: der Punkt bleibt, ich drehe mich. So kann ich leicht das Gefühl von „Ekstase" erleben — Kinder lieben diese Drehungen sehr. Es ist ihre erste Tanzform.

● Kreisel

— zu zweit: je an einer Hand nehmen und wie ein Karussell drehen. Die Hände bleiben der Orientierungspunkt, die Körpervorderseite wechselt. Oder einer versucht den anderen wie einen Kreisel zu drehen.

— jeder nimmt sich genügend Raum und probiert Drehungen von innen und außen: der Körper ist zuerst geschlossen und eng und die Zentrifugalkraft bringt den Schwung nach außen — die Kraft fließt bis in die Fingerspitzen und umgekehrt: von außen nach innen Schwung holen, der Körper ist zuerst weit, dreht sich dann nach innen und wird enger: die Kraft geht bis ins Körperzentrum zurück.
Ebenso probieren die Teilnehmer die Drehung von unten nach oben und von oben nach unten, ähnlich einer Spirale. Nun hat jeder genügend Material, um verschiedene Formen von Drehungen auszukosten.

— weitere Kombinationen: mit Sprüngen und laufen, anhalten und wieder neue Kombinationen probieren. Diese Übungen verstärken die Körperbeherrschung und Balance.

Körper

KÖRPERAKTIVITÄTEN:
Körpergesten

erheben

Wenn ich mich vom Boden erhebe mit dem Gefühl: ich möchte aufwärts und möchte die größtmögliche Distanz zum Boden erreichen. Ich ziehe mich dabei gegen die Schwerkraft vom Boden weg.

sinken

Umgekehrt: der Körper geht mit der Schwerkraft nach unten: ich sinke langsam, oder falle plötzlich, ich presse mich nach unten . . .

öffnen

Ich öffne den Körper mit dem Gefühl mich auszubreiten, soweit meine Hände reichen und betone dabei die äußersten Punkte meiner Arme und erlebe dadurch die Weite meines Körpers.

schließen

Erlebe ich als ein Zusammenziehen, ein zusammenfalten des Körpers. Ich erlebe den Körper in einer Form, wo alle Teile des Körpers nahe beieinander sind.

vorgehen

Beim Vorgehen richtet sich mein Körper nach vorne, mein ganzes Sinnen strebt nach vorne, die Hände unterstützen mich mit Gesten dabei.

zurückziehen

Diese Bewegung meint den Rückzug zu mir selbst, rückwärts gerichtet, zusammenziehen in mein Körperzentrum.

● Wechsel

Die einzelnen Körperaktivitäten klar und ohne Musik ausprobieren, mit Betonung auf die innere Einstellung. Übergänge zwischen den einzelnen Bewegungsformen machen. Später dazu passende, langsame Musik suchen und dazu die Bewegungen anpassen, zuerst jeder für sich, dann in Bezug auf einen Partner. Diese Bewegungsformen haben deutlichen kommunikativen Inhalt und können als solche gestaltet oder/und ausgewertet werden.

Variation

– die Teilnehmer sitzen am Boden und zwar in einer möglichst beweglichen Haltung, aus der man gut aufstehen kann. Jeder probiert verschiedene abgeschlossene Bewegungen: von sich weg, zu sich her und in den Raum. Die Bewegungen sollen anfangs kleiner, enger beim Körper sein, später weit und groß und immer weiter, sodaß der ganze Körper mitgeht und die Gesten im Stehen passieren. Weiter vergrößern, sodaß die Gesten den Körper des Tanzenden mit durch den Raum führen und Rhythmus bekommen. Diese Grundformen können nun im Ausdruck verstärkt werden und ergeben gute Gestaltungsmöglichkeiten:
z.B einsammeln – verstreuen oder einholen und wegstoßen

– weitere Gesten probieren und mit Fortbewegung, Drehungen und Sprung kombinieren. Eventuell in kleinen Gruppen gestalten und vorzeigen.

Körper

KÖRPERTEILE:
Ganzer Körper
Einzelne Körperteile

Ich beobachte meinen Körper und meine Bewegungen: welche Teile sind aktiv einbezogen, welche sind eher passiv dabei. Ich beobachte, was mein Körper als ganze Einheit machen kann und wie die Bewegung z.B. beim Laufen, Fallen geschieht. Oder ich beobachte einzelne Körperteile, versuche welche Bewegungen sie isoliert machen können: Kopf, Knie, Ellbogen . . . Die weniger aktiven Körperteile kann ich ebenso betont einsetzen, indem sie die Hauptbewegungen wie ein Echo wiederholen oder das Gegenteil herausarbeiten. Durch diese Beobachtungen lerne ich meine Bewegungsabläufe kennen und lerne sie isoliert oder gemeinsam einzusetzen.

● Fallen und Aufstehen

– die Teilnehmer stehen im Kreis mit genügend Abstand und lassen nun den Körper Stück für Stück nach unten sinken: den Kopf auf die Brust fallen lassen, dann den Oberkörper nach unten sinken lassen, in die Knie gehen, und dann auf die Unterschenkel zur Seite fallen. Diesen Vorgang mehrmals und immer fließender, schneller wiederholen, sodaß sich jeder schließlich aus dem Stehen umfallen getraut. In der letzten Phase: mittels Tamourinbegleitung fallen alle so rasch als möglich hintereinander – ähnlich einem Kartenhaus auf eine Seite.

Aufstehen; bei jedem Schlag ein Stück von Boden wegerheben und zwar ruckartig. Fallen und mehrmals wiederholen – in einer zweiten Runde blitzartig aufstehen, daß heißt, auf einem Schlag auf die Beine kommen.

Sinken: denselben Vorgang wie fallen, aber diesmal sinken, jedoch fließend, ohne Ruck. Ebenso langsam aufstehen.
Diese Grundübungen eignen sich für dramatische Szenen, die sich aus den Bewegungen selbst ergeben.

● Den Oberkörper wahrnehmen

„rolle am Boden und beachte, mit welchen Punkten oder Flächen dein Körper am Boden aufliegt. Versuche dann bewußt mit verschiedenen Teilen des Oberkörpers den Boden zu berühren (z.B.: Schultern, Rücken etc.) und wechsle zu anderen Punkten des Oberkörpers."

oder
„verschiedene Punkte des Oberkörpers führen deine Bewegung an, geben die Richtung: z.B. führt der Rücken am ehestens rückwärts, die Brust vorwärts, Schultern seitwärts . ... Wechsle die Richtungen".

Partnerübung: mit verschiedenen Punkten des Oberkörpers den Partner berühren und Wechsel.

● Die Hände wahrnehmen

„geht im Raum herum und zwar nicht zu weit voneinander entfernt. Schließt die Augen und berührt einander nur mit den Handrücken; streifen, berühren. Später mit den Handinnenflächen berühren, indem ihr die Arme etwas höher nehmt und nach und nach näher zu euch zieht. Achtet die unterschiedlichen Begegnungen mit den anderen Händen: Temperatur, Feuchtigkeit, Oberflächen . . . Nach ca. 5 Minuten sucht euch aus den Händepartnern ein „Händepaar" aus, (mit geschlossenen Augen), setzt euch nieder und beschreibt die Hände eures Partners, berührt sie dabei: Sprecht dann kurz über eure Erfahrungen"

● Händedialog

jeder sitzt für sich am Boden und spielt mit seinen eigenen Händen

„eine Hand ist ruhig, an einem Punkt, die andere kommt dazu, mit oder ohne Berührung. Dann reagiere mit der anderen usw. (siehe Dialog mit den Schritten). Nach einer bestimmten Zeit kannst du eine kurze Bewegungssequenz herausarbeiten und nach den drei Energieaspekten klären:"

Zeit: wie schnell oder langsam mach ich eine Bewegung, ist die Bewegung unterbrochen, kurz oder durchgehalten
Raum: ist die Bewegung der Hände direkt, gerade zu einem Punkt oder indirekt, kurvig?
Kraft: brauche ich viel Kraft für die Bewegung oder verwende ich wenig Kraft (feste oder leichte Bewegung)

Dasselbe Dialogprinzip mit einem Partner im Stehen machen und gestalten, dann vorzeigen.

● Von den Fingerspitzen zur Zehe

Die Teilnehmer sitzen am Boden verteilt, sodaß jeder genügend Platz um sich herum hat. Dann Musik (tabular bells 20 Min.)

„bewege die einzelnen Teile deiner Hände und alle Möglichkeiten nacheinander: Finger, Hände, Unterarme, ganzer Arm und mit Schultern. Nutze auch die räumlichen Möglichkeiten wie vorne, hinten, oben usw. Nächste Phase: Deine Arme und Hände führen den ganzen Körper nach oben, auf die Beine und leiten deinen Tanz an, durch den Raum: improvisiere mit wechselnden Partnern und tanze für dich selbst."

KÖRPERFORM:
Gestalt

Wenn ich den Körper aus einer Bewegung heraus anhalte, kann ich in der Ruhestellung einige Grundformen beobachten:

wie ein Pfeil: eindimensionale Form, eine Richtung des Körpers ist betont
wie eine Mauer: zweidimensional, mit Höhe und Tiefe in der Körperform
wie ein Ball: dreidimensional, kurvige und runde Haltung
wie eine Schraube: dreidimensional, gedrehte Körperform

● Halten

– die Teilnehmer laufen zu Musik oder Tambourin durch den Raum. Bei einem Signal halten sie und bleiben in der Haltung. Den Körper in seiner Gestalt wahrnehmen, Körpergefühl und schauen, welcher Grundform diese Haltung am nächsten kommt. Den Körper in diese Grundform bringen. Gleichen Vorgang mit den anderen Grundformen.

– nächste Phase: jeder bewegt sich bereits mit der Grundform durch den Raum: gehen, springen usw. je nach dem, zu welcher Bewegung die Form inspiriert. Auf einen Impuls hin anhalten und Pfeil, Mauer etc. sein.

– mit diesen Formen einige Statuen zusammenbauen und zwar so, daß möglichst gut die verschiedenen Möglichkeiten herauskommen – Kontraste bilden.

KÖRPERFORM: Körpersymmetrie

symmetrisch — asymmetrisch

Wenn ich meine beiden Körperhälften gleichzeitig und ähnlich bewege, bekomme ich eine sichere und ruhige Bewegungsform. Ich halte an und erlebe eine symmetrische Körperhaltung: wirkt eher stabil.
Wenn ich eine Seite betone, sei es durch eine Geste meines Arms oder ein Ruck in eine Richtung oder das Heben einer Körperseite, so erlebe ich mich mehr unsymmetrisch: diese Haltung ist mehr beweglich, anregend und schwungvoll.

● Stabil und labil

– die Teilnehmer begeben sich in eine symmetrische Haltung und fühlen, daß sie fest am Boden stehen, das Körperzentrum, der Hals, die Nase bilden eine Linie. Die Knie sind lokker und nicht nach innen gestreckt. Das Gefühl von Stabilität soll bewußt wahrgenommen werden.

– auf einen Impuls hin lassen sich alle entspannt auf eine Körperseite fallen, ein Fuß trägt jetzt mehr das Gewicht, das Körpergefühl ist jetzt eher flexibel, labil. Aus dieser Haltung heraus ergibt sich die nächste Bewegung – nämlich seitlich gehen, hüpfen usw. Die Bewegungen werden durch Schwingen der Arme unterstützt. Rhythmus entwickeln und auf einen Impuls hin – Anhalten – stabile, symmetrische Haltung einpendeln usw.

– andere Bewegungen ausprobieren, wo jeweils symmetrische und unsymmetrische Haltungen vorkommen. **Auswertung in Richtung Körpersprache:**
wann fühle ich mich symmetrisch, stabil, wann eher unsymmetrisch, labil . . . welche Situationen, Körperhaltungen und Bewegungen sind das in meinem Alltag. Welche Haltungen gebrauche ich mehr.
Beide Haltungen sind für Tanz und Körpersprache wichtig.

KÖRPERFORM: Bewegungsfluß

gleichzeitige Bewegung

simultaner Bewegungsfluß

dabei geschieht die Bewegung in allen Gelenken und Körperteilen gleichzeitig.

nacheinander Bewegung

successiver Bewegungsfluß

die Bewegung fließt von einem Gelenk und einem Körperteil in den nächsten, von dort wieder in den nächsten usw. Z.B.: Schulter, Ellbogen, Hand.

Jeder Bewegungsfluß hat einen bestimmten Körperausdruck zur Folge:

● Gummimanderl und Roboter

simultaner Bewegungsfluß: einen Impuls in einen Körperteil „geben" und von dort aus gleichzeitig in alle Teile des Körpers fließen lassen: z.B. Impuls Körperzentrum – ganzer Körper übernimmt die Bewegung und Berührung.

successiver Bewegungsfluß: ebenso mit Impuls, eventuell akustisch unterstützen, diesmal nacheinander weiterfließen lassen. Die Bewegung wird eher unterbrochen, eckig, ähnlich einem Roboter.

Zu passender Musik: Gummimanderl und Roboter spielen. Diese Typen können auch von je einer Gruppe übernommen werden.
(Siehe Kapitel 1: „Lockernd bewegen")

Raum und Form — wo bewege ich mich

Bei diesem Thema mache ich mir den Unterschied zwischen weiten und engen Bewegungsformen, zwischen großen und kleinen Bewegungen bewußt. Ich beachte, wieweit ich meinen Körper in den Raum ausdehnen kann, wie ich die einzelnen Körperteile voneinander entfernt bewegen kann, oder wie nahe zum Körperzentrum. Ich mache mir den Raum bewußt in dem ich mich bewege, die Wände, die Boden . . . Diese Orientierungen helfen mir, die Sensibilität gegenüber meinem abstrakten Bewegungsraum und den Grundrichtungen zu entwickeln.

Übersicht:

AUSDEHNUNG:
eng — weit — groß - klein

EBENEN:
hoch — tief — mittel

RICHTUNG:
hoch — tief — rechts — links — vorwärts — rückwärts

MUSTER:
Luft und Bodenmuster

AUSDEHNUNG: eng und weit, groß und klein

Kinder spielen gerne mit verschiedenen Grössen, sei es Schuhe, Kleidung oder Bewegung. Große und kleine Körperformen, enge und weite Bewegungen . . . dies ist ein gutes Thema für Anfänger und für allerjüngste Kinder. Und nicht nur für sie, sondern auch für den Alltagsgebrauch, da es viel mit meiner Körpersprache zu tun hat.

● Raumkontakt

— alle laufen oder kriechen im Raum herum — am besten zu flotter Musik und nehmen mit den Gegenständen, Wänden, Boden „Kontakt" auf: durch benützen, tasten, heben . . . Wenn die Musik unterbricht: „Nehme wahr wo Du gerade bist, wer daneben steht oder sitzt, wie Dein Körper ist, welche Form Du beim Anhalten eingenommen hast."

● Zwischenräume

— die Teilnehmer verteilen sich im Raum und ein Teil bildet mit den Körpern Zwischenräume, durch die die anderen schlüpfen, kriechen oder steigen. Wechsel der „Zwischenräume" und der Gruppe. Bei der Übung kann der Unterschied zwischen „wenig Raum" und „viel Raum", das heißt, innerhalb und außerhalb der Zwischenräume bewußt gemacht werden.

● Bewegungsraum

— jeder für sich: jeder Teilnehmer sucht sich einen Platz mit genügend Bewegungsmöglichkeiten und macht sich so klein als möglich. Zu Musik (Samba Pati): „Fühle deinen unsichtbaren Bewegungsraum um dich herum, begreife ihn indem du ihn mit Bewegung ausfüllst, ihn erweiterst oder verkleinerst, je nach Bedürfnis. Beachte ein Körpergefühl in den einzelnen Phasen. Suche eine Schlußposition, die deiner momentanen Stimmung entspricht — z.B. klein, wenig Raum oder weit mit viel Raum. Fühle in dich hinein, was sie dir sagt, was du in dieser Position tun kannst, ob du Kontakt aufnehmen kannst oder nicht. Schau, ob sie dich an etwas erinnert, an Situationen und Stimmungen in deinem Alltag."

Raum und Form

EBENEN:
hoch — tief — mittel

Ich beobachte meine Bewegungen und mein Körpergefühl in den verschiedenen Raumebenen. Ich merke Unterschiede, wenn ich mich nach oben strecke, meine Arme und meine ganze innere Einstellung „nach oben" strebt. Meine Augen, die Blickrichtung spielt dabei eine große Rolle. Jede Raumebene ist auch charakteristisch für bestimmte Stimmungen, Ausdrucksformen und Tanzstile: Klassisches Ballet passiert mehr in der oberen Ebene, mitteleuropäische Volkstänze mehr in der mittleren Ebene, afrikanische und südliche Tänze mehr in der unteren Ebene.
Der Wechsel der Ebenen bringt außerdem wesentliche Dynamik in Tanz und Darstellung.

Beobachtungshilfen:

HOCH
der Bereich über den Schultern
die Arme bestimmen die Bewegungen

MITTEL
der Bereich zwischen Schultern und Hüften, Körperzentrum als Pol
Drehungen und öffnen und schließen sind markante Bewegungen dazu

TIEF
der Bereich unter den Hüften
Bewegungen der Beine, kriechen, sitzen und liegen geschehen in dieser Ebene

● Wechsel der Ebenen

— im Raum sind Schnüre gespannt und zwar den verschiedenen Ebenen entsprechend. Schwungvolle Musik (z.B. De UnaVez), welche zu Bewegung in allen Ebenen animiert, verwenden. Die Teilnehmer tanzen nur unter, zwischen und über den Schnüren und bleiben längere Zeit auch in einer Ebene. Dann ohne Schnüre tanzen.

● Erheben und sinken

O Jeder kniet so am Boden, daß er/sie leicht aufstehen kann ohne die Balance zu verlieren. Dann durch stimmliche Unterstützung des Leiters erhebt jeder sich langsam und gleichmäßig nach oben: die Fingerspitzen führen deine Bewegung an und helfen eine vollkommen gerade Linie für den Körper, die Erhebung zu finden. Am Ende ist dein Körper spitz, lang und hoch, jedoch nicht zu sehr angespannt, spüre einen gelösten, nach oben gerichteten Ausdruck. Dasselbe mache jetzt nach unten — ebenfalls so geradlinig als möglich, mit geradem Oberkörper. Sinke in die Ausgangsposition zurück, Hüften nach unten nehmen, gleichmäßig und langsam. Mache es nocheinmal, bis du die Geradlinigkeit deines Körpers spürst. Bleibe gelöst dabei.

O diese Übung kann nun in verschiedenen Richtungen ausgebaut werden: z.B. beim Erheben nach unten schauen und beim Sinken nach oben: beides ergibt einen anderen Ausdruck und ein anderes Gefühl als die erste Übung. Diese beiden Übungen können nun mit einem Partner zu einem Bewegungsablauf geformt werden, indem man mit dem Wechsel der Positionen oben und unten spielt und diesen gestaltet.

Raum und Form

Raum und Form

RICHTUNG:
horizontal
vertikal

— ich kann verschiedene Richtungen beobachten, in welche ich mich bewegen kann. In diesem Fall sind bestimmte Körperaktivitäten gemeint, die bereits aus einer Raumrichtung entstanden sind. Die bewußte Erfahrung damit gibt meinem Tanz Klarheit und Ausdruck.

erheben und sinken
— ich bewege mich nach oben — HOCH
nach unten — TIEF

öffnen und schließen
— ich bewege mich nach RECHTS
und nach LINKS

vorgehen und zurückziehen
— ich bewege mich VORWÄRTS
und RÜCKWÄRTS

● Übungen

— mit langsamer Musik oder instrumentaler Begleitung probiert jeder für sich diese Richtungen. Das Körpergefühl dabei beachten und klar einbeziehen.

— einen Kreis bilden und alle Teilnehmer gehen zugleich in die Kreismitte, jedesmal mit einer der geübten Körperhaltungen und dazupassenden Stimmung:

offen und vorwärts — „freue mich, euch zu treffen"
geschlossen und rückwärts — „oh Schreck, ich möchte weg"
geschlossen vorwärts — „na, was werden die da wollen"
öffnen — „oh, toll, ihr seid auch da" . . .
Dabei soll immer die Klarheit der Körpersprache den inneren Ausdruck verstärken.
Dieses Material eignet sich gut für eine szenische Gestaltung, sei es in Paaren, kleinen Gruppen oder als große Gruppe.

Raumorientierung:

Meine Bewegungsabläufe kann ich so gestalten, daß jede Bewegung auf einen bestimmten Punkt im Raum und rund um meinem Körper zielt. Der Wechsel von einem Punkt zum anderen ist harmonisch und fließend, die Verbindungen ergeben den Tanz, das Muster. Wie ich die einzelnen Punkte verbinde, der Weg dazwischen bleibt meinem Bewegungsbewußtsein und meiner Tanzerfahrung überlassen. Wenn ich alle Möglichkeiten meines abstrakten Bewegungsraumes, alle Punkte benütze, kann ich meinen Tanz enorm bereichern.
Ich beobachte außerdem, ob ich meine Bewegungsmuster rund um meinen Körper mache, also eher peripher oder nahe beim Körper, zentraler. Die Raumorientierung kombiniert beide.
Die Pläne sind Orientierungshilfen im Raum, um die vielen Möglichkeiten zu nützen.

Tisch-Plan

Ich stelle mir vor, daß ich im Zentrum eines Tisches stehe und von meinem Körperzentrum aus die Punkte verbinde, sei es mit den Armen, Beinen oder Schultern. Die Bewegungen bleiben jedoch in der mittleren Ebene.

Ich verbinde die Punkte
links rückwärts
links vorne
rechts vorne
rechts rückwärts

Raum und Form

Tür-Plan

Ich denke mir einen Türrahmen und ich verbinde mit den Armen die Punkte

tief links
hoch links
hoch rechts
tief rechts
tief links

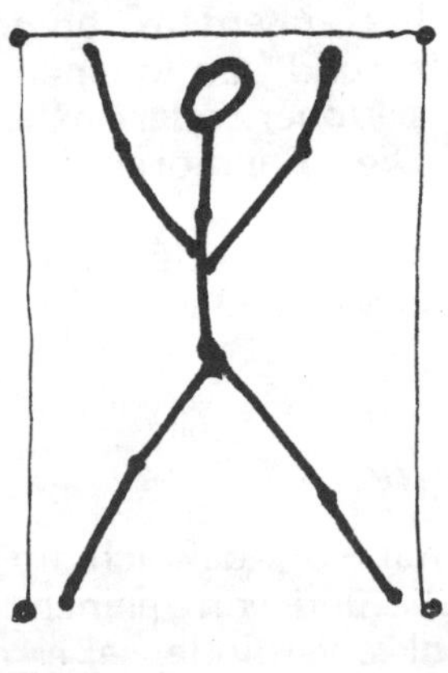

Rad-Plan

Ich denke mich in ein großes Rad hinein, ich verbinde mit Armen und dem ganzen Körper die Punkte

tief rückwärts
hoch rückwärts
hoch vorne
tief vorne
tief rückwärts

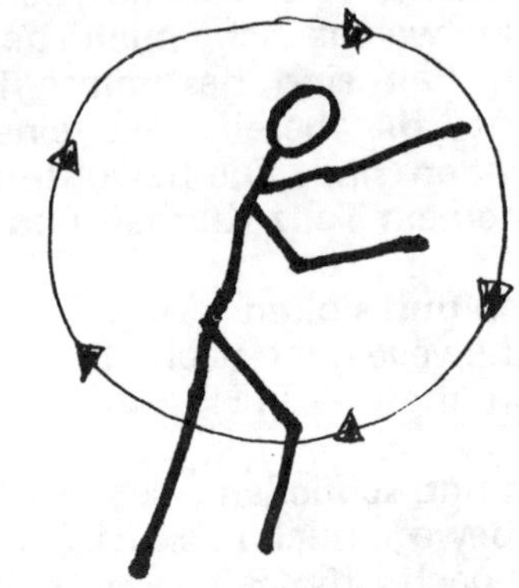

● Übungen

– die Pläne aufzeichnen und mittels Gummischnüre (halten oder befestigen) im Raum kennzeichnen. Die einzelnen Punkte eines jeden Plans verbinden, wiederholen, bis die Übergänge eine Tanzform ergeben

– die Hilfen weggeben und zu Musik oder Begleitung die einzelnen Pläne durchtanzen, den ganzen Körper miteinbeziehen. Wer will, kann mit einem Partner einen Plan durchtanzen, oder aufeinanderbeziehen.

– die Raumorientierung als abstrakte Form eignet sich gut für Gestaltungen, sei es mit oder ohne Musik: z.B. „Ich und mein Raum"

Raum und Form

MUSTER:
gerade Linie
kurvige Linie
Luft- und Bodenmuster

Ich kann bei meinen Bewegungsformen auch von Mustern ausgehen, die bestimmte Bewegungen erzielen. Ich kann diese Muster in die Luft machen oder am Boden, sei es am Ort oder durch den Raum. Ich beobachte und probiere:

gerade Linie:
ich verbinde einen Punkt mit einem anderen; durch den Wechsel der Richtungen ergibt sich die

eckige Form:
diese betont den scharfen Wechsel meines Bewegungsflusses.

kurvige Form:
dabei erlebe ich mehr den gleichmäßigen Wechsel der Richtungen, ich beziehe mich dabei auf ein imaginäres Zentrum, um welches ich mich bewege; diese Form kann ich weiterführen und zum Ausgangspunkt zurückkehren und es entsteht dabei die Kreisbewegung. Der Ausdruck des Kreises wird noch betont, indem ich weiche und runde Bewegungen mache. Ich probiere die Spirale als eine Erweiterung des Kreises, indem ich die Bewegungsform vergrößere oder verkleinere.

gedrehte Form:
besteht aus ständigem Wechsel der Richtungen, wie wenn ich ein Zentrum nach dem anderen umkreisen würde. Die Bewegungsmuster kann ich nun in der Luft mit den Armen, Beinen, Kopf und ganzem Körper oder am Boden laufend, gehend und springend machen.

● Bodenmuster

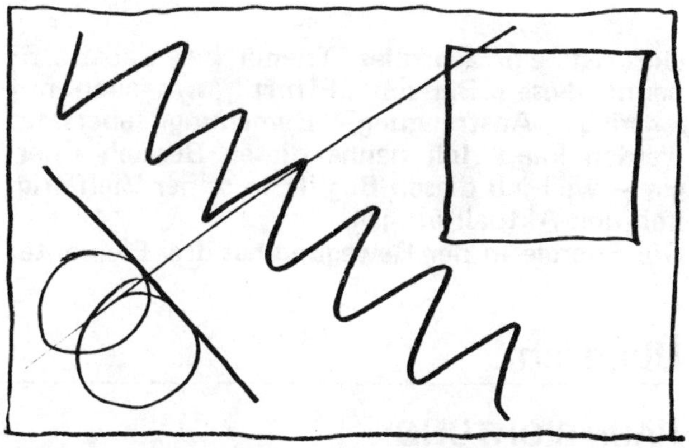

— die verschiedenen Muster am Boden mit Kreide aufzeichnen oder mit sichtbaren Klebestreifen kennzeichnen und nun ähnlich einem Spielfeld benützen: anfangs durchlaufen, durchgehen; später den Körper bewußt zum Richtungswechsel einsetzen: einmal das Körperzentrum immer in dieselbe Richtung, z.B. zum Kreiszentrum oder Eckpunkt wenden oder immer in die Gehrichtung. Beide Möglichkeiten ergeben ganz verschiedenen Körperausdruck. Ebenso der Wechsel der Körperrichtung: einmal seitlich zum Punkt mit dem Rücken . . .

— eine Form hernehmen und die Wendungen mit Akzent betonen: schnell wenden oder aufstampfen, das nächste Mal fließend durchgehen ohne Akzent

— dieser Wechsel eignet sich wiederum für eine Partnerimprovisation: einer wendet mit Akzent, der andere geht fließend . . . tauschen der Rollen.

Variation: ein Partner macht Kreise, der andere Zick-zack-Linien, die Muster werden aufeinander bezogen, die Partner entwickeln eine gemeinsame Form usw. Beim mehrmaligen Improvisieren können die Partner immer mehr Betonung auf ihren Körperausdruck und ihre Beziehung legen, und das Muster wird in eine Tanzform integriert.

● Luftmuster

— mache eine Dreiecksbewegung mit einem Arm in der Luft und schließe den anderen Arm mit ein, dann den Oberkörper, den ganzen Körper, und folge so der Dreiecksform durch den Raum. Du kannst auch die Dreiecksform vergrößern und verstärken mit Zeit oder Kraftelementen. Beachte dabei auch deinen Blick.
— dasselbe mit Partner: der eine macht eine wachsende dreieckige Form, der andere eine wachsende kurvige Form: wiederum aufeinander beziehen.

Energie — wie bewege ich mich

Dies ist ein zentrales Thema bei Laban. Er nennt diesen Bereich „Effort", was auch mit Antrieb, Anstrengung, Bemühung übersetzt werden kann. Ich nenne diesen Bereich Energie — weil ich diesen Begriff in seiner Vielfältigkeit und Aktualität mag.
Die Energie in der Bewegung hat drei Elemente:

Übersicht:

RAUMRICHTUNG:

direkt, gerade, auf einen Punkt hin
indirekt, flexibel, rund

ZEIT:

langsam, durchgehalten, getragen
schnell, kurz, plötzlich, unterbrochen

KRAFT:

fest, stark, viel Kraft
leicht, fein, wenig Kraft

BEWEGUNGSFLUSS

BASISAKTIONEN

Spannungsfeld: Spannung — Entspannung

Beim Tanzen verwende ich andauernd Energie, ob ich viel Kraft oder wenig einsetze, ob ich mich langsam oder schnell bewege. Ich bin auch in der Stille „in Spannung". Meine Muskeln sind mit mehr oder weniger Kraft „gefüllt". Wenn ich mich nicht bewege, am Boden liege, ruhe und vollkommen entspannt bin, so spüre ich keine Spannung, und ich kann mich aus dieser Position schwer bewegen, ich kann nicht tanzen.
Die Entspannung im Tanz ist mehr „relaxed" — ein Rückzug, ein Kraft holen, trotzdem bleibe ich als Tanzende im „Energiefeld", meine Muskeln schlaffen nicht ab. Der Wechsel von Entspannung und Spannung, von Anstrengung und Gelöstheit machen die Dynamik im Tanz aus. Dieser Wechsel wirkt sich auf meine psychische und physische Gesundheit aus: ähnlich dem östlichen Prinzip von Yin und Yang, (die beiden Pole im Universum). Die Ausgewogenheit und nicht die Ausschließlichkeit macht die Bewegung, den Tanz, das Leben ausgeglichen und intensiv.

RAUMRICHTUNG: direkt und flexibel

Dieses Bewegungselement ist bereits in allen Formen des Tanzes enthalten. Hier möchte ich sie noch einmal bewußt machen:

direkte, gerade Richtung — ich verbinde einen Punkt mit einem anderen, gerade, ohne Wechsel der Richtungen.
Dabei entsteht ein wesentlich anderer Ausdruck als bei der

indirekten, flexiblen Richtung — ich verbinde fortlaufend, ohne sichtbaren Wechsel Punkte im Raum, um mich herum.
Die Bewegungen werden runder, fließend.

● Übungen

— „nimm mit dem Körper eine gerade, gelöste Haltung ein und schaue auf einen Punkt im Raum, nahe bei deinem Körper. Verbinde nun diesen Punkt mit einer klaren, direkten Linie mit deiner Hand. Verwende dabei wenig Kraft. Achte sehr auf die klare, unsichtbare Linie. Gehe mit deinem Körper mit, halte an und such deutlich mit deinen Augen einen neuen Punkt, verbinde ihn wieder. Die Punkte können nun immer weiter weg im Raum sein und auf verschiedenen Ebenen.
Nächste Phase: verbinde einen Punkt gerade, direkt und kehre mit der nächsten Bewegung flixibel, indirekt, rund und langsam zurück. Deine Bewegungsphase besteht nun aus: schauen — hingleiten — flexibel zurück — halten und neuer Punkt. Wesentlich dabei ist, daß dein ganzer Körper von dieser Bewegung beeinflußt wird, du als ganzer Mensch dabei bist. Sonst ist es nur eine „Turnübung mit wenig Kraft" . . ."

— Variation mit Partner: einer macht die geraden, direkten Bewegungen durch den Raum, der andere begleitet ihn mit flexiblen, runden Bewegungen. Wechseln und eine klare Bewegungssequenz daraus formen.

Energie

ZEIT:
langsam und schnell

Ich beobachte, ob ich meine Bewegungen eher langsam oder schnell mache – jeder hat seinen persönlichen Zeitbegriff. Bei dem Thema hier probiere ich wiederum die beiden Pole aus: sehr langsam und schnell. Die alltäglichen Bewegungen liegen meist dazwischen. Es ist eine gute Erfahrung, sich einmal sehr langsam zu bewegen, sich Zeit und Klarheit für eine Bewegung zu nehmen. Ebenso der andere Pol – schnell bis hektisch.

Die beiden Elemente heißen:

langsam

langsam, getragen und durchgehend:
das bedeutet, daß ich meine Bewegung nicht nur langsam mache, sondern auch durchgehend, ge- oder verhalten. Ich versuche auch ein gleichmäßiges Tempo zu erreichen.

schnell

schnell, kurz und unterbrochen:
wenn ich mich schnell bewege, spüre ich stärker die Wendepunkte meiner Bewegungen. Der Bewegungsfluß ist daher kurz, unterbrochen, plötzlich. Ich kann jedoch auch schnell schwingen, dabei sind die Bewegungen etwas länger, gehen aber schon mehr in Richtung gehalten und durchgehend.

Wichtig dabei ist, daß ich alle Variationen erfahre und bei der Darstellung kläre, welche Qualität ich will und brauche.

● langsam gehen

– „stell dich leicht gegrätscht hin und hebe beim ersten Schlag des Tambourins einen Fuß vom Boden weg und führe ihn bewußt zu einem anderen Punkt am Boden, setze ihn beim letzten Schlag (z. B. 4. Schlag) langsam und Stück für Stück auf. Dein Körper geht harmonisch mit und du brauchst nur ein wenig dein Gewicht nach vorne verlagern und du verlierst die Balance nicht. Mache nicht zu große Schritte, sondern so, daß sie angenehm sind. Du sollst vor allem das Gefühl „ich bin langsam und ich habe Zeit" erfahren können.

– Steigerung der Zeit und langsamer (Tamourinschläge von 1–4, 1–8, 1–16). Wesentlich dabei ist, daß der Fuß gleichmäßig geführt wird, bei 1 aufhebt, bei 4, 8 oder 16 erst hinsetzt.

– anschließend geht jeder in seinem eigenen langsamen Tempo durch den Raum.
Nach einiger Zeit das Tempo steigern, wenn alle schneller sind, mit Tamourin „anfeuern", so daß jeder ein möglichst hohes Temp erreicht und zwar mit ständigem Richtungswechsel. Dadurch wird die kurze Bewegung ermöglicht. Steigern bis Springen und dann Anhalten. Ausatmen.

● Kontrastübung

Einige Leute gehen betont langsam im Raum herum, die anderen sehr schnell, hastig. Sie können auch dazu reden und sich so wie auf einer Straße beim Einkaufen verhalten. Dann anhalten und die Erfahrungen der „Langsamgeher" besprechen, ergänzen mit den Eindrücken der „Hastigen". Übertragen auf Alltagssituationen ergibt dies Rückschlüsse auf unser eigenes Lebenstempo.

Energie

KRAFT:
leicht und fest

Auch hier erlebe ich bei den beiden Polen viel Kraft und wenig Kraft (nicht kraftlos!) starke Unterschiede in meinem Körpergefühl und im Ausdruck. Ich muß mich wirklich auch einlassen, meine Muskeln anstrengen, wenn ich kraftvoll tanze – ebenso verwende ich Kraft, wenn ich gelöster tanze. Bei diesem Thema zeigen sich oft anerzogene, geschlechtsspezifische Bewegungsgewohnheiten: Frauen haben es oft schwer, wirklich viel Kraft, auch mit Aggression verbunden, zu zeigen. Ich achte darauf, daß beide: Männer und Frauen beides erfahren und üben –

fest, viel Kraft, stark

– ich verwende meine Muskeln, ich strenge mich an, ich spüre diese Bewegung eher, wenn ich die Schwerkraft hinunterdrücke, mich in den Boden hinein bewege. Vor allem Handflächen und Beine helfen mir dabei – ich muß jedoch die Kraft aus meinem Körperzentrum holen und nicht aus den Schultern – sonst verspanne ich mich (z.B. pressen und ausatmen)

leicht, fein, wenig Kraft, gelöst

Das Gegenteil erlebe ich am besten, wenn ich mich aus dieser Kraftanstrengung löse, zurückgehe, die Spannung zurücknehme ohne abzuschlaffen. Ich kann es auch mit Einatmen verbinden.

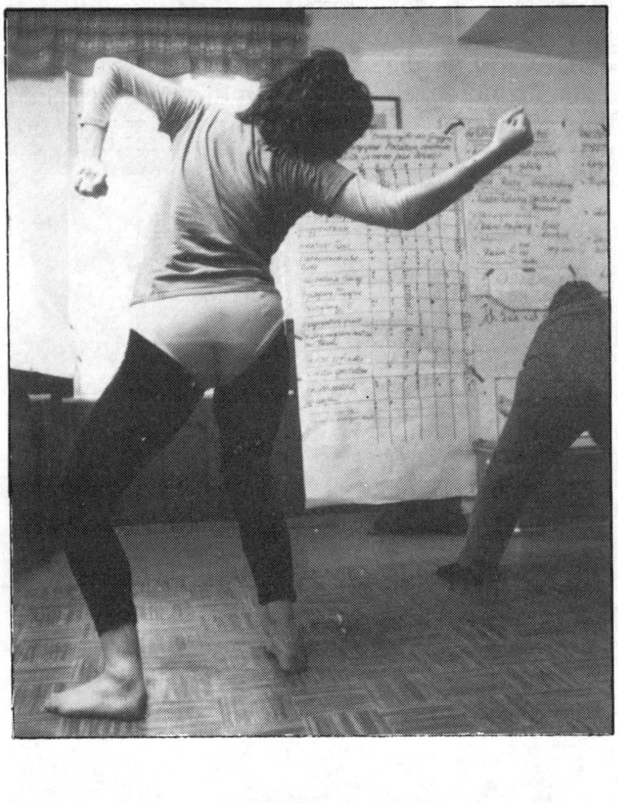

● Von fest zu leicht

Partnerübung: zwei stehen einander mit gegrätschten Beinen gegenüber – ein Bein eher nach hinten, um einen „guten Stand" zu haben. Nun legen die beiden die Handflächen aneinander und drücken gegeneinander: der eine Partner drückt, der andere leistet Widerstand, immer im Wechsel: drücken – Widerstand. Anfangen mit soviel Kraft als möglich, diese Kraft aus dem Bauch holen und nicht aus den Schultern. Vom kräftigsten Punkt nun nach und nach weniger Kraft und Widerstand verwenden, so daß beide an einen leichten, gelösten Punkt kommen und in dem wiegenden Rhythmus bleiben bzw. entwickeln. Vom leichtesten Punkt wieder zurück zum stärksten usw. solange bis beide den Eindruck haben, übergangslos und ausgeglichen Kraft verwendet zu haben.

Sie bleiben beim leichtesten Punkt und bewegen sich nun von dort aus mit ihrem Rhythmus und leichten Bewegungen, zugleich durch den Raum. Weiterhin in Kontakt bleiben (Fingerspitzen) und wenn beide harmonisch genug zusammenspielen, können sie ohne Musik im Walzerrhythmus drehen, schaukeln . . . tanzen. Eventuell Musik dazugeben, wenn alle ihren Takt haben. Wer will, kann auch den Partner wechseln und im selben Rhythmus weitertanzen.

● Fest gegen leicht

Kleine Gruppen zu höchstens 5 Personen bilden und innerhalb derer festlegen, wer eher leichte und wer eher kraftvolle Bewegungen machen möchte. Die Aufgabenstellung lautet: „leicht soll gegen fest" und umgekehrt (im Sinne von Kraftanwendung) kämpfen, angreifen, sie beeinflußen, jede Gruppierung soll ihre Bewegungsform und Qualität klar ausspielen und im Laufe der Improvisation die Kraftanwendung ändern: z.B. die leichte Gruppe wird von der kräfigen Gruppe aufgesogen, verändert oder umgekehrt.

BEWEGUNGSFLUSS: gebunden und frei

Bei meinen Bewegungen kann ich auch den Bewegungsfluß beobachten: dieser ergibt sich einerseits aus den Kombinationen der Bewegungselemente Zeit — Raum — Kraft, andererseits kann ich es als eigene Bewegungsaufgabe sehen.
frei

frei

— wenn ich die Bewegung nur schwer anhalten kann, wenn die Bewegung mit mir fließt.
Mein Körperzentrum ist dabei vorwärts offen, frei.

gebunden

ich bewege mich verhalten, mit Stops, meine Bewegung ist leichter anzuhalten, das Körperzentrum ist eher nach „rückwärts geschlossen", nach innen gezogen.

● Übung

— die Teilnehmer laufen im Raum zu flotter Musik, wenn sie abbricht, halten alle die Bewegung an und machen spontan mit dem eigenen Körper eine Statue. Sie beobachten, wie ihre Körperform ist, wo das Körperzentrum ist.

● Reagieren

— die Teilnehmer bilden zwei Reihen und stellen sich an je einer Raumseite auf. Eine Reihe ist A, die andere B. Die Reihen gehen nun im Wechsel aufeinander zu, wobei die wartende Reihe die „überraschende Aufgabe" hat.

Z.B.: Gruppe A geht mit Zögern (gebundener Bewegungsfluß) auf die andere Seite zu
Gruppe B reagiert freundlich, einladend (offene Körperhaltung, freier Fluß)
Gruppe A verändert den Bewegungsfluß und geht offen, frei auf B zu
weitere Möglichkeiten: erwartungsvoll — abschreckend, ängstlich — aggressiv

Die Stimmungen können jeweils in den einzelnen Gruppen abgesprochen werden, müssen aber nicht aufeinander abgestimmt werden. Oder der/die Animateur/in gibt sie vor.
Diese Improvisation kann gut für Gruppengestaltungen verwendet werden.

● Kämpfen

zu zweit: ein Partner greift an, der andere reagiert und läßt sich bekämpfen oder in einer zweiten Phase reagiert zurück, sodaß dieser Kampf wie ein Ritual oder ein aggressiver Dialog aussieht.
Partner A „schlägt" in Richtung eines Körperteils des anderen Partners, Partner B reagiert genau mit der Stelle. A muß daher seinen freien Bewegungsfluß unterbrechen, vor der Berührung abstoppen, B ebenfalls nach seiner Reaktion: besonders das Körperzentrum spielt dabei eine Rolle. Die beiden improvisieren ein Zeit lang und beachten dabei auch die Kraftanwendung. Sie kämpfen nicht nur mit den Fäusten und Händen, sondern auch mit Beinen, Hüften, Rücken. Diese Szenen scheinen sehr aggressiv nach außen, sind aber eine Form, Aggrssion zu bearbeiten: durch die Darstellung kann ein Gesprächsanstoß entstehen, durch das Erleben des stilisierten Kampfes eine Art „Befreiung" passieren. Auf alle Fälle erleben die Kämpfenden ihre Kraft und ihre körperlichen Möglichkeiten — jedenfalls tänzerisch dramatisch.

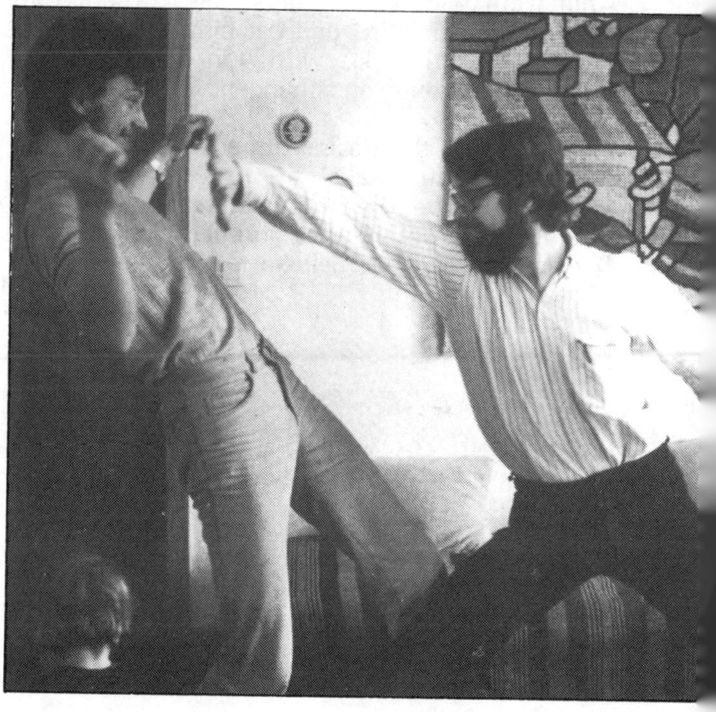

Energie

BASISAKTIONEN:
pressen — gleiten — fließen — wringen
peitschen — flackern — tupfen — stoßen

Damit sind die Kombinationen der Elemente Zeit – Raum – Kraft gemeint. Sie sind in jeder psychischen und physischen Ausdrucksform enthalten. Die Aktionen haben einen Namen, damit ich leichter damit umgehen kann. Grundvoraussetzung ist jedoch, daß ich weiß, woraus sie bestehen, welche Bewegungsqualität sie haben.

Die Wörter dafür beschreiben körperliche Aktionen und keine Stimmungen, da diese von jedem anders empfunden werden. Sprachlich muß ich weiter ausholen, um die Körperaktionen zu beschreiben: Ich muß meine eigene Animationssprache entwickeln, um die verschiedenen Bewegungsqualitäten erklären und anregen zu können. Ich unterscheide daher bei den Übungen drei

Wahrnehmungsphasen:
– was macht mein Körper, was mache ich mit meinem Körper (drehen, laufen, pressen . . .)
– welches Körpergefühl habe ich dabei: (Locker, anstrengend), was ist mir angenehm und was ist mir unangenehm dabei
– welche Emotion, welches Gefühl, welche Stimmung erlebe ich dabei.

Diese Phasen zu unterscheiden ist auch für die Animation wichtig, da zuerst die Körperaktivität beschrieben wird und der einzelne sie interpretieren kann – sie wird von der jeweiligen Stimmung und Person abhängen.

Ich verwende die Basisaktionen in dieser komplexen Reihenfolge als
- Übersicht über die Grundelemente
- Einstieg in detailliertes Training
- Ansatzpunkt für Selbsterfahrung und Verhaltensänderung

pressen
fest
langsam
direkt

gleiten
leicht
langsam
direkt

Energie

tupfen
leicht
schnell
direkt

stossen
fest
schnell
direkt

fliessen
leicht
langsam
flexibel

flackern
leicht
schnell
flexibel

schleudern
fest
schnell
flexibel

wringen
fest
langsam
flexibel

Energie

BASISAKTIONEN:

● Übung

Diese Übung braucht gute Konzentration – achte auf die Stimmung und den Rahmen! Ich wechsle jeweils nur einen Aspekt der Elemente, da sonst die Übergänge zu schwer werden:

pressen
fest
langsam
direkt

„Drücke und presse mit den Handflächen gegen einen imaginären Punkt am Boden. Bleibe in der Spannung drinnen und drücke in eine andere Richtung. Versuche es auch mit Ellbogen, Beinen, seitlich, nach oben. Du spürst die Spannung im ganzen Körper. Welches Körpergefühl hast du, wie fühlst du dich?

gleiten
leicht
langsam
direkt

Halte kurz bei einem Punkt an, bleibe aber im Energiefeld und lasse ein wenig Kraft los und löse langsam die Spannung in deinen Muskeln. Dein Handrücken führt nun mit leichter, langsamer und gerader Bewegung zu einem anderen Punkt im Raum. Ziehe gleitend Linien um deinen Körper, von dir weg, zu dir hin. Gehe mit diesen Linien: dein Körper, deine Füße gleiten ebenso. Spüre die Leichtigkeit und Geradlinigkeit bei dieser Bewegung. Bleibe langsam.
Welches Körpergefühl hast du, wie fühlst du dich?

fließen
leicht
langsam
flexibel

Bleibe im Energiefeld und halte bei einem bestimmten Punkt, bleibe bei der leichten, gelösten Kraftanwendung und langsam, durchgehalten, ändere jetzt die Raumrichtung und verbinde fließend alle Punkte um dich herum: vorne, hinten, oben und unten . . . Fühle dabei das schwebende, leichte in dieser Bewegung. Versuche auch fließende Schritte, indem du den Boden mit den Zehenspitzen berührst und diesen Impuls in die Beine, Hüften, Oberkörper und Kopf fließen läßt.
Wie ist dein Körpergefühl, welche Stimmung erlebst du dabei?

wringen
fest
langsam
flexibel

„Bleibe in derselben Raumrichtung: flexibel, rund, um dich herum und langsam, durchgehend. Verändere den Kraftaspekt und spanne deine Muskeln an, mache Fäuste und hole dir Kraft aus deiner Mitte. Spüre die Kraft in deinen Schultern, Armen und wringe dich nach unten, die Hüften und Beine wringen mit, drücken dich in den Boden hinein. Spüre wieder die Spannung im ganzen Körper, verspanne dich aber nicht. Lasse die Kraft nach außen und bohre dich in deinen Bewegungsraum. Mach Geräusche dazu, wenn es dir hilft. Versuche noch andere Positionen, wo du diese Basisaktionen erleben kannst, z.B. knieend, am Boden . . .
Welches Körpergefühl hast du dabei, welche Stimmung?

peitschen
fest
schnell
flexibel

Bleibe bei der flexiblen Raumrichtung und verändere jetzt den Zeitaspekt: bewege dich mit viel Kraft, schleudere deine Arme in alle Richtungen, kurz, schnell und hastig. Versuche auch mitzuspringen, dich zu drehen und dabei „um dich schlagen". Verwende soviel Kraft als möglich.
Welches Körpergefühl hast du dabei, welche Stimmung?

flackern
leicht
schnell
flexibel

Bleibe bei der flexiblen Raumrichtung und bei der kurzen und schnellen Bewegung, verändere aber den Kraftaspekt und nimm sie zurück, löse deine Spannung und verwende vorerst die Hände zum flackern: kurze, schnelle Drehungen im Handgelenk geben dir den Impuls für die Charakteristik dieser Aktion: kurz, schnell, leicht in alle Richtungen. Mache die flackernden Bewegungen mit deinen Händen zuerst um deinen Körper herum, dann mit den Schultern, dem Kopf, auch mit den Füssen; leichte, kleine Sprünge in allen Richtungen.
Beobachte wieder dein Körpergefühl und deine Stimmung.

Energie

tupfen
leicht
schnell
flexibel

„Du bleibst in der kurzen, schnellen Bewegung und bleibst leicht und locker. Du veränderst jedoch die Raumrichtung, indem du zuerst mit den Fingerspitzen Punkte vor dir im Raum kurz antupfst: leicht, locker, kurz – die Schultern bleiben dabei locker. Probiere es ebenso mit den Zehen, kleine, kurze Spünge in eine Richtung. Ebenso kannst du mit dem Kopf und den Schultern tupfen. Variiere die Richtungen und wechsle auch die Hände, einmal gleichzeitig mit beiden, einmal mit einer Hand, einmal nacheinander, einmal nach oben, nach unten . . . Tupfe auch mit den Hüften kurz seitlich, mit der Brust nach vorne. Du kannst auch mit dem ganzen Körper in den Raum tupfen und auch zu dir hin: bleibe leicht und locker dabei.
Beobachte dein Körpergefühl und deine Stimmung.

stossen
fest
schnell
direkt

Bleibe bei der direkten Raumrichtung und bei der kurzen, schnellen Bewegung und verändere den Kraftaspekt: das Tupfen wird zu Stoßen. Du verwendest zuerst die Hände, mache Fäuste und stoße auf verschiedene Punkte gezielt hin. Ähnlich beim Boxen, bewegst du dich mit den Füßen mit. Du veränderst auch hier den Kraftaspekt und machst dabei kräftige stampfende Schritte. Stoße auch rückwärts, quer über deinen Körper, nach unten und oben.
Beobachte dein Körpergefühl dabei und deine Stimmung.

Kehre zum Ausgangspunkt **pressen** und dann **gleiten** zurück und halte an, löse dich und atme aus."

Energie

● Selbsterfahrung

Auswertung in Richtung Selbsterfahrung und Verhaltensänderung:

– Jeder sucht sich aus den 8 Basisaktionen seine momentane Lieblingsbewegung und probiert sie aus, klärt für sich nocheinmal: wie schnell oder langsam, kräftig oder leicht und welche Raumrichtung die Bewegung hat.
– dann zeigt jeder seine Bewegung vor, die anderen beobachten. Wer will, kann nun sagen, welche Basisaktion und Bewegungsqualität er/sie gesehen hat. So kann der Tänzer auch überprüfen, ob das angekommen ist, was er/sie selbst empfunden hat.
Nun kann jeder folgende Fragen einbringen, für sich klären oder mit der Gruppe, dem Animateur besprechen:

„Welche der 8 Basisaktionen magst du nicht? Woran erinnert sie dich? Was magst du an der Bewegung nicht?
Was gefällt dir an deiner gewählten Bewegung, woran erinnert sie dich? Probiere beide hintereinander und fühle, wodurch sie sich unterscheiden. Versuche die Erfahrung mit der Bewegung, die du gewählt hast zu verstärken und schau, welche Vorteile, Ergänzung die andere Bewegung dazu hat. Beachte auch die Sprache, mit der du die Bewegungen beschreibst. Probiere bei der nächsten Tanzimprovisation beide Bewegungen bewußt aus."

Wichtig für Animateure

Die Teilnehmer selbst sollen den Grad der Fragen und die Intensität bestimmen. Analysen und Interpretationen bringen nichts in diesem Fall, die Bewegung spricht ohnehin für sich. **Ziel dieser Übung ist vor allem:**

– mein eigenes Tanzrepertoire bewußt zu machen, zu erweitern und sie in meine Gesamtpersönlichkeit zu intergrieren (so wird es mein Ausdruckstanz). Ich kann Rückschlüsse auf mein Alltagsverhalten ziehen. Ich kann es im Tanz bearbeiten und mit neuen Bewegungserfahrungen bereichern.

● Gruppenbeziehung

Auswertung in Richtung feed back und Gruppenbeziehung:

– Jeder sucht sich für sich eine Bewegung aus den 8 Basisaktionen aus, zeigt sie aber nicht vor. Nun bilden sich Paare und der Partner zeigt zuerst dem anderen seine „feedback Bewegung", d.h. die Bewegung die er/sie dem anderen zuordnet, verbunden mit dem Gesamteindruck, den der jeweilige Partner vom anderen hat. Nun zeigt der „gefeedbackte" Partner seine selbstgewählte Bewegung und beide können nun Unterschiede oder Übereinstimmungen feststellen. Tauschen. Wichtig beim Gespräch ist auch der Hinweis, daß die Paare zuerst die körperliche Aktion sehen und beschreiben sollen, erst dann die Stimmung, den Eindruck, die Emotion dazu.
Durch die Unterschiede der Wahrnehmung wird auch die subjektive Erfahrung mit den Körperaktionen bewußt.

Variation:

– Die Teilnehmer gehen im Raum herum und „schenken" zufällig oder gewählten Gruppenmitgliedern eine Bewegung. Die Bewegung kann nun dem Eindruck entsprechen, den der Teilnehmer vom anderen hat oder kann eine Ergänzung, ein Änderungswunsch sein. Wenn z.B. jemand möchte, daß der andere auch kraftvolle und aggressive Bewegungen macht, so schenkt er sie dem anderen! Rückschlüsse auf das sonstige Verhalten sollen wiederum nur unter Beachtung der Körpersprache und Bewegungsinhalte gemacht werden, es sei denn, der Beschenkte will selbst mehr über sich selbst erfahren.

Variation:

– Die Gruppe sitzt im Kreis am Boden. Jedes Gruppenmitglied kann nun hineingehen und seine Lieblingsbewegungen und seine neuen Bewegungen ausprobieren. Die Gruppe unterstützt ihn/sie dabei mit Lauten, Geräuschen und Rhythmen. Die Gruppe ihrerseits kann bestimmte Vorstellungen von der Person einbringen, indem sie bestimmte Phasen lauter, länger und intensiver begleitet und so den Tanzenden zur Erweiterung seiner ursprünglichen Absichten bringt. Diese Form erfordert viel Einfühlungsvermögen in den Tanzenden und Kooperation mit der Gruppe.
Nach der Tanzphase soll jeder Tanzende seinen Eindruck schildern.

Beziehung — wer bewegt sich mit

Die nonverbale Zusammenarbeit in Gruppen bei Improvisationen bringt mir als Gruppenmitglied neue Kommunikationserfahrungen und verändert oder zeigt die soziale Struktur der Gruppe. Ich kann darauf verbal eingehen oder sie durch gezielte Bewegungsaufgaben verändern. Miteinander tanzen baut wie von selbst Berührungsängste ab — es ist die gesellschaftlich legitime Form des öffentlichen Körperkontakts.

Übersicht:

ICH:

Tanz — Beziehung zu mir

– Körperteile

ANDERE:

Tanz — Beziehung zu anderen

– Einzelpersonen
– Paare

GRUPPE:

Tanz — Beziehung als Gruppe

– Kleingruppe/n
– Großgruppe
– Gruppenformen

zu mir

Ich kann mit mir, mit meinem Körper Beziehung herstellen, indem ich mich selbst berühre. Ich kann dies tänzerisch erfahren, indem ich verschiedene Körperteile zueinander führe, den Weg und die Bewegungsqualität beachte. Ich brauche die Beziehung zu meinem Körper, den individuellen Tanz mit mir, damit ich mich vor anderen ausdrücken kann, mit anderen Beziehung im Tanz aufnehmen kann.

zu anderen

Die Tanzbeziehungen können kurzfristig, spontan sein oder zu einer längeren Improvisationsphase führen. Ich kann sie zufällig, im Vorbeitanzen oder gezielt herstellen: „improvisierst mal mit mir"? Vor allem bei Tanzimprovisationen ist der Wechsel der Partner reizvoll und aktivierend. Manchmal kann ich dadurch mehr sagen als durchs Reden.

in der Gruppe

Wenn ich meine eigene Bewegung gleichzeitig mit anderen mache, in einer mehr oder weniger geformten Gruppe, so entsteht eine neue Dynamik. Die Gruppenbewegung kann wie die eines einzigen Körpers werden — abgestimmt in Raumrichtung und Zeit. Wenn ich mich erhebe und sinke, öffne und schließe und dies nahe bei anderen, so kann ich diese Erfahrung „Einzelner in einem ganzen Körper" zu sein, machen.

Die Möglichkeiten mehrerer Kleingruppen bei der Tanzgestaltung sind sehr groß: sie können aufeinander reagieren, sich aufeinander beziehen, können den Raum füllen . . .

● Beziehung der Körperteile zueinander

– die Gruppenmitglieder liegen am Boden. Leise Musik dazu.

„Probiere aus, mit welchen Körperteilen du andere Körperteile an dir berühren kannst. Berühre einmal alle spitzen Körperteile, alle runden, alle flachen. Versuche nun jeweils nur spitze Körperteile zueinanderzuführen. Spiele und mach dann eine Tanzphase daraus. Z.B. Ellbogen berührt Knie. Du kannst diese Phasen auch im knien, stehen oder sitzen machen."

Beziehung

Dasselbe nun mit Partner: mit der Spielstruktur von Leute zu Leute:

– alle bewegen sich zu Musik im Raum, die Musik unterbricht und die Animateurin ruft: Leute zu Leute – jeder nimmt sich einen Partner. Die Animateurin sagt nun zwei Körperteile, die zueinander geführt werden sollen, z.B. Schulter und Knie. Die Paare beachten den tänzerischen Weg zwischen den Körperteilen und gehen auch auf den Rhythmus der Musik ein. Wieder ‚Leute zu Leute' und nächste Körperteile rufen, der Animateur ist der oder diejenige, der keinen Partner gefunden hat.

● Ich bin da

– zu „room to move" den Körper durchlockern, schütteln und hüpfen.
– zu einer anderen flotten Musik den Raum austanzen und wenn die Musik unterbricht, klopft jeder ganz schnell seinen eigenen Körper ab, dann den nächststehenden Partner. Musik spielt weiter, Raum austanzen und selber Vorgang nur mit verschiedenen Aufgaben mehrmals machen:
- die Konturen des Körpers nachstreichen (selbst und Partner)
- sich selbst massieren und den Partner massieren, (streichen und kneten)
- den Körper abstreifen, von oben nach unten wegstreifen
- sich zart berühren, tupfen, streicheln (und den Partner)

Übungen zur Gruppentanzbeziehung:

● Zentrieren

– der Leiter, die Animateurin als Zentrum, als Magnet ist vor allem für kleinere Kinder animierend. Kinder erleben sich noch stärker als „Ich in der Gruppe" und orientieren sich meist stark am Erwachsenen. Die Rolle des Magnets kann aber auch von einem Kind mit einem Instrument übernommen werden. Wesentlich ist die klare Aufgabenstellung und ein Bezugspunkt.

– der Leiter steht im **Zentrum des Raumes** und gibt einen bestimmten Rhythmus durch Klatschen oder Tambourin vor, die Teilnehmer stehen außen und stürmen bei einem vereinbarten Zeichen in die Mitte und halten, ohne dabei einander zu verdrängen. Bei einem weiteren Zeichen wieder zurückschleichen und Wiederholung. Vermischung ohne einander zu berühren, eventuell später mit sanften Berührungen, hilft das Einfühlungsvermögen auf eine Gruppensituation zu schulen.

● Alle unter einem Punkt

– die Gruppe geht locker im Raum herum und bei einem Tambourinschlag stürmen alle gleichzeitig in die Mitte des Raumes und versuchen sowenig Platz als möglich in Anspruch zu nehmen:

Variationen:
- soviel Platz als möglich in Anspruch nehmen, Kontakt halten
- mit vorsichtiger, ruhiger Bewegung zum Punkt kommen und ebensolchen Kontakt halten
- aggressiv zum Punkt kommen und feste Berührung (ohne weh zu tun)

● Ausbau

von einem Punkt ausweiten

– Beginn wie oben, Kontakt halten, zuerst eng beisammen stehen und dann die Gruppe ausbreiten und zwar mit langsamen Bewegungen, die durch Musik oder stimmliche Begleitung gestützt wird. Die Gruppe soll einen gemeinsamen Rhythmus finden.

Gestaltungsmöglichkeiten:
- in eine Richtung ausbreiten, alle blicken in diese Richtung, bewegen sich dorthin
- oder erheben und sinken in dieser Gruppenform, einen gemeinsamen Rhythmus finden

Beziehung

– in eine weite Form ausweiten (Stern . . .) dehnen sich und schrumpfen, schwingen, langsamgehen und schneller werden, immer in Kontakt bleiben.

Dieser Bereich animiert die Gruppe und den Leiter sicher zu weiteren Ideen.

● Gemeinsame Gruppenfortbewegung

Die Teilnehmer bilden nicht zu große „Knäuel", dicht nebeneinander und untereinander mit leichter Berührung verbunden. Die Aufgabenstellung lautet: gemeinsam in eine Richtung gehen – dies ist wiederum in verschiedenen Variationen durchführbar:
– die Richtung wird jeweils vom Leiter angesagt
– die Richtung wird durch einen Laut, außerhalb der Gruppe (Leiter oder ein Teilnehmer, bestimmt)
– alle schließen die Augen und die Richtung wird aus der Gruppe bestimmt
anschließend über die Erfahrungen sprechen.

Gruppenform: Kreis Reihe

Ein wichtiges Element bei der Tanzgestaltung ist die Gruppenform: jede Formation hat ihre spezielle Wirkung und hängt auch mit den Bewegungsinhalten zusammen, die die Gruppe tanzt und darstellt. Die Form bezieht sich auch auf den Raum, indem der Tanz geschieht. Ich erlebe meine Bewegung im Spannungsfeld Gruppe und Raum.

Die Grundformen sind

Kreis – die Urform des Tanzes, die „Zauberkraft" wird erhöht, wenn die Gruppe um ein Zentrum tanzt, sei es eine Person oder ein Gegenstand. Der Kreis kann auch nach innen und außen gehen, kann eine Bewegung innerhalb des Kreises verändern, vergrößern. Jeder Tänzer sieht den anderen. Ein Kreis wirkt harmonisch.

Reihe – die Tänzer bewegen sich hintereinander oder nebeneinander. Diese Form kann sich gut durch den Raum bewegen, die Gruppe kann als Reihe gut schrumpfen oder sich dehnen, kann fallen (wie ein Kartenhaus) oder sinken.
Eine Reihe wirkt dynamisch.

Beziehung

Im Kreis

– alle Teilnehmer stehen **im Kreis**, zuerst mit festerer Berührung, später den Körperkontakt verringern und eine Person beginnt, leicht in eine Richtung zu schwingen – zuerst leicht, dann steigern und vergrößern der Schwingungen.

Variationen:
- die Person und die Richtung, mit der begonnen wird, festlegen
- alle mit geschlossenen Augen beginnen und ohne Absprachen
- der Leiter gibt die Richtung an
- Steigerung der Schwingungen mit und ohne Absprache, genauso wie die Verringerung
- ohne Berührungen
- Erweiterung der Schwingungen mit Sprüngen zur Seite

In der Reihe

– die Gruppe bildet eine Reihe und ein Teilnehmer beginnt an einem Ende mit einer Bewegung, der nächste übernimmt sie, steigert sie bis zum anderen Ende. Beim Zurückgeben wieder verkleinern.

– eine zweite Reihe gegenüber bilden, der erste der Reihe übernimmt die größte Bewegung des letzten und gibt sie verkleinert weiter. Man kann auch die Bewegungen in der Reihe bis zu Schwüngen und Sprüngen steigern und aus dem Schwung heraus übernimmt die Gegenüberreihe den Schwung und verändert ihn, steigert, verändert die Gruppenform . . .

– eine Reihe bilden und eng beieinander stehen – Bauch an Rücken. Langsam gemeinsam gehen, anhalten, schneller gehen, hüpfen usw., dabei immer in leichtem Körperkontakt bleiben.

Formen finden

– die Gruppe verteilt sich im Raum und jeder schließt die Augen. Zu leiser Musik nimmt nun jeder Kontakt mit einem anderen auf und bildet nach und nach mit den anderen einen Kreis, kurz die Augen öffnen und mit geschlossenen Augen den Kreis zu einem Dreieck machen, wieder schauen und dann auflösen zu einer Reihe, bei der jeder den Vordermann und die Vorderfrau bei den Schultern hält. Der Erste führt die Reihe mit offenen Augen im Raum herum, über Hindernisse, sensibel und vorsichtig. Schließlich bei der Tür hinaus . . . .

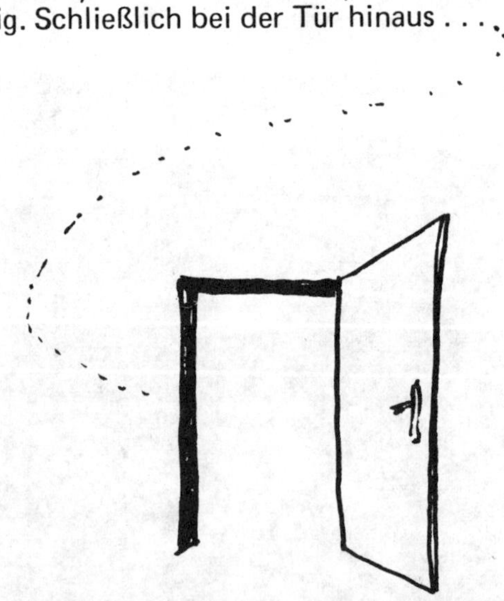

Mit dieser Übung möchte ich dich als Leser und Leserin, als Animateur/in in den nächsten Bewegungsraum – die „Darstellende Bewegung" führen.

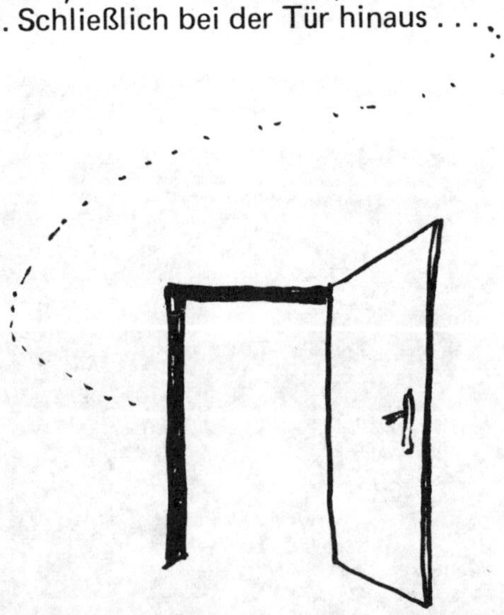

Gusti Reichel

3. Kapitel

Darstellen und pantomimisch Spielen

Bewegungstheater

Ich schlüpfe in Rollen, Haltungen und Bewegungsformen und lerne dabei, mich in verschiedene Situationen einzufühlen. Ich forme, gestalte und verdeutliche meinen Ausdruck, um mich mit und vor anderen mitzuteilen. Ich nehme meine Körpersprache als Ausgangspunkt für Mitteilungen und Darstellungen.

animieren und wahrnehmen
improvisieren
darstellen

Übersicht:

Animieren und wahrnehmen

Quelle: Körperaktion
Quelle: Fantasie
Quelle: Umwelt–Material

Impulse durch Sinneserfahrungen

Wie animiere ich?
Was animiert mich?
Beispiel: Modell „O"

Motorische Impulse: KÖRPER
Materielle Impulse: MATERIAL
Akustische Impulse: LAUTE
Visuelle Impulse: BILD

Improvisieren

Kooperationsform beim Improvisieren
Vom Improvisieren zum Gestalten

Darstellen

Darstellung in der Gruppenpädagogik
Dramatische Mittel
Bühnenimprovisation

Animieren und wahrnehmen

**Animation und Darstellung ist das Wechselspiel zwischen aufnehmen, wahrnehmen und wiedergeben, rückspiegeln.
Erst die Wahrnehmung von Körper, Gruppe, Umwelt, Sprache usw. ermöglicht meine Animation.**

Die Wahrnehmung ist der Boden für Darstellung:

**– wahrnehmen des Körpers
wahrnehmen der Umwelt
wahrnehmen der Fantasie**

– Impulse durch Sinneserfahrungen

Animieren und wahrnehmen

Quelle: Körperaktion
Quelle: Fantasie
Quelle: Umwelt-Material

Je nach Aufgabenstellung, Impuls oder Idee wird der Teilnehmer seine Bewegung erfahren und wahrnehmen:
Es hängt daher einiges davon ab, wie und wodurch ich jemand in Bewegung bringe.
Für mich ergeben sich drei Quellen, aus denen ich Impulse holen kann und wohin ich dadurch auch die Wahrnehmung lenke:

Quelle: Körperaktion

Ich animiere durch die Beschreibung der Aktivitäten, die der Körper bei dieser oder jener Bewegung macht oder machen soll:

z.B.: „gehe mit großen, weiten Schritten, die Beine führen den Körper, leiten die Bewegung an"

Dabei richtet sich die Wahrnehmung auf den Körper und die Bewegung.

Meine Animationssprache muß weiter ausholen, die Bewegungen beschreiben, jedoch ohne Vergleiche zu verwenden.

Quelle: Fantasie

Ich animiere mit Vorstellungshilfen und Fantasie:

z.B.: „gehe wie ein Riese und mit Riesenschritten durch den Raum, stelle dir vor, du mußt als Riese über Büsche steigen"

Die Wahrnehmung geht über die Fantasie auf die Körperaktion, ich erlebe mich kurzfristig als Riese.

Die Vorstellungshilfen regen die Fantasie an, lassen mich in Stimmungen und Rollen einfühlen. Das Bewegungsbewußtsein bleibt vorerst im Hintergrund. Wesentlich ist, daß die Bewegung nicht an die Vorstellung gebunden bleibt oder sogar abgewehrt wird, weil vielleicht die Vorstellung „ein Riese zu sein" unangenehm ist.

Quelle: Umwelt-Material

Ich animiere über Material und Gegenstände und klare Aufgabenstellungen.

z.B.: für große Schritte: Schnüre am Boden auflegen, in weiten Abständen, oder auch in Schritthöhe. Musik dazu und die Aufgabe, von einem Feld ins andere zu gehen.

Die Wahrnehmung richtet sich aufs Material und was ich damit machen kann. Je nach dem wie neu oder dominant das Material ist, wird die Körperaktion anfangs weniger bewußt sein und es ist günstig, die Übung ohne Material zu wiederholen. Das Material hilft vor allem anfangs, Hemmungen zu überwinden.

Ich bevorzuge die Animation mit Material und mit Körperaktion.
Für das Bewegungsbewußtsein ist es günstiger, die einzelnen Animations- und Wahrnehmungsbereiche zu trennen und hintereinander mehrmals ein- und dieselbe Übung zu machen:
- mit Material und/oder Fantasie
- Beschreibung der Körperaktion

Impulse durch Sinneserfahrungen

Was animiert mich?

Die folgenden Impulse richten sich nach verschiedenen **Körper- und Sinneserfahrungen:**

Diese Übersicht hilft mir, die Möglichkeiten und Ansätze für Bewegungsanimation und Darstellung zu sehen und klare Ausgangspunkte zu bieten: Die Teilnehmer können einzeln oder in kleinen Gruppen jedes Medium, jeden Impuls für sich probieren (z.B. zuerst nur Laute und Bewegung) bei einem Medium beginnen und damit gestalten und später andere dazu nehmen (Laute und Bewegung und Bilder) ein Gesamtthema gestalten und alle Medien einbeziehen.

Wie animiere ich?

- Ich animiere und bewege die anderen, indem ich selbst Spaß habe an meiner Bewegung, am Tanz, an der Darstellung:
  ich spiele mit meinem „freien Kind-Ich" und treffe dabei auf das Kind-Ich der anderen
- Ich ermutige zur Bewegung, indem ich mich angstfrei vor den anderen bewege, Möglichkeiten zeige und Grenzen der alltäglichen Bewegungen überschreite: ich rolle am Boden, ich hüpfe, ich mache selbst, was ich als Animateurin erreichen will.
- Ich begebe mich mitten in den Raum oder in die Gruppe und animiere von innen her
- Meine Sprache und meine Bewegung sind eins
- ich spreche mit dem ganzen Körper

Übersicht:

Akustische Impulse: LAUTE	Visuelle Impulse: BILD
„hören" „tönen" **Laute** **Geräusche** **Musik** **Sprache**	„sehen" „malen" **Bilder** **Gegenstände** **Farben** **Licht** **Schatten**
Materielle Impulse: MATERIAL	**Motorische Impulse: KÖRPER**
„begreifen" „tasten" **Ton** **Stoff** **Papier** **Stäbe**	„bewegen" **Körpersprache** **Alltagsbewegungen**

Beispiel: „Die Geschichte des O"

Dieses Modell zeigt, wie ein einziger Begriff mit verschiedenen Medien erfaßt und gestaltet werden kann:

Laute: mit dem Laut ooooooooospielen verschiedene Lautstärken probieren mit dem Mund deutlich formen kleine Handbewegungen dazu O-Wörter sammeln darstellen, kombinieren zu Geschichten: Opa Obus Osterei	**Bild:** O – malen (runde Formen) möglichst großflächig, weil sich dadurch auch die Bewegung der Arme erspüren läßt runde Formen ausschneiden aus Stoff oder Zeitungspapier, kleben Schnüre und Fäden rund aufkleben, am Boden auflegen und nachlaufen
Material: den Raum rund gestalten, Sessel, Tücher, Gummibänder dazu verwenden Ton formen und weitergeben runde Gegenstände im Haus suchen die Gegenstände in den Kreis stellen und umgehen	**Körper:** runde Bewegungen finden und probieren Kreisspiele ein O mit dem Körper formen ein O mit mehreren Personen formen

Dieses Beispiel eignet sich für die Erfassung von Begriffen und Wörtern und orientiert sich an Vorschulkindern und Behinderten.

Ähnliches kann man mit komplexeren Begriffen und Wörtern machen, z.B.

- **Farben**
- **Themen** wie Ruhe, Gewitter, Zirkus, Gemeinschaft, Solidarität

Motorische Impulse: KÖRPER

Der Körper ist mein unmittelbares Ausdrucksmittel, vertraut und vielseitig zugleich.

Meine Körper- und Bewegungssprache ist ein gutes Instrument, aus dem ich Lieder und Geschichten herausholen kann.

Hände
Gesten
Alltagsbewegungen
Pantomimische Spiele

Hände:

● Händefunktionen

Die Gruppe sitzt in beweglicher Haltung am Boden und jeder probiert aus, welche Aktivitäten mit den Händen möglich sind: eher alltägliche und kommunikative Handlungen wie greifen, heben, stützen, sich verstecken usw. Dasselbe zu zweit, dabei ergeben sich weitere Möglichkeiten.

Anschließend sucht sich jedes Paar drei Händeaktivitäten aus der Improvisation und gestaltet damit einen Bewegungsablauf: z.B. heben — stützen — werfen. Die einzelnen Aktionen werden verbunden, die Partner beziehen den ganzen Körper mit ein. Der Bewegungsablauf soll nach den Bewegungselementen Zeit, Raum und Kraft gestaltet werden und nicht konkret pantomimisch, da dies schwieriger und zeitaufwendig ist.

Einander vorzeigen und besprechen.

● Händeformen

Die Teilnehmer bilden kleinere Gruppen (3 - 5 Personen) und spielen nun zu Musik mit den Formen der Hände: jeder führt seine Hand in die Mitte der Gruppe und hält dort, die anderen bauen dazu. Nun kann die Gruppe der Form einen Namen geben oder mit Bewegung weitergestalten und aufeinander reagieren.

Ausgehend von der Improvisation gestalten nun je 2 aus der Gruppe einen Dialog, indem sie Bewegungen bewußt wiederholen und verstärken:

Raum — Richtung: wo bewegen sich meine Hände? — Eng oder weit weg voneinander, oben, unten, direkt, flexibel ....

Kraft und Zeit: wie bewegen sich meine Hände? Leicht, zart, fest, kräftig, durchgehend, langsam, schnell, kurz, unterbrochen

Körper und Beziehung: wo ist meine Bewegung im Körper, was bewege ich mit, wie bewege ich mich mit meinem Partner ....

weitere Gestaltungsideen:

- die Darstellungen der Paare mit Beleuchtung machen, sodaß die Schatten wie ein Echo wirken oder
- vor einem Schattentuch machen
- die Hände mit Handschuhen oder Farben unterschiedlich gestalten
- Geräusche, Musik oder Texte dazumachen ...

Bei Händedarstellungen soll der ganze Rahmen, die Szenerie, so gestaltet sein, daß die Konzentration auf die Hände verstärkt wird (Licht, Fläche ausschneiden ....)

Gesten:
● Nonverbales Interview

Die Teilnehmer stellen einander nur mit Händen, Füßen und anderen körperlichen und nichtsprachlichen Ausdrucksmitteln vor, befragen einander. Dies soll zu zweit passieren und mit Partnerwechsel. Nach jedem Interview Gespräch über Verstandenes und Nichtverstandenes.

Die Gruppe bespricht nun die verschiedenen Formen die zur Verständigung verwendet wurden – welche Körperteile, Bewegungen usw.

● Zerrspiegel

– zu zweit: einer macht Gesten deutlich und möglichst langsam vor, der andere macht sie nach:
entweder vergrößert oder verkleinert –
Wechsel.
Einige Gesten davon können auch aneinandergereiht gut für eine Darstellung verwendet werden.

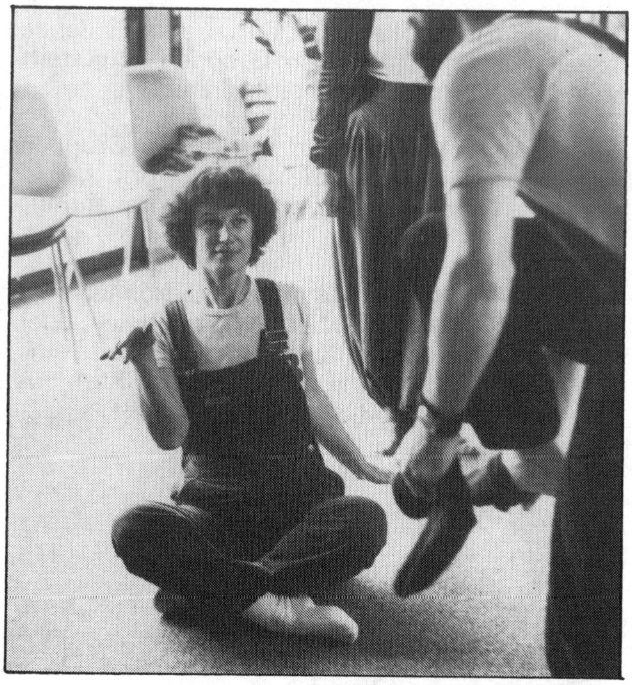

● Gesten weitergeben

Die Teilnehmer stehen einander gegenüber. Der erste beginnt, indem er zu seinem Gegenüber geht und eine Geste macht, z.B. Hände schütteln, und geht wieder zu seinem Platz zurück. Der zweite nimmt nun die erhaltene Geste und gibt diese an sein Vis-a-vis weiter, macht jedoch eine neue Geste, geht wieder zurück. Bei diesem Spiel wird immer die letzte Geste weitergegeben und eine neue dazugemacht.

Variation: Dieselbe Geste weitergeben, jedoch verstärken, vergrößern.

Auswertung: Gespräch über die Gesten, die in der Gruppe weitergegeben wurden (aggressive, zarte, höfliche ....), Rückschlüsse auf den Alltag.

● Gesten raten

Reihum werden Gesten gezeigt und die anderen raten, was sie jeweils beim einzelnen Teilnehmer auslösen.

Kleinere Gruppen bilden und aus den gesammelten Gesten Handlungen machen, diese vorerst nicht sosehr auf Darstellung hin gestalten, sondern einfach spielen lassen. Die Gruppen entscheiden dann, wie sie die Handlung gestalten oder zeigen wollen.

Alltagsbewegungen :
● Arbeitstanz

Jedes Gruppenmitglied sucht sich eine einfache und alltägliche Arbeitsbewegung aus. Es muß nicht unbedingt eine aus dem eigenen Arbeitsbereich sein. Dabei kann bereits jeder überlegen, ob er/sie für die Bewegung viel oder wenig Kraft braucht.

Dann zeigen alle reihum die Bewegung vor und die anderen beschreiben, was sie sehen, vielleicht auch schon in Richtung Bewegungselemente.

Dann bilden sich wiederum kleinere Gruppen von 3 - 5 Personen und zwar bereits nach ähnlichen Kriterien: z.B. alle mit leichter Bewegung zusammen oder alle mit Bewegungen die im Haushalt vorkommen usw. Der/die Animateur/in soll da strukrurierend unterstützen.

Nun zeigen die Teilnehmer der Kleingruppen ihre Bewegung noch einmal vor und entscheiden innerhalb der Gruppe, welche Bewegung sie weiter zu einem Tanz gestalten wollen.

Gestaltungsschritte:

Die ursprüngliche Bewegung wird nun

vergrößert: angenommen die Bewegung war „wischen", so wird die Bewegung erweitert und mit den ganzen Armen, mit dem ganzen Körper und durch den Raum gemacht, je nach Ideen der Gruppe. Durch die Wiederholung der Bewegungen entsteht ein

Rhythmus: Akzente bei der Richtungsänderung durch Körpergeräusche, oder anhalten usw.; der Rhythmus ergibt sich wie von selbst aus der Bewegungsform. Dieser Rhythmus wird nun verstärkt durch

Laute und Geräusche: zischen, summen usw. – dieser Laut ergibt sich ebenso aus der Bewegung.

Dynamik durch Steigerung und Gefälle: diese Bewegungen und Geräusche sollen nun gestaltet werden durch den Aufbau: von klein auf groß, von laut auf leise usw. Kontraste machen die Dynamik aus, Wiederholungen, etwa wie ein Refrain bringen die Tanzstimmung.

Gruppenform und Weg der Gruppe im Raum: die einzelnen rhythmischen Abläufe brauchen eine entsprechende Form wie Reihe, Kreis, Dreieck. Ebenso wichtig ist, ob die Gruppe bei ihrer Gestaltung am Platz bleibt, oder ob sie sich durch den Raum bewegt, ob sie weit voneinander tanzt oder hintereinander in Bewegung kommt usw. Auch hier wird der/die Animateur/in mit Ideen unterstützen und vorhandene Ansätze bewußt machen.

Die Gesamtform entsteht nun durch

das **Vorzeigen** der **einzelnen Gruppengestaltungen.** Beim ersten Durchgang wird die Verbindung noch nicht spürbar sein.

Die **Übergänge** sollen nun durch abschließende Bewegungen der einzelnen Gruppen hergestellt werden: z.B. Ruhegesten, einfrieren usw.

Beim zweiten Vorzeigen sollen die Gruppen nach ihrer Darstellung die **Gruppenform beibehalten,** anhalten und so in der Tanzspannung bleiben.

Nach den Gruppengestaltungen können die Gruppen zueinander Beziehung aufnehmen, oder sich auf eine **Form einigen** (z.B. Kreis) und eine gemeinsame Bewegung oder einen Rhythmus finden, der nun die Gestaltung abschließt.

Anwendungsmöglichkeiten des Arbeitstanzes sind sehr vielfältig:

Als Grundlage für einen **aktuellen Volkstanz** (diese entstanden zum Großteil aus Arbeitsbewegungen)

als Aussage über die Arbeitswelt

als Animation zum Thema Arbeit, Solidarität usw. ....

als Selbstdarstellung einer bestimmten Berufsgruppe ....

Weitere Gestaltungsmittel:

- Dias dazu
- Texte vorher, nachher, z.B.: Wenn eine neue Maschine kommt, wird großes Tam-Tam gemacht. Man sagt uns, daß wir sie gut behandeln sollen. Wenn eine neue Kollegin kommt, dann kümmert sich niemand um sie. Im Gegenteil, wir sind eher skeptisch. (aus KAJ/Ö: Arbeitsgeschichten)
- Lieder, Rhythmen
- Kleidung, die die Arbeit symbolisieren (Kappen, Schürzen ....)

Hier soll man, wie bei allen Bewegungsdramen sehr bewußt und eher sparsam mit den zusätzlichen Medien umgehen, da sonst der Körperausdruck verwässert wird. Andererseits kann durch mediale Gestaltung manche Ungeübtheit ausgeglichen werden.

● Umweltbeobachtung

Falls in der Nähe ein Bahnhof oder ein belebter Platz ist, so ist das eine gute Möglichkeit für die Gruppe, Körpersprache in Tanz oder Theater umzusetzen.
Die Gruppe geht hinaus, beobachtet Passanten und schaut vor allem auf Gehen, Warten, Sitzen. Dabei ist es wichtig, daß sich die Gruppe aufteilt und jeder möglichst alleine seine Beobachtungen macht. Sehr reizvoll ist es auch, wenn man direkt die Gangarten ausprobiert, ohne daß sich der Beobachtete belästigt fühlt.

Wenn die Gruppe wieder zurückkommt, zeigt nun jeder seine beobachteten Körperhaltungen vor, und die anderen vollziehen sie nach. Dann beschreibt jeder noch kurz die Situation oder auch den Typ, den man beobachtet hat. Dabei kann man ganz interessante Gespräche über Vorurteile, Vermutungen, Stimmungen am Bahnhof oder in der Stadt beginnen. Wesentlich bei der Darstellung ist jetzt, einen Aufhänger dafür zu finden:

z.B.: — alle mit ähnlichen Schritten machen eine Gestaltung
- aus der Situation Bahnhof wird eine Szenerie gemacht: warten, gehen, sitzen, Hektik, einsteigen .... usw.
- die unterschiedlichen Gangarten reagieren aufeinander und es entsteht ein Handlungsablauf

Der Animateur soll beim Vorzeigen der Beobachtungen schon einige Möglichkeiten sehen und dann zur Gestaltung vorschlagen.

Wenn mehrere Räume zur Verfügung stehen oder eine Treppe, ein Gang, so ist es auch sehr spannend, die verschiedenen Gestaltungen auf den jeweiligen Raum zu beziehen und so die Einwirkung von Raum auf die Stimmung und die Bewegungsmöglichkeiten zu erfahren.

● Sprichwörtliches

In manchen Sprichwörtern oder Redewendungen liegt sehr viel Bewegung.

Die Teilnehmer suchen sich einige aus (entweder frei oder einige vorbereiten) und gestalten diese zu zweit oder in Gruppen. Ebenso möglich soll auch die Einzelgestaltung sein.

z.B.: ganz Ohr sein, sich im Kreis drehen, gegen eine Mauer rennen, zusammenhalten wie Pech und Schwefel

Die Sprichwörter sind recht kurz und können gut als wechselnde Aktionen (Spots in Movement) auch zur Auflockerung verwendet werden. Für die Darstellung brauchen sie einen längeren Aufbau und eine „Vorgeschichte", Rhythmus oder Kontraste.

z.B. ganz Ohr sein: zuerst ein wenig, dann mehr, dann ganz groß ....

Pantomimische Spiele:
● Spots in Movement zu Körperformen

Die Teilnehmer gehen locker im Raum herum und bei einem Trommelschlag wird ein Impuls gerufen, den alle mit dem Körper machen:
z.B. rund – dann wieder herumgehen und nächster Impuls.
Die Impulse haben mehrere Phasen, hier ein Beispiel dazu:
1. Phase: Körperformen – rund, spitz, eckig, breit ....
2. Phase: Gefühle – traurig, lustig, gespannt, aggressiv ....
3. Phase: Tätigkeiten – kochen, schrubben, schneiden ....
4. Phase: Typen – Westernheld, Lady, Bankdirektor, Hausfrau ....
(besser ist es, hier „Klischees" zu nehmen)

Nach jedem Impuls soll jeder seine Haltung und sein Körpergefühl wahrnehmen und wer will, teilt es den anderen mit. Daraus kann man auch in kurzen Gesprächen Alltagserfahrungen mit der Körpersprache einbringen, je nach dem, wo die Gruppe bei dieser Übung den Schwerpunkt hat.

● Kanarienvogel-Story

Die Teilnehmer bilden 3er Gruppen, welche folgende Anregungen bekommen:
es gibt drei Rollen: Kind, Frau und Direktor sowie einen imaginären Kanarienvogel. Jeder sucht sich eine Rolle aus und die Kleingruppen machen sich eine kurze Handlung aus, die sofort gespielt wird. Danach zeigen sich die Gruppen die Ergebnisse und raten jeweils, welche Handlung gespielt wurde. Dadurch können die Spieler überprüfen, wie deutlich sie gespielt haben.

Bei der Weiterarbeit kann man nun Augenmerk auf die Gestik und die pantomimische Darstellung der einzelnen Typen legen: z.B. kann man ein Kind durchaus in der erwachsenen Körperlänge spielen, nur die Bewegungen, die Gangart und das Verhalten „verkleinern". Auch neue Kombinationen ausprobieren, meist wird die Frau und das Kind verbunden (Frau = Mutter) .... Auch auf die Wirksamkeit von sparsamer Bewegung, dafür aber Klarheit und Wiederholung bei einer Bewegung oder Geste hinweisen.

● Gegensätzliches

Zu zweit: auf einem Zettel werden zwei gegensätzliche Eigenschaften und ein Ort geschrieben: z.B.: tief–hoch–Strand. Die Zettel werden nun gemischt und jedes Paar zieht einen neuen, stellt die Eigenschaften in Verbindung mit dem Ort dar (kurze Vorbereitungszeit) und die anderen raten.

● Gegenstände weitergeben

Die Teilnehmer sitzen im Kreis und einer beginnt schweigend einen Gegenstand pantomimisch an den Nächstsitzenden weiterzugeben. Dieser übernimmt und verändert diesen Gegenstand oder verwendet ihn irgendwie und gibt ihn weiter, ...

Variation: immer derselbe Gegenstand wird weitergegeben und die Genauigkeit der Bewegungen der Hände und die deutliche pantomimische Darstellung ist im Vordergrund.

● Grimassenkarussell

Dasselbe Prinzip wie oben kann man mit Gesichter schneiden machen – einmal übernehmen und verändern und einmal durchgehend dasselbe Gesicht weitergeben.

● Gewicht heben und geben

Die Teilnehmer stehen und einer beschreibt einen Gegenstand und gibt ihn dann mit der nötigen Kraftanwendung weiter: z.B.: 10 Kilo Eisen, 1 Kilo Federn; sehr gut eignet sich auch die Vorstellung von großen und kleinen, leichten und schweren Bällen – Medizinball, Tennisball usw., mit denen dann ein

● Ballspiel

veranstaltet wird. Das Ball-Spiel eignet sich wiederum als Ausgangspunkt für eine kurze Darstellung: Tempo, Kraftanwendung und Spielverlauf werden nach und nach festgelegt und im Körperausdruck verstärkt.

Materielle Impulse: MATERIAL

Material wirkt auf mich, auf meine Bewegung, auf meine Stimmung.

Material gibt mir Sicherheit — „ich kann mich wo anhalten".

Material strukturiert den Raum, macht Atmosphäre.

Papier
Stühle
Tücher
Stäbe

● Spiele mit Papier

Aus Zeitungspapier verschieden **große Papierbälle** formen, ev. mit Klebstreifen zusammenkleben. Jeder Teilnehmer soll einen Ball erhalten bzw. machen.

Einige Ideen:
- in die Luft werfen, in verschiedenen Höhen auffangen, mit dem ganzen Körper mitgehen. Dadurch nimmt der Körper verschiedene Höhen ein.
- die Papierbälle nur mit dem Handrücken, Ellbogen oder Fuß werfen
- in kleinen Gruppen mit nur einem Papierball spielen: zuwerfen, zublasen. Nach und nach die Abstände vergrößern und somit auch die Bewegung verändern, bzw. beim Zublasen am Boden auch länger ausatmen
- die Papierbälle am Boden weiterbefördern und zwar mit verschiedenen Körperteilen: Zehen, Fersen, Nasen ....
- dasselbe kann man auch mit **Luftballons** machen

● Zeitungen

Am Boden verstreuen und verschiedene Impulse geben.
- **das Papier als Schutz** verwenden (vor Regen, vor einem Feind ....) auch als Partnerübung ausprobieren
- **als Mittel um ein Ereignis darzustellen:** bei einer Hochzeit als Schleier, als Fahne hissen, als Segel .... die Körperhaltungen der Spieler sollen dabei die Handlung verdeutlichen
- **als Kleidung** verwenden, viel Papier bereithalten sowie Scheren, Klebstreifen, Büroklammern, Heftmaschinen .... Die Teilnehmer können dadurch auch verschiedene Anlässe und Situationen spielen wie Zirkus, Modeschau, Ball, Berufe ....
- **die gedruckte Information** der Zeitung als Impuls verwenden: kleinere Artikel, Berichte oder nur Schlagzeilen. Diese nonverbal darstellen, Handlungen entwickeln oder bei Schlagzeilen rhythmisch gestalten, verfremden. Der Ausgangstext kann anfangs oder dazwischen gelesen werden, das Wort soll Stütze für die Bewegung bleiben.

● Stühle

Mehrere Stühle sind im Raum verteilt und der Leiter gibt nun verschiedene Impulse:
- herumgehen ohne die Stühle zu berühren
- bei einem Signal stehenbleiben ohne die Stühle zu berühren
- stehenbleiben und in irgendeiner Form berühren
- in einer Position halten, die niedriger ist als die Sitzfläche bzw. höher als die Sitzfläche der Stühle
- die niedriger ist, aber in irgendeiner Beziehung zum Stuhl steht (z.B. ein Bein darunter legen)
- in einer „dramatischen" Pose halten — den Stuhl bewundern, sich fürchten usw.
- auf dem Stuhl in verschiedenen Positionen sitzen, z.B. ohne den Boden zu berühren, verkehrt ....

- verschiedene Balancepunkte am Stuhl ausprobieren, wechseln und die Übergänge fließend machen, mehrmals wiederholen und so eine Bewegungssequenz herausarbeiten (auch unterschiedliche Geschwindigkeiten verwenden.)
- mit dem Stuhl arbeiten: ihn auf den Boden legen, sich dazu setzen oder legen und auf die Form eingehen, den Stuhl mehrmals wechseln und auch verschieden verwenden – z.B. werfen, balancieren, schieben und dabei wiederum auf die Körperform achten
- den Stuhl verwandeln z.B. in eine Trommel, als Gefängnis usw. und daraus eine Gruppenimprovisation entwickeln ....

● Leichtes, bewegliches Material

(Gummibänder, Tücher, Bälle ....)

- die **Gummibänder** werden in verschiedenen Formen am Boden aufgelegt und jeder versucht sich in eine Form hineinzufühlen und formt diese mit dem Körper nach
- ähnlich kann man **bewegtes Material** (Tücher, Kreisel, rollende und hüpfende Gegenstände) in Bewegung umsetzen, z.B. ein großes und leichtes Tuch schwingen, beobachten, sich hineinfühlen und dann in kleinen Gruppen in Bewegung umsetzen, ev. entsprechende Laute dazu machen

● Stäbe

Die Teilnehmer sitzen im Kreis, ein einfacher Stab (ca. 1 m) liegt in der Mitte. Wer eine Idee dazu hat, nimmt den Stab und verwendet ihn, z.B. als Ruder, als Zahnstocher. Es soll jeweils nur eine Aktivität gemacht werden, damit ein rascher Wechsel der Spieler möglich ist.

Variationen:
Die Teilnehmer bewegen sich zu Musik im Raum und wenn sie unterbricht, nimmt jemand den Stab und macht etwas damit: rudern, zeigen, balancieren.

Gruppenimprovisation: jede Gruppe erhält einen Stab und entwickelt entweder eine Handlung oder einen abstrakten Bewegungsablauf mit dem Stab.

Falls für jeden ein Stab zur Verfügung steht, können diese als Gestaltungsmittel verwendet werden. Ein Motto dazu, wie zum Beispiel Zirkus oder Gefängnis, oder nur die Form: gerade, eckig .... usw. helfen einen Einstieg zu finden.

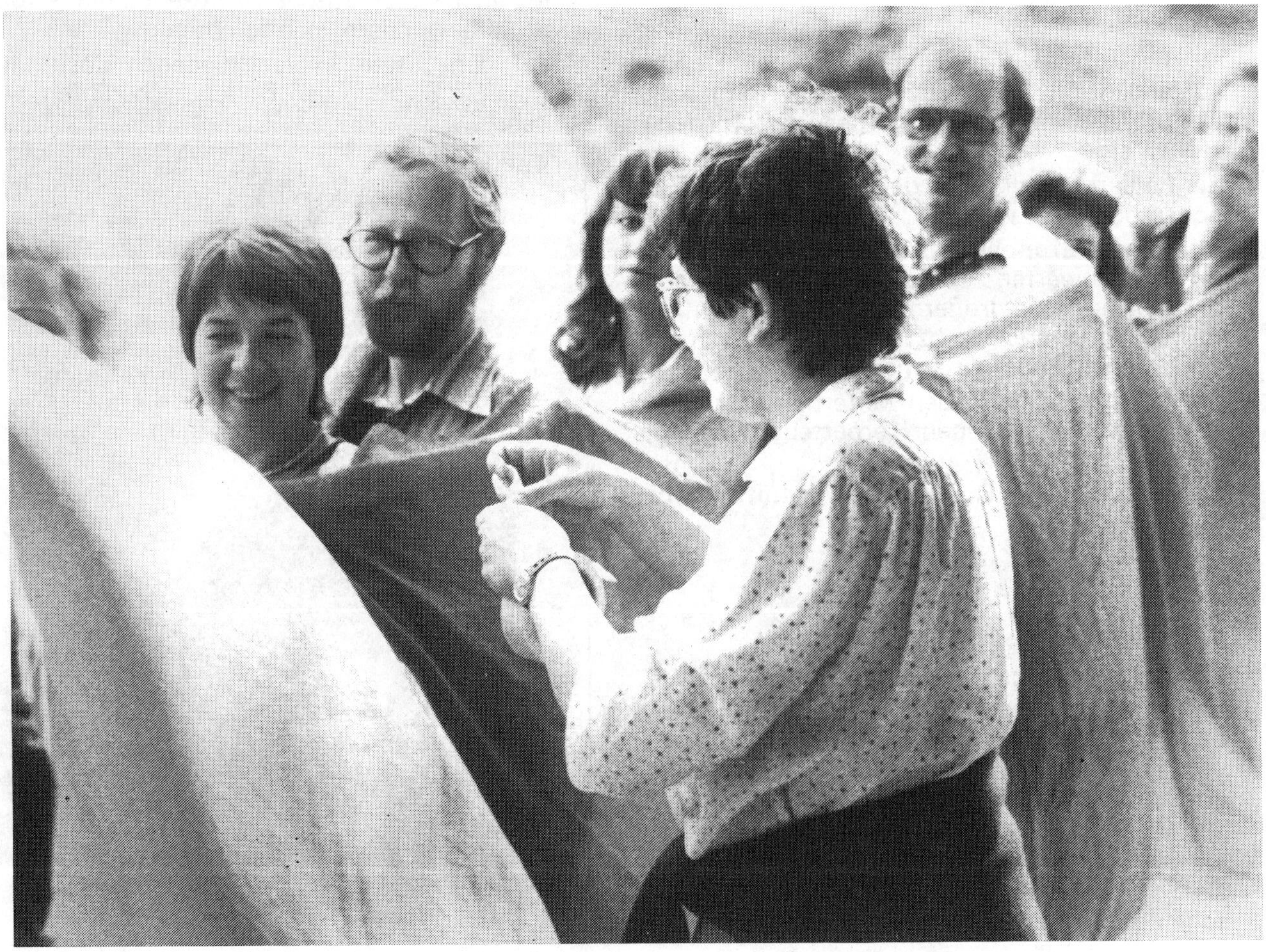

Akustische Impulse: LAUTE

Ursprünglich gab es keine Lieder ohne Bewegung, viele Texte und Gedichte „entspringen" der Körperbewegung, dem Rhythmus der Jahreszeiten usw.

Ebenso sind Körper und Stimme eins und wenn ich meine Stimme befreie, sie mit meinen Bewegungen verbinde, sie aufeinander wirken lasse, spüre ich, wie leicht ich Sprache begreifen kann.

Die Verbindung von Laut und Bewegung ist die vitalste Form sprechen, schreiben oder singen zu lernen.

Spiele mit Lauten und Bewegung Textgestaltung

Spiele mit Lauten und Bewegung:

● Namenskreis

Die Gruppe bildet einen Kreis und die Teilnehmer gehen einzeln in die Mitte: der Name jedes Teilnehmers wird nun laut und rhythmisch gerufen, dazu geklatscht und der oder die in der Mitte bewegt sich dazu, tanzt und läßt sich anfeuern. Wechsel durch rufen eines anderen Namens aus der Gruppe.
Dieses Spiel ist sehr intensiv, weil die Urform des Tanzens — Kreis mit Zentrum — „Zauberwirkung" hat, sehr ekstatisch wirkt.

● Mit Laut bewegen

Paare bilden, einer schließt die Augen, der andere macht nun verschiedene Laute mit dem Mund und der andere bewegt sich dazu am Platz (nicht durch den Raum führen). Dabei soll der Tanzende den ganzen Körper einbeziehen und reagieren. Der andere achtet auf eine gute emotionale Mischung (angenehmes, aggressives, beruhigend ....) Wechsel.
Dasselbe nun im Kreis — die Gruppe läßt genügend Platz in der Mitte und zwei bis drei tanzen in der Mitte, die Gruppe gestaltet und improvisiert mit Lauten.
Danach sagen die Tanzenden kurz ihren Eindruck. Wechseln.

● Laut und Gefühle steigern

Im Kreis: einer beginnt mit einer traurigen Bewegung und Haltung und einem ebensolchen Laut dazu: über die Augen wischen z.B.
der nächste übernimmt die Bewegung und verstärkt und vergrößert sie, ebenso den Laut. Das ganze bekommt dadurch auch eine emotionale Steigerung. Zum Schluß heulen alle, es wirkt meist komisch dramatisch.
Ebenso mit lachen, Wut, Angst usw. Diese Übung fordert sehr heraus und ist eine gute Übung zur Darstellung.

Gestaltung: dasselbe in einer Reihe machen und mit Steigerung und Gefälle arbeiten. Einen „Aufhänger" finden, z.B. Texte, Situationen auf die dann die Gruppe reagiert.

● Explodieren

Die Teilnehmer stehen im Kreis, einer beginnt mit einer einfachen Bewegung und einem Laut dazu, der nächste übernimmt und vergrößert die Bewegung bzw. verstärkt den Laut, reihum, der Letzte macht den Höhepunkt, die ganze Gruppe kann diesen wiederholen. In einem zweiten Durchgang kann der Letzte nocheinmal mit einem anderen Laut und einer Bewegung in den Kreis hineintreten und somit die Form brechen, auf jemanden zugehen und ihn zu seinem Bewegungslaut animieren, eine Improvisation entsteht.

● Tambourin

Die Teilnehmer teilen sich in zwei Gruppen und gehen jeweils an einen Rand des Raumes. Sie einigen sich innerhalb der Gruppe auf ein gemeinsames Wort (z.B. Tambourin) der mit einer entsprechenden Bewegung verbunden werden kann. Dann bewegen sich die Gruppen gleichzeitig mit ihrem Laut und ihrer Bewegung in das Raumzentrum, wobei sie gleichmäßig den Laut steigern und die Bewegung entsprechend vergrößern. In der Mitte soll dann der Höhepunkt explosionsartig gemacht werden, um dann mit Abnahme von Laut und Bewegung wieder in die Ausgangsposition zurückzugehen.

Variation: im Raum umhergehen und die Lautstärke steigern und sich rhythmisch dazu bewegen. Dadurch können auch Partnerimprovisationen entstehen.

● Lautmalereien

Jeder Laut bewirkt eine bestimmte Bewegungsart. Die Teilnehmer probieren gleichzeitig

– **Laute:**
weiche Laute: uuuuu, mmmmmmm, ooooooo
harte Laute: kkkkk, rrrrr, tttttt
scharfe Laute: sssss, sscchh, zzzzz

– **Comiclaute:** tschinn, krach , peng, schlürf, ächz .....

– **Worte** wie Orange, Kaktus, Gulasch, Eis .... eignen sich vom Klang her sehr gut für Bewegungsanimation. Dabei ist es wichtig, daß der/die Animateurin die Laute und Bewegung begeistert einbringt, mitreißt, daß die Teilnehmer den Laut aus dem Bauch heraus holen und variieren.

Gruppengestaltung:

In kleineren Gruppen einigen sich die Teilnehmer auf eine Kategorie z.B.
Speisen und gestalten ein Laut- und Bewegungsmenü
Nudelsuppe – Pizza – Eis
eine Comic-Handlung: pssst – ächsz – aaaahhh
eine Lautmalerei: Bananenbrei mit Kaktusblüten
ein Orchester: Cello – Flöte – Tschinelle ....

Bei der Improvisation in den kleinen Gruppen ist es hilfreich, wenn die einzelnen Ideen sofort ausprobiert werden und dabei der ganze Körper bewegt wird. Vorzeigen und klatschen nicht vergessen.

Auf diese Art können Texte und Wortketten gestaltet werden.

● Schlagzeilengerüchte

Vorbereitete Schlagzeilen mitnehmen und jeder sucht sich für sich eine aus. Mit dieser Schlagzeile gehen nun alle im Raum herum und sagen sie auf verschiedene Art:
zuerst geheimnisvoll:
Körperhaltung und Stimme sollen übereinstimmen, der Inhalt der Schlagzeile macht es zum Nonsensspiel.
nächste Runde:
überzeugt oder
aggressiv
bedauernd usw.

„Schifferlversenken"
löst Blecha im ORF ab

Improvisation mit Schlagzeilen

In der nächsten Runde sucht sich jeder wieder eine neue Schlagzeile und einen Partner (unabhängig vom Inhalt der Schlagzeile)

Die Paare gestalten nun einen Dialog mit der Schlagzeile, indem sie die Körperhaltung und die Stimme einsetzen.

Weitere Gestaltungsmöglichkeiten:

– die Schlagzeile rhythmisieren und dazu tanzen, Bewegungsablauf finden
– die Schlagzeile gestalten und keine Laute dazu machen, raten lassen
– als Animation gestalten und alle am Schluß einbeziehen
– einen Bewegungskanon daraus machen ..... z.B. „.... richtige Männer fahren Raupe"

Textgestaltung:

Vorgang

Anhören:
die Geschichte auf sich wirken lassen
die Eindrücke sammeln und festhalten

Elemente klären:
Typen, Situationen und Handlungen aufgliedern und jedes Element für sich üben – d.h. alle Teilnehmer sollen jeden Typ, jede Rolle durchspielen

Körperausdruck:
begleitende Übungen, die nicht unmittelbar in der Geschichte vorkommen, helfen eine Situation, eine Rolle besser zu erfassen. Z.B. bei einem Märchen wo ein König vorkommt, verschiedene „hoheitliche" Gangarten und deren Gegenteil ausprobieren. Dann erst sich auf eine Art einigen, die in die Gestaltung eingebaut wird.
Hier besteht auch die Möglichkeit, eine Rolle von allen spielen zu lassen: z.B. der König, seine Anwesenheit wurd durch „königliches Gehen" von mehreren Gruppen verschieden interpretiert, sie können auch den Hintergrund, das Echo für die Hauptrolle spielen usw. ......

Wichtig ist, daß alle Charaktere von allen erfaßt werden, daß immer alle beteiligt sind; dadurch steigt die Identifikation mit dem Stück, Langeweile und Störungen entfallen.
Auch der Wechsel zwischen Paar-, Einzel- und Gruppendarstellungen bringt Dynamik in den Prozeß und das Produkt.
Gegenstände und der Hintergrund, z.B. ein Wald kann immer auch von der ganzen Gruppe mit Bewegung und Körper dargestellt werden.
Verkleidung, Kulissen sparsam und unterstreichend einsetzen. Dasselbe gilt für Medien wie Musik, Licht usw. Körperlaute und selbst erzeugte Geräusche. Sie machen mehr Spaß und sind variabler als konservierte Musik.

Texte

Ankommen

Ankommen
Umschauen
Alltagsschwere im Gepäck

Bange Erwartung
Annäherung
Rückzug

Wirbelndes Eintauchen
Anhalten
Ängstliches Umschauen

Aufeinanderzugehen
Berührung
Tastendes Kennenlernen

Hineingerissen werden
sich verlieren und finden
in Rhythmus und Bewegung

Grenzen überschreiten
Freude
Stille

sanfter Tanz der Hände
zögerndes Abschiednehmen

Brigitte — Feste Schritte in den Alltag

Öffnen

hinhören
aufhorchen
dann aufmerksamer werden
und seine ganz Konzentration schenken

zufälliger Blick
daran hängenbleiben
daran gefesselter Blick
erstaunte Augen

verbissen zusammengepreßte Lippen
entspannte
lächelnde
für ein befreites Lachen geöffnete Lippen

verkrampft geballte Fäuste
ängstlich geöffnete Hände
zögernd entgegengestreckt
auf Berührung hoffen

angewurzelt dastehen
aus der Erstarrung erwachen
sich aus der Lähmung lösen
vorwärts tasten
an Boden gewinnen
sicher werden
locker dahinspringen

schön ist es
dies an dir und mir zu erleben

Andrea Haßlinger

Diese Texte entstanden bei·bzw. nach einem Ausdruckstanzseminar.

Bearbeitung:

Vorlesen und sofort körperlich umsetzen.
Dann in kleinen Gruppen gestalten.
Den Text vorher lesen oder integrieren.

Das Märchen vom Igel und Hasen — ETWAS ANDERS

Text:

Es war einmal ein Hase, der war — wie es den Hasen so anerzogen ist — sehr beschäftigt. Er arbeitete von früh bis spät in großen viereckigen Häusern mit vielen anderen, ebenso beschäftigten Hasen.

Warum er das tat, was er tat, wußte er nicht so genau, außer, daß man das eben tut, und dafür lebte man ja, und schließlich taten das ja alle. „Wie geht's?" fragten sie im Vorübergehen. „Es muß", antworteten sie im Vorübergehen.

Manchmal — besonders vor dem Einschlafen und wenn er sich Zärtlichkeit wünschte — fühlte er sich ganz anders, eher bedrückt, sehnte sich nach Ruhe und Wärme, ärgerte sich auch über die Hektik und Routine des Tages.
Er hatte dann merkwürdige Phantasien über ein anderes Leben. Immer dann tauchte in seinen Vorstellungen der Igel auf. ‚Ein schwächliches Tier bist du', sagte der Hase zu ihm, ‚krabbelst in der Nacht in Gebüschen herum und tust garnichts für die Gemeinschaft.' Der Igel schaute ihn nur an, manchmal schien ein spöttischer Ausdruck in seinen Augen zu liegen, meist aber schaute er nur traurig.

Der Hase wurde bald sehr nervös, immer wenn der Igel auftauchte. Er fühlte sich hingezogen, wollte auch so schwach und harmlos sein, fühlte die Stacheln so schützend und beruhigend. Darunter ahnte er ein weiches Leben. Dann regte sich aber gleich die Vernunft: ‚Kein Wunder, daß du so ein unbedeutendes Tier bist, was leistest du denn überhaupt? Ich bin wenigstens tüchtig und außerdem bin ich dir weit voraus.'
Unreif waren solche Gefühle, die ihn zum Igel hinzogen, es gab also doch so etwas wie einen inneren Schweinehund.
Wahrscheinlich muß ich mich mehr entspannen, ich bin überarbeitet, dachte er, lehnte sich zurück in seiner neuen Sitzgarnitur und betätigte die Fernbedienung seines TV-Geräts. Zwischendurch genehmigte er sich einen edlen Tropfen.

Das versuchte er nun öfters. Nach einiger Zeit ging's ihm aber eher noch schlechter. Ich muß mehr unter die Leute, sagte er sich, trat einer Partei bei und ging öfters aus, mit Parteigenossen, Arbeitskollegen, usw. Es dauerte einige Wochen, dann — bei einem Kegelabend — war es wieder soweit. Gerade als er zum Wurf ansetzen wollte, saß auf der Bahn der Igel und schaute ihn an, wieder so spöttisch und traurig. Der Hase wurde ganz erregt, ging hinaus und dann heim. ‚Wieso entkomme ich ihm nicht?' fragte er sich. Gleichzeitig fing er an, auf den Igel zu warten, ohne daß er es merkte.

Verarbeitungs und Gestaltungsvorschläge:

Aussage:	Bewegung:
beschäftigt eckig viele	hektisches Gehen in viereckigen Formen, starke Wendung des Körpers bei den Ecken
vorübergehen	kurze Stops, vor sich hinschauen
ansprechen	Frage „wie geht's" — anderer antwortet „es muß" wiederholen und schneller werden
Müdigkeit Phantasien Igel taucht auf	Hase sinkt in sich Igel taucht auf Hase reagiert abwehrend
Hase ist nervös, beschäftigt sich, macht sichs bequem	Hektik — Stops und ausstrecken aufschrecken abwehren
Hase beschäftigt sich mit anderen Hasen	Kontakthektik Kegelbewegungen Stops
kegeln Igel taucht auf	Igel taucht auf Hase wendet sich ab

	Aussage:	Bewegung:
Auch anderen fiel auf, daß er oft abwesend war, daß er häufig nicht mitlachte, wo doch jeder lachte. ‚Du brauchst einen Urlaub,' stellten sie fest. Ja, das war's wohl. Er buchte einen vernünftigen Traumurlaub.		Hektik und Stops trauriges Anhalten
Der war vorzüglich organisiert. Der Hase mußte keinen gewohnten Komfort entbehren, alles war inbegriffen, das Essen schmeckte ähnlich wie nebenan, nur der Strand war da natürlich, und heißer war's, und teurer natürlich.	Urlaub	Hase streckt sich sonnt sich hat Urlaubsutensilien um sich verstreut
Nach drei Tagen machte er die Bekanntschaft von Landsleuten, die schon zum dritten Mal hier waren, am fünften Tag überfiel es ihn in der Nacht: der Igel – diesmal schaute er besonders traurig, ja irgendwie krank. Er fühlte es durch und durch, und am Morgen war es noch da.		Igel schleicht sich an schaut stört .....
Auf der Heimfahrt hatte er es eilig, bei einem Überholmanöver verschätzte er sich beinahe. Zitternd hielt er beim nächsten Parkplatz, stieg aus.	Heimfahrt Schock aussteigen	Hasen fahren (laufen) geradlinig aneinander vorbei – krach Stop Hase „steigt aus"

Text von René Reichel, aus dem AGB-Projektbericht 12: „Fluchthilfen oder wirklichkeitsfreundliche Gruppenarbeit"

Beachte bei dieser Textgestaltung:

- Lies den Text in ruhiger und vorbereiteter Atmosphäre. Lies sehr langsam! Verdecke dabei die rechte Seite oder beachte sie nicht.
- Der Text löst meist Betroffenheit aus und braucht daher genügend Verarbeitungszeit.

Verarbeitungsschritte:

1. den Text anhören und danach kurze persönliche Reflexion: schreiben, malen
2. Austausch der Erfahrung und Gedanken mit einem Partner oder in Dreier-Gruppen
3. die Paare oder Kleinstgruppen suchen sich die für sie wesentlichen Aussagen heraus und überlegen eine szenische oder nonverbale Umsetzungsform. Dadurch wird ein weiterer Schritt der Verarbeitung getan und erste Ansätze für eine Gestaltung gefunden
4. die Gruppen oder Paare zeigen nun ihre Szenen

Reflexion in der Gruppe:

Reihum:
„was war mir beim Spielen wichtig"
„was hat mich beim Spiel der anderen betroffen, was war mir wichtig"

gemeinsamen Nenner und Aussagen suchen:

z.B.: Hektik des Hasen
Rolle und Verhalten des Igels in den verschiedenen Situationen

Gestaltungsvorschläge zur Geschichte:

- sie sind eine erste Struktur und sollen den Beginn erleichtern.
- alle sind beteiligt
- die Hauptrollen Igel und Hase können in jeder Szene gewechselt werden

die einzelnen Rollen und Situationen:

- das Verhalten des Igels ist offen und kann je nach Typ und Spieler verschieden gestaltet werden: ruhig, traurig, spöttisch, lustig, lästig
- das Hasenverhalten soll nicht einseitig moralisierend („Konsummensch") interpretiert werden.
- „Aussteigen" ist ein Thema unserer Zeit und die Bedeutung kann sich in der Bewegung und Darstellung bei den einzelnen Gruppenmitgliedern verschieden zeigen oder jeder probiert verschiedene Formen durch (umfallen, sinken, sich verdrücken .....). Offen ist auch, ob der Hase wieder einsteigt und was nachher ist.

Medien zur Verstärkung:

Dias mit Hochhäusern, bemalte Dias mit Stimmungen
Gegenstände (TV, Radio .....)
Musik, Licht, Schatten .....

Visuelle Impulse: BILD

Mein Auge nimmt ständig Farben, Formen und Gestalten auf, sie wirken auf mich ein.

Ich lerne mich und meine Umwelt besser begreifen, wenn ich diese Erfahrungen und Eindrücke auch körperlich erfasse, mich bewege und bewegen lasse.

Ich verdeutliche anderen meine Umwelt, meine Eindrücke, indem ich sie gestalte und darstelle.

Dias
Formen
Schatten
Masken

● Dias und Fotos

Diaglasrahmen mit Overheadstiften bemalen und dann auf die Wand projezieren: die Stimmung mit Lauten untermalen, Musik dazu machen und einzeln dazu bewegen.
Nach einer kurzen Improvisationszeit finden sich kleinere Gruppen und gestalten mit Lauten und Bewegung die Formen und Farben des Diabildes. Bei den einzelnen Darstellungen dazu projizieren.

Ebenso kann man Fotos nehmen und projizieren und die wesentlichen Inhalte daraus darstellen:
bei Landschaften Stimmungen oder Formen
bei Menschen Typen und Kommunikationsformen

Vor der Bewegungsimprovisation kann die Gruppe auch die Assoziationen aufschreiben und sammeln und eine Handlung unabhängig von den Bildern entwickeln

● Bildmalen

Je 3 - 5 Teilnehmer malen mit Fingerfarben oder Malfarben ein Bild: entweder frei oder zu Musik.

Die Bilder können nun von derselben Gruppe in Bewegung umgesetzt werden oder die Gruppen tauschen untereinander aus.

Wiederum zuerst Eindrücke und Assoziationen sammeln und mit Bewegung ausprobieren. Verschiedene Elemente wiederholen, Gruppenform und mediale Begleitung einbeziehen (ob ohne akustische Begleitung, mit Text vorher usw.).

● Formen

Jeder Teilnehmer erhält einen Klumpen formbaren Ton und beginnt zu Musik zu gestalten. Nachher legt jeder seine Form in die Mitte und jeder probiert verschiedene Tonformen in Bewegung oder Körperhaltung umzusetzen.
Dann entschließt sich jeder für eine Form und sucht sich einen Partner, dieser bringt ebenso eine Form mit, es kann auch dieselbe sein. Sie sprechen über ihre Formen und Bewegungen dazu und versuchen eine Verbindung herzustellen: eine Form und Bewegung als Ausgangspunkt wird weiterentwickelt und zwar mit Bewegung zur zweiten Form. Dieser Bewegungsablauf wiederholt sich und wird bewußt gestaltet. Vorzeigen und die Tonformen dazu stellen.

Strichmännchen

In kleinen Gruppen auf Kärtchen Strichmännchen in verschiedenen Haltungen oder Aktivitäten zeichnen. Diese aneinanderreihen und mit Bewegung nachvollziehen. Die dabei entstehende Handlung besprechen und gestalten. Texte, Musik usw. dazusuchen.

Schattenspiele

Technische Voraussetzungen

Schattentuch: 4 m lang und 2 m hoch aus naturfarbenem oder weißem, festem Stoff (Molino). Unten ein Bleiband einnähen und oben Schlaufen für eine Leine oder ein Seil, oder

einfärbiges (oder mehrere verschieden-färbige Bahnen) Nylon- oder Futterseidentuch.

Beleuchtung mit Scheinwerfer oder Spots, weiß und färbig
oder mit Diaprojektor weiß, oder bemalte Dias

Spiel- und Bewegungserfahrungen:

Der Abstand der Spieler vom Tuch bewirkt die Größe und Schärfe des Schattens. Dadurch ergeben sich viele Gestaltungsmöglichkeiten.

Körperform und Körperhaltungen verändern sich im Schatten, man kann sich selbst beim Bewegen beobachten

Bei mehreren Spielern die Abstände beachten

Jede Bewegung wird verstärkt sichtbar, das bedeutet bei Aufführungen vor Publikum bewußter Umgang mit Bewegungen. Konzentration nötig.

Sparsame, einfache, deutliche Bewegungen bewirken viel, wirken größer als ohne Schatten.

Utensilien können Figuren und Körperformen stark verändern, ein- und dieselbe Person kann leicht mehrere Rollen spielen. Veränderungen mit Hüten und Schaumgummiteilen, Papier oder Pappe.

Einfache und fantastische Gegenstände beschreiben die Szenerie und können je nach Abstand von der Lichtquelle vergrößert oder verkleinert werden.

Kombinationen mit Riesenmasken und Stabpuppen ist leicht möglich

Gestaltung der Schattenkulisse:

Farben

verschieden färbige Scheinwerfer montieren und je nach Szene wechseln oder mischen

bemalte Glasdias verwenden und damit Stimmung machen

Formen

Auf Glasdias malen z.B. eckige, runde, spitze Formen

Symbole oder Gegenstände die für die Szene typisch sind malen:
Baum, Blume, Wolke, Feuer .....

Strichmännchen als Statisten aufmalen, beim Spielen einbeziehen

abstrakte Formen, die die Atmosphäre ausdrücken, malen, passende Musik dazu

Wörter und Satzteile draufschreiben oder fotografieren

Animierende Schattenspiel-regeln:

Schattenimprovisation

Das Schattenspiel ist eine gute Möglichkeit für Gruppen mit unterschiedlichen Bewegungserfahrungen. Auch in Anfangssituationen günstig.
Das Schattentuch selbst ist bereits ein anregendes Material. Dabei kommt es jetzt darauf an, wie und wo die vorläufigen Zuschauer plaziert sind.

Animierend wirkt:

Ein Einzug vor dem Schattentuch, sodaß alle einmal durchgehen und das zu flotter Musik. Damit ist meist der Bann gebrochen. Wenn nun einige Sessel herumstehen und ein Teil der Spieler ebenfalls, so erleichtert dies das Einsteigen. Es soll daher kein deutlicher Unterschied zwischen Akteuren und Zuschauern entstehen.
Bei der Schattenimprovisation soll am Anfang keine perfekte Show oder allzu geschlossene Handlung sein, da es sonst Maßstäbe setzt, die ein Einsteigen der Zuschauer erschweren.

Einfache und klare Aufgabenstellungen vom Animateur und einige Gruppengestaltungen helfen, die Erfahrungen mit dem Schattentuch als Ermutigung zur Darstellung zu erfahren: z.B.

● Dias

Kleine Gruppen bemalen mehrere Dias (Farben, Symbole ....)
und erfinden eine einfache Handlung dazu. Sie spielen die Handlung mit den Dias vor den anderen und bieten ihre Dias den anderen zum Weiterspielen an
oder gestalten es nach einigen Proben vor dem Schattentuch zu einer deutlichen und geschlossenen Handlung mit Text oder Musikbegleitung.

● Thema oder Text

Auf Zetteln verschiedene Rollen oder Situationen schreiben und einigen Teilnehmern ziehen lassen. Diese suchen sich Mitspieler und besprechen ihre Ideen dazu – improvisieren vor dem Schattentuch.
Eine kurze Geschichte erzählen und die darin vorkommenden Rollen verteilen, nochmals vorlesen und bei den einzelnen Szenen steigen die Teilnehmer mit ihren Rollen ein.
Kurze Vorbereitungszeit auch für Kostümierung lassen und den Spielern beim Schattentuch genügend Zeit lassen. Die Dynamik der Geschichte soll jedoch nicht verloren gehen.

● Körper

Altbekannte Schattenfiguren wie Hund, Hase usw. mit den Händen machen und neue dazu finden, Geräusche dazu machen.

Mehrere Spieler stellen sich hintereinander auf, sodaß die Körper hintereinander „verschwinden", nur die Arme bewegen sich seitlich. Die Spieler reagieren aufeinander und so sieht das ganze wie ein vierarmiger oder zehnarmiger Mensch aus.

Händedialoge zu Musik machen – die Spieler reagieren mit den Händen und Armen aufeinander.

Auf verschiedenste Arten durchgehen, die Impulse dazu laut sagen oder einer beginnt, alle machen es auf ihre Art nach ....

● Gegenstände

Verschiedene Gegenstände durchrollen, tragen oder hinstellen und die Teilnehmer reagieren nacheinander darauf.

Jemand beginnt mit einem Gegenstand zu spielen, die oder derjenige lädt andere dazu ein.

Masken vor und in der Gruppe

Die Maske ist eine Erfindung für Großgruppen, denn bei den vielen kultischen oder dramatischen Anlässen aller Völker dienen
Masken dem Ausdruck,
der Verstärkung,
der Verdeutlichung,
der Verallgemeinerung (Typisierung),
der Übertreibung
von Inhalten, Gefühlen oder Vorgängen, die eine Großgruppe gerade betreffen oder ihr mitgeteilt werden.

Je nach Anlaß der Großgruppenaktivität können daher die Masken einer **Aktionsgruppe vor der Großgruppe** dienen, ihre Aktion, ihre Darstellung zu verdeutlichen, zu schärfen, aufzublähen usw.
Oder **den Teilnehmern der Großgruppe**
eine kollektive Stimmung,
gemeinsame Darstellungen,
verfremdete Kommunikationen (z.B. typisierte) ermöglichen.

Masken vor der Großgruppe:
verwendet von einer Aktionsgruppe/Theatergruppe
verdeutlichen,
pointieren (schärfen),
aufblähen.

Masken in der Großgruppe:
verwendet und hergestellt von allen oder einem Gutteil der Teilnehmer
ermöglichen
kollektive Stimmung
erleichtern
gemeinsames Darstellen
erlauben
typisierte Kommunikation

Jetzt folgen einige Möglichkeiten, einfache Masken zu machen:
Diese Vorschläge lassen sich alle innerhalb von 5 - 20 Minuten
in jedem Saal (ohne Werkstatt) oder Wiese,
ohne Vorkenntnisse,
aus einfachem Material machen.

● Die Einblatt-Maske

Die schnellste Maske – für 1 - 1000.

Material:
für jeden Mitspieler ein Blatt Papier – Schreibpapier-Format.
Je nach Anlaß – alle die gleiche Farbe, oder verschiedene.
Vorteil:
Geringer Materialaufwand, jeder kann sichs selbst machen,
für alle leicht zu erklären,
In spätestens 5 Minuten haben alle ihre Maske.
Nachteil:
Ein besonderer Ausdruck der Maske ist für ungeübte Mitspieler eher zufällig.
Dieser Nachteil ist durch verschieden-farbiges Material abschwächbar.

Möglichkeiten:

● Szenen weiterspielen
Die Teilnehmer einer Veranstaltung können auf diese Art in Kleingruppen Szenen weiterspielen, die eine Aktionsgruppe vor ihnen begonnen hat – mit den gleichen Masken.

● Saal beleben
Die Masken werden aus verschiedenfarbigen Papieren gemacht – die Teilnehmer aktiviert, und somit wird der Saal auch bunter.

● Bewegung
Verschiedenfarbige Masken strukturieren die Bewegungsabläufe der jeweiligen Teilnehmer –

● Gruppenbildung
oder die Masken sind Ausgangspunkt einer Gruppenbildung. „Bildet Gruppen, in der keine Farbe zweimal sein darf ....“ So könnte man mit der Anzahl der Farben auch die Gruppengrößen steuern.

● Darstellen
Die Maskenfarben bestimmen die jeweils zu spielenden Verhaltensweisen: Alle weißen ziehen sich zurück, die roten belästigen alle, blau schützt weiß, schwarz beschwichtigt rot usw.

● Die Papiersack-Masken

Material:
Pro Teilnehmer einen 5 - 10 kg Papiersack. Weiß oder braun. (Meist nur in Großhandlungen zu kriegen).
Ölkreiden zum Anmalen.

Vorteil:
Hier lassen sich ebenso schnell die Masken herstellen – reißen oder malen.
Zusätzlich sind „Doppelgesichter möglich". Die Masken sind über den Kopf gestülpt – so ist der Körper für Bewegungen freier.

Nachteile:
Material ist teurer. Das Aufsetzen der Masken ist verbindlicher, das Herausschlüpfen dauert.

Möglichkeiten:

Weitgehend wie bei der **Einblatt-Maske** (außer Farbenvielfalt).

● Doppelgesicht-Maske

Jeder Teilnehmer malt sich gegensätzliche Masken vorne und hinten. So können sich Gruppen bilden, deren Masken eine Szene ermöglichen – und raschen „Gesichtswechsel" probieren.

● Großkörper-Masken

Material:
Breite Bahnen oder Bögen von weißem, blauen oder braunem Packpapier.
Kaltleim.
Stäbe und Schnüre.
Möglicherweise auch Farben und Pinsel.

Herstellen:

1. Riesensäcke
Die Bögen oder Bahnen werden so zusammengeklebt, daß ein Sack entsteht, der größer als die spielenden Menschen ist (auch Bett-Überzüge!).

2. Gestaltteile
Aus dem Papier werden Teile eines vereinbarten Wesens geklebt – dieses Wesen formt sich beim Zusammenspiel der verschiedenen Teile.

Vorteile:
Eindrucksvolles Produkt.
Mehrere arbeiten und spielen zusammen.
Großer Effekt bei den Zuschauern.

Voraussetzungen:
Die Mitspieler haben schon einige Gruppenerfahrungen. Sind in einfachen Darstellungen bereits geübt.
Genügend Zeit für die jeweiligen Produktionen.
Eine genaue Anweisung für ungeübte Mitspieler.

Möglichkeiten:
Eindrucksvolle Bewegungsaktionen mit und zwischen Säcken: Sowohl für die Zuschauer als auch für die Akteure.

● Riesentiere

Reizvoll ist auch die Mischung zwischen diesen Monstern und den übrigen Teilnehmern.

Zusammenbauen und Darstellen von Riesentieren „Tiere begegnen einander".

● Masken an Körperteilen

Eine reizvolle Möglichkeit, Bewegungen zu verdeutlichen oder zu strukturieren.

Material:
Wellpapprolle oder Schachtelreste, Klebebänder, Schnüre, Packpapier, Stäbe, Klebstoff, möglicherweise Farben und Pinsel

Herstellen:
Für die jeweiligen Körperteile fertigen sich die Mitspieler Vergrößerungsmasken an:

Für die jeweiligen Körperteile Analogien z.B. Verlängerungen mittels Stäben
oder Reifen.

Möglichkeiten:

Verdeutlichen von Aktionen und Darstellungen der Teilnehmer bzw. Aktionsgruppen.

Ins Bewußtseinbringen von Körperteilen und deren Aussagekraft:
Verschiedene Teilnehmergruppen betonen unterschiedlich je einen Körperteil: so entstehen Gruppen von „Händlern", Füßlern, Köpflern usw.
Diese begegnen einander – stellen passende Redewendungen dar ....

Improvisieren

Improvisation ist ebenso wie die Wahrnehmung ein wichtiger Baustein zur Darstellung.

Die Improvisation ist ein bewegtes brainstorming, fördert meine eigene Fantasie und die Kooperation in der Gruppe.

Meine eigenen Bewegungserfahrungen bringe ich mit ins Spiel und lasse mich zu neuen Erfahrungen inspirieren.

Kooperationsformen
Vom Improvisieren zum Gestalten

Erfahrung:

Von vielen Tanzenden wird ein längerer Improvisationsprozeß als einmalig und unwiederholbar erlebt. Die Lust am Erfinden, das Zusammenspiel zwischen den einzelnen Partnern bleibt am stärksten im Gefühl.

Bei einer Improvisation findet die Gruppe leicht Ideen für eine Gestaltung, eine Darstellung. Es ist die Kunst des Animateurs, die Ideen der Teilnehmer aus der Improvisation und die eigenen choreografischen Ideen befriedigend für alle zu koordinieren.

Kooperationsformen:

● Leiten

Offene Improvisation

Der Leiter nimmt teil wie jeder andere, der einzige Orientierungspunkt ist das anfangs gestellte Thema oder der Impuls (Musik, Material). Verschiedene Beziehungsstrukturen und Bewegungsabläufe, meist die bekannten, vertrauten, werden sich eher durchsetzen. Der Kooperationsverlauf kann ein Bild vom momentanen Gruppenklima geben und auch dahingehend ausgewertet werden.
Diese Improvisationsform ist eher **prozeßorientiert.**

Begleitete Improvisation

Das vorgeschlagene Thema wird vom Leiter mit den Teilnehmern erarbeitet: dieser regt an, hilft mit Vorstellungs- und Bewegungsanregungen, unterbricht, um bereits Gestaltetes zu reflektieren. Wichtig ist auch, daß der Leiter Ideen aufgreift, diese mit allen umsetzt, probiert ob sie in die Gesamtidee (Choreografie) hineinpaßt. Diese Improvisationsform ist eher **produktorientiert.**

● Gruppieren

Einzelimprovisation

Individuelle Erfahrungen und Improvisationen sind gute Voraussetzungen für Paar- und Gruppenimprovisation. Einzelübungen stärken das Körperbewußtsein und den Selbsterfahrungsaspekt.
Manche Einzelaufgaben können auch von einem anderen Teilnehmer beobachte werden um damit gegenseitige Hilfestellungen und Anregungen zu besserem Ausdruck zu geben.

Partnerimprovisation

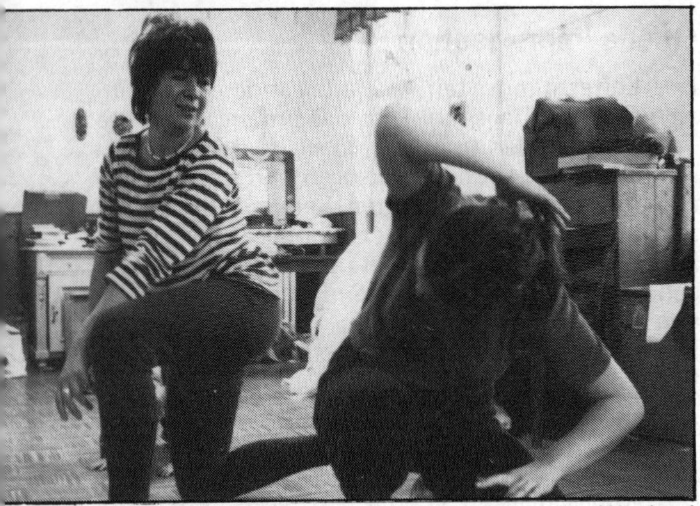

Charakteristisch daran ist vor allem der Wechsel von Aktion und Reaktion. Das soziale Lernziel kann im Übergang von Führung und Anpassung liegen, aber auch im Bemühen, ohne dominante Führung auszukommen.
Formen:
Frage – Antwort,
Kontrast
Spiegelbild
oder Bewegungsfluß ohne sichtbaren Führungswechsel

Kleingruppe

damit sind 3 - 6 Personen gemeint, die jeweils aufeinander reagieren können: die Gruppe ist also von innen her überschaubar.
Formen:
Variationen
Kettenreaktionen
Reihenformen

Großgruppe

Die Kontaktaufnahme untereinander ist mehr ein „sich begegnen", als ein „miteinander improvisieren".
Für Anfänger ist die Großgruppe eine gute Möglichkeit „sich zu verstecken", die Auswahl der Partner steht jedem frei. Im Falle nicht integrierter Personen ist eine behutsame Lenkung notwendig, ebenso wenn zu starke Cliquen bestehen: Partner- und Gruppenwechsel anregen.

Vom Improvisieren zum Gestalten:

Ganzheitliche Methode

die Idee (Musik, Geschichte, Text, Bild) wird sofort in Bewegung umgesetzt.
Jeder Teilnehmer interpretiert die Idee nach seinen eigenen Gefühlen, reagiert auf andere und nimmt den ganzen Komplex der Handlungen in sich auf.
Erst dann greift der Leiter ein und macht Bewegungsideen bewußt, verdeutlicht sie, übt sie mit allen und führt sie zu einer Gestaltung – eine ungefähre Vorstellung der Gesamtchoreografie kann dabei hilfreich sein.

Ganzheit → Elemente herausgreifen → üben → zusammenfügen

Elementhafte Methode

Die Gesamtidee wird nur verbal vorgestellt und nicht sofort druch Bewegung umgesetzt. Einzelne Phasen, Element wie z.B. Typen in einer Geschichte, Stimmungen .... werden zuerst von allen ausprobiert, geübt und die Bewegungsqualität trainiert. Dann wird Element an Element gefügt und wiederholt, Übergänge geschaffen, eine Gesamtchoreografie gemacht.

Elemente → Aufbau → neue Elemente dazu → Ganzheit

Erfahrungen:

Die ganzheitliche Methode ist stärker prozeßorientiert. Sie kann spontan bis spannungslos verlaufen. Bekannte Bewegungsabläufe können einrasten und es ist manchmal schwer, Teilnehmer zu neuen Bewegungsideen zu bringen. Die Bewegungsqualität muß erst durch Wiederholungen und Training herausgearbeitet werden. Diese Methode ist stärker teilnehmerorientiert, da das Produkt aus der unmittelbaren Improvisation kommt.

Die elementhafte Methode beachtet von vornherein mehr die Bewegungsqualität und das Produkt. Es ist leichter, auf diesem Weg zu neuen Bewegungsformen zu kommen. In dieser Methode ist die Hinführung zum Gesamtthema immer wieder wichtig, sonst verblaßt es.
Diese Methode ist anfangs stärker leiterorientiert, später, wenn die einzelnen Elemente klar sind, ebenso von der guten Kooperation der Gruppe untereinander und zwischen Leiter und Teilnehmer abhängig wie die erste Methode.
(nach Barbara Haselbach)

Modell einer ganzheitlichen Methode: zur Musik

Musik Samba Pati/Santana

Anhören „ins Ohr gehen lassen", in entspannter Haltung zuhören

Malen „ins Gefühl gehen lassen", mitmalen, mitschreiben, entweder jeder für sich auf einem Blatt oder auf einem großen Bogen Papier und in kleinen Gruppen

Tanzen „in den Körper gehen lassen", in Bewegung umsetzen, dazu tanzen, sich wiegen, den Rhythmus aufnehmen

Bewußt machen „ins Hirn gehen lassen", erste Reflexion, Erfahrungen vom Hören, Malen und Tanzen aussprechen, austauschen, festhalten und bereits eine Struktur machen

Elemente üben Bewegungsideen ausprobieren, Bewegungsqualität beachten, Körperausdruck, Aussagen, Gruppierung trainieren

Zusammenfügen Übergänge suchen, Medien (Licht, Kleidung ...) finden und das Ganze mehrmals durchprobieren

Ermutigen nach einer ersten Übungsphase Gelungenes bewußt machen, sich daran erfreuen und die Weiterarbeit in möglichst überschaubare Abschnitte einteilen.

Zur Musik soll sich der Leiter vorher eine Analyse machen, um die Teilnehmer auf einzelne Phasen und Abschnitte, auf Rhythmen usw. aufmerksam machen zu können.

Beispiel:

Nach obigem Modell habe ich mit 12 - 16 jährigen Mädchen des Landesjugendheimes Hollabrunn/NÖ. und mit Jugendlichen der Großfeldsiedlung einen Tanz erarbeitet und bei Elternabenden aufgeführt.

Dazu habe ich die folgende **„Choreografische Skizze"** entwickelt:

Samba Pati von Santana

	Text/Musik	Aussage	Körperausdruck	Gruppierung	Medien
1		verschlossen, bei sich selbst sein	geschlossen, unten Körperzentrum nach		Dias, verschieden färbig bemalt, helles rot | grün | gelb | rot
2		langsam die Umwelt wahrnehmen	innen, sich langsam vorwärts öffnen und		
3		sich öffnen und den eigenen Bewegungsraum entdecken	gleichzeitig nach oben gehen und Bögen nach rechts und links		
4		nützen und sich freier fühlen, sich Raum machen	mit den Armen den Türplan nachgehen, links u. rechts, Spirale		
5		andere Personen wahrnehmen	zu einem Partner laufen und berühren		
6		Kontakt aufnehmen, zuerst zögernd	umkreisen und gemeinsam drehen		
7		freudig, gemeinsam andere treffen	dann schwingen und miteinander nach innen laufen		
8		eine Gruppe werden	unterschiedliche Höhen mit den anderen einnehmen, miteinander erheben und nach innen und außen schwingen		
9		sich wieder trennen	einzeln nach außen drehen		
10		alleine sein, aber mit der Erfahrung, daß es andere gibt	nach unten sinken und die Bewegung anhalten, Körper offener als am Anfang		

Darstellen

Die Darstellung vor Publikum verbreitert meine Kommunikationsmöglichkeiten

Ich zeige mein Produkt, das Ergebnis einer Kooperation, vor anderen und erhalte Rückmeldung durch das Publikum

Meine Botschaft wird abgelehnt oder angenommen – ich reagiere

Darstellung in der Gruppenpädagogik

Dramatische Mittel

Bühnenimprovisation

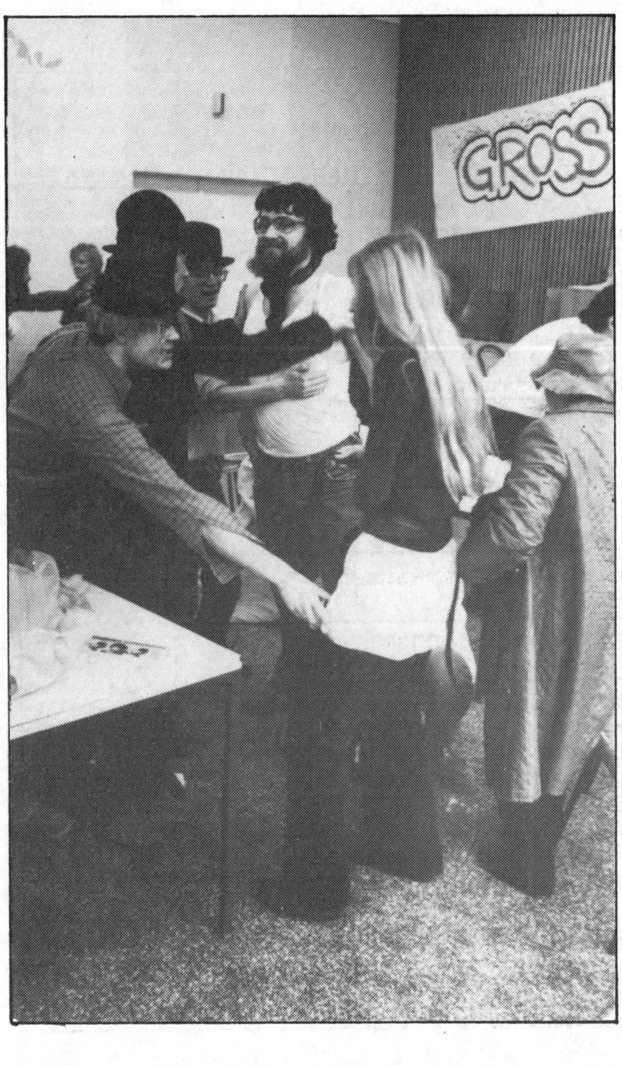

Darstellung in der Gruppenpädagogik

Die Gruppe hat eine **gemeinsame Aufgabe** und ein Ziel, und übt sich dadurch in zielorientierter Zusammenarbeit.

Die Anerkennung der eigenen Leistung durch öffentliches Auftreten und Applaus bringen ein Erfolgserlebnis und verstärken das eigene Selbstbewußtsein.

Das sichtbare Produkt einer Darstellung vor Publikum ersetzt das „siegen und verlieren müssen-Spiel" und den Wettbewerb mit Gegeneinander.

Die Wahrnehmung der Gruppe wird **„nach außen"** gelenkt, die Spieler befassen sich damit, wie sie verstanden werden wollen. Eine Auseinandersetzung mit der Umwelt passiert.

Die Inhalte der Darstellung regen zur **Konfrontation** mit Problemen, mit Realitäten und Ideen an und fördern so das soziale und politische Bewußtsein.

Die öffentliche Wirksamkeit wird erfahren und überprüft, die Erfahrung „etwas tun zu können" wird gemacht. Dies trifft vor allem für Darstellungen zu, deren Inhalt auf irgendeine Art Betroffenheit erzeugt.

Die Darstellung nach außen ermöglicht **Verständigung über die Situation** einer Gruppe oder teilt Ansichten mit (Selbstdarstellungen vor Jugendgruppen, Frauentheater .... etc.).

Durch die Darstellung entsteht **eigene Kultur** und das ästhetische Empfinden wird gestärkt.

Bei der Darstellung vor Publikum gibt es das Spannungsfeld

Kunst und Medien ↔	**Pädagogik und Kultur**
↓	↓
Fremdbestimmter Maßstab	**eigener Maßstab**

Fremdbestimmter Maßstab:

Die Perfektion in Kunst und Medien ist einerseits aktivierend; wenn sie jedoch unreflektiert übernommen wird, wirkt sie eher entmutigend und kooperationshemmend.

Eigener Maßstab:

Spaß am Erfinden, gemeinsam Spielen, Üben, Auftreten soll bewußt sein und geschätzt werden von Gruppe und Leiter. Entschuldigungen vor Auftritten sind daher nicht mehr nötig.

Der Leistungsdruck in Hinblick auf eine Aufführung ist notwendig, soll aber nicht auf Kosten der Kooperation gehen.

Kein „entweder – oder", sondern „sowohl – als auch".

Erfahrungen

Kurze, klare und einfache Geschichten, Texte und Musikstücke führen eher zu einem Erfolgserlebnis als zu komplexe Abläufe.

Bekannte Situationen aus dem Alltag, Konfliktsituationen aus dem Erlebnisbereich der Gruppenmitglieder, beliebte Geschichten oder Musikstücke animieren eher als zu unbekannte Ideen.

Bei einer ersten Aufführung, einem ersten Versuch in der Richtung, sollen sich Leiter und Teilnehmer in diesem Bereich sicher und gut fühlen und **sich identifizieren** können. Klärende Gespräche dazwischen können einen Mangel an Beteiligung oder Verständnis aufheben.

Ein **wohlwollendes Publikum** am Anfang, bei einer ersten Aufführung ist wesentlich. D.h. vor allem Familienmitglieder, Freunde und Bekannte einladen und nicht sosehr anonymes Publikum.

Das **Durchhaltevermögen** des Leiters bei Probemüdigkeit ist ebenso wichtig wie die Mischung mit lockernden Spielen, Reflexions- und Feierabschnitte dazwischen.

Die **gefühlsmäßige und sachliche Aufarbeitung** der Aufführung nachher macht den Spielenden, Tanzenden ihr Produkt, ihre Leistung bewußt und fördert in allen Fällen das Selbstbewußtsein.

Dramatische Mittel

Kontrast: Unterschiedliche Bewegungsformen, Raumdynamik und Kontraste bei den inhaltlichen Aussagen.

Steigerung und Gefälle: Spannungsaufbau durch Tempo, Kraft und Raum, dosieren der inhaltlichen Aussagen.

Stille, Ruhe, Stops. Bewegungen anhalten, einfrieren usw. Dadurch werden die Bewegungsabläufe klarer, erzeugen Betroffenheit, lassen Zeit um aufzunehmen.

Wiederholung: Bewegungsrefrains wie bei Liedern, durch zeitliche Abstände oder Wiederholung durch andere in der Gruppe verdeutlichen bestimmte Passagen.

Klarer Anfang und deutliches Ende: Jede Darstellung braucht Aufmerksamkeit, Konzentration und diese Spannung muß durch die Deutlichkeit der Szenerie entstehen.

Raumdynamik: Die Bühne, die Raumebenen, Formen, Licht etc. werden bei allen Arten von Shows verwendet. Dabei können Gruppenmitglieder, die nicht mittanzen oder spielen, wichtige Aufgaben übernehmen.

Bühnenimprovisation

Ausgangspunkte:

Der Bühnenraum:
Soll klar definiert sein und gekennzeichnet sein. Für den Spieler und Zuschauer soll klar sein, wo er beginnt und wo er aufhört.

Auf der Bühne entsteht ein Gleichgewicht der Spannung:
Stell dir einen Quader vor, der auf einem Stab balanciert wird:
Jede Bewegung verändert die Spannung und das Gleichgewicht auf der Bühne.

Der Darsteller, Tänzer, Spieler:
Ihm stehen zur Verfügung: Körper, Bewegungen, Dynamik und Bewegungsqualität, die Stimme, Sprache und Laute, Rhythmus.
Der einzelne Spieler entscheidet, WANN und WIE er auf die Bühne kommt.

Die Szene, Geschichte, Darstellung, das Thema
Spannung, Energie muß von Anfang bis Ende spürbar sein.
Die dramatischen Mittel sollen dosiert und der Szene entsprechend eingebracht werden.

● Clown-Improvisation

Auf der Spielfläche steht ein halb geöffneter Koffer, vollgefüllt mit den verschiedensten Dingen: Wecker, Glas, Tücher ....

Eine Animationsclownin beginnt und geht auf den Koffer zu, dabei kann sie bereits viel an Ausdruck verwenden (ängstlich, wütend .....). Sie nimmt ein Stück, reagiert wieder mit einem Ausdruck, z.B. erstaunt, spielt damit, nimmt ihn mit und geht ab.

Vorher bringt sie noch die Spielregeln ins Spiel und fordert andere ebenso auf, sich ein Stück zu holen. Wenn Clownutensilien zur Verfügung stehen, so kann dies das Spiel unterstützen: Hüte, Nasen, Schminke .... Bei genügend Spannung können die Sachen ebenso wieder in den Koffer zurückgebracht werden: enttäuscht, bedauernd, begeistert .....

Michael und Elfi Thanhoffer

4. Kapitel

Kooperativer Sport und Bewegung im Freien

„Ich möchte meine Bewegungen spüren und meine Partner in der Gruppe. Ich freue mich auf die Bälle, die Luftballons, das große Tuch, das Wasser am Strand und die Wiese. Die kooperativen Spielregeln sind FÜR uns und unsere angenehmen Erlebnisse.
Nicht GEGEN jemanden oder etwas. Mir geht's wie den meisten in der Gruppe: Ich fühle mich gerne wohl!"

Übersicht:

Sport im Profil
Sicherheit
Paare:
Hereinzerren
Lockerung zu zweit
Auf deinem Rücken
Standpunkte

Viele Partner:
Sanfte Landung
Raumgleiter
Beistell-FangerIn
Leute helft
Verfolgen
BandIn
Stein-Papier-Schere

Bewegung mit Material:
Wolkentuch und Fallschirm
Weiche Landung
Holzklötze
Batacas
Polsterschlacht
Tortenschlacht
Erdball
Zwischen-Bäume
Wasserrutschbahn
Ball-ance

Bewegung und Wasser:
Volleyball
Basketball
Tauziehen
Schaumgummi
Wasserkegeln
Wasserball
Laberl werfen
Ideen-Pool
Abenteuerstrand
Aktivspielplätze mit Wasser

Bekannte Spiele — kooperativer Inhalt:
Volleyball
Volleyballtheater
Siamesisches Volleyball
Basketball
Fußball

Beispiel einer Turnstunde

**Dieses Kapitel ist ein Teil des Buches,
weil wir die körperlichen Bewegungs- und Erlebnismöglichkeiten durch den Sport nützen wollen,
weil wir extremen Entwicklungen des gegenwärtigen Sports (Höchstleistungen, Regelstarrheit, Zuschauerzentrierung, usw.) entgegenwirken wollen,
weil wir gegen die Entwertung der Verlierer und die Vertröstung auf eine spätere Aufwertung durch einen Sieg sind.**

Wenn Ihr in Eurer Gruppe Sport betreibt, befindet Ihr Euch in einem Spannungsfeld

Einer sagt:

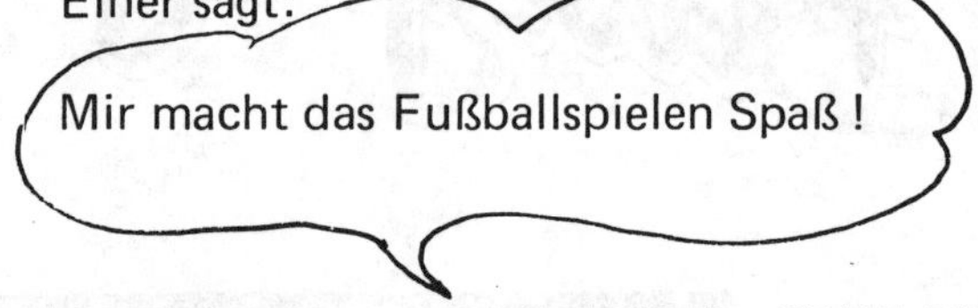

Er ist stärker am PROZESS des SPIELENS orientiert.

Ein anderer sagt:

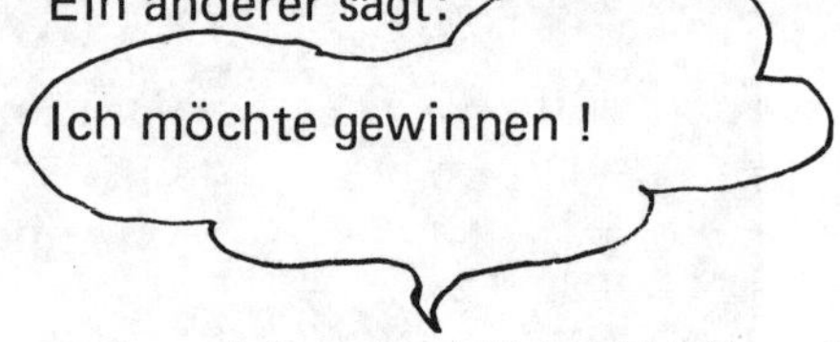

Er ist stärker am ERGEBNIS und in dem WERT, den er dem Ergebnis zumißt orientiert.

Als Gruppenleiter (mit einigen pädagogischen Zielen) kannst Du beides unterstützen.

Du kannst stärker den Vorgang, das augenblickliche Erleben des Spielens hervorheben, das SEIN = „Ich spiele jetzt".

Du kannst stärker das Ziel, das Ergebnis, den Sieg in den nächsten Minuten, den zukünftigen „Ruhm" hervorheben, das SOLLEN = „Du sollst gewinnen".

Da immer beide Pole wirksam sind, entscheiden Du und Deine Gruppe,
wo Ihr auf dieser „Skala" steht, und
wie flexibel Ihr diesen Standpunkt verändern könnt.

Ich möchte Dich hier ermutigen, Spiel und Sport als Erlebnis für Dich und alle Gruppenmitglieder zu gestalten und von ihnen gestalten zu lassen.

Ich möchte zeigen, wieviel Spielraum für Kreativität und Flexibilität vorhanden ist.
Die Methoden, Spiele und Übungen habe ich für folgende Bereiche zusammengestellt:

O Paare
O Viele Partner
O Bewegung mit Material
O Bewegung und Wasser
O Bekannte Spiele – kooperativer Inhalt

Entdecke, welche meist unerkannten Erlebnisse von Sprottreibenden im Sport gesucht werden! Mit diesen Methoden wirst Du viele von ihnen direkter, wirksamer und lustvoller fördern können.
Spielregeln habe ich als Hilfe für die Kommunikation und Kooperation erlebt. Sie sollen nicht mißbraucht werden, die positiven Möglichkeiten der Mitspieler zu verhindern.

Für mich ist die Ermutigung, mich und meine Partner **hier und jetzt aktiv zu erleben,** wichtig. Für mich ist es unwichtiger geworden, wie groß der Abstand zu einem entfernten Rekord ist, wieviele Menschen in einer Sportart schwächer sind als ich.

Ich kann nach mehr Leistung streben und ich darf es auch. Aber ich muß es nicht !

Sport im Profil

Jede Sportart hat ihre bestimmten Voraussetzungen, Merkmale und Normen. In der Summe ergeben diese Faktoren jeweils eine eigene Kommunikationsstruktur.
An Hand des Sportprofils könnt ihr die Struktur Eures Lieblingsspiels bzw. jeder Sportart herausarbeiten. Eure Ergebnisse können dann Grundlage für Regelveränderungen und neue Ideen sein:

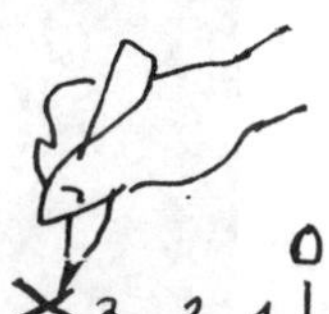

	3	2	1	0	1	2	3	
viele Regeln								wenig Regeln
lustig								ernst
Taktik, Strategie								Zufall, Glück
schöpferischer Freiraum								mechanisch, genormt
nur ein Spieler								(un)bestimmt viele Spieler
einer nach dem anderen								alle gleichzeitig
Ergebnis-orientiert								Erlebnis-orientiert
wenig in Massenmedien								oft in Massenmedien gezeigt
männlich								weiblich
fördert ungewohnte Ergebnisse/ Situationen/Handlungen								Aerotyp
gemeinsame Leistung								Einzelleistung
viele Verlierer								kein Verlierer
emanzipierend								anpassend
genormtes Ende								freier Schluß
Geschicklichkeit wichtig								Geschicklichkeit unwichtig
Routine wichtig								Routine unwichtig
Ästhetik wichtig								Ästhetik unwichtig
Kraft wichtig								Kraft unwichtig
Ausdauer wichtig								Ausdauer unwichtig
teure Geräte/Material								billige/keine Geräte/Material
spezielle Anlagen, Plätze								überall durchführbar
spezielle Bewegungsfertigkeit								Alltagsmotorik
Verletzungsgefahr								ungefährlich
vielseitige Beanspruchung								einseitige Beanspruchung
Spezialisierung auf bestimmte Aufgaben								jeder kann jede Funktion erfüllen
fremdbewertet								eigenbewertet
.....								.....
.....								.....
.....								.....
.....								.....
.....								.....

Sicherheit

Gelöstes Spiel setzt voraus, daß die möglichen Gefahren von Anfang an auf ein Minimum reduziert sind.

Es geht um:

- die eigene körperliche Sicherheit: sich nicht selbst verletzen
- die körperliche Sicherheit anderer: andere nicht verletzen und als verantwortlicher Gruppenleiter vorhersehbare Gefährdung der Gruppenmitglieder, besonders der Kinder, verhindern (Jugendschutz, Haftpflicht)
- die psycho-soziale Sicherheit aller: auch „seelische" Schmerzen sind Schmerzen (keine Ermutigung, ständig der/die Schwächste sein, blamiert werden, ausgeschlossen werden, es anderen unmöglich machen, Spielpartner zu bleiben . . .)
- Natur – Umgebung – Material: durch das Spiel sollen weder gedankenlos noch mutwillig die „materiellen" Voraussetzungen des Spielens. und die lebende Umwelt (ökologische Sicherheit) beeinträchtigt werden .

Das kann erleichtert werden durch:

– gemeinsames Gestalten der Spielplätze und Spielräume
– gemeinsames Klären der Spielregeln
– ritualisierten Gebrauch aufgestauter Kräfte und Spannungen
– Freiwilligkeit statt durch Zwang überwundene Angst
– gelöste statt hektische Atmosphäre (erleichtert Risikowahrnehmung)
– Bewußtheit persönlicher Verantwortung
– Verwendung sicheren Materials (Belastungsproben . . .)
– Überprüfung spontaner Ideen (z.B. sind Holzpflöcke oder Äste, die weniger als 1,50 m aus der Wiese herausragen, als Begrenzung eines Fußballfeldes ungeeignet, da Spieler auf sie stürzen können)
– keine riskanten „Prestige-Aktionen"
– gemeinsames Spuren Verwischen – „happy cleaning".

Paare:

Die einfachste Kooperationsstruktur ist das Paar.
Spiele und Übungen zu zweit ermöglichen intensiven Kontakt zu einem Partner.
Der Partner ist deutlich spürbar unersetzlich. Übernimmt er seine Rolle nicht, kann ich meine nicht übernehmen und umgekehrt.
Partnerübungen lassen durch den ständigen Rollenwechsel Gleichwertigkeit und Wichtigkeit jeder Person spürbar werden.

● Hereinzerren

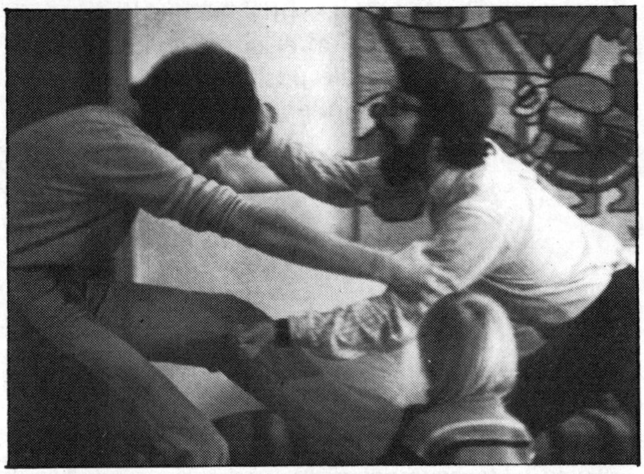

Jeder Spieler nimmt sich einen Spielpartner. Die Paare verlassen den Gruppenraum, alle Türen bleiben offen. In jedem Paar zerrt nun ein Spieler seinen Partner gegen dessen Widerstand in den Gruppenraum. Dabei soll viel Kraft eingesetzt werden (ohne zu verletzen) und der sich wehrende Spieler schließlich von seinem Partner doch in den Raum gebracht werden. Dann geht das Paar wieder hinaus und tauscht die Rollen. Außer Zerren ist auch Schieben, Tragen, Kitzeln, erlaubt, Schimpfen intensiviert das Erlebnis.

Oft sind zu Beginn Gruppenmitglieder im Raum, die mit ihren Gedanken oder Interessen „ganz woanders sind". Diese Methode hilft, die Aufmerksamkeit stärker auf die neue Situation hier und jetzt zu lenken.
Manche Gruppenmitglieder müssen ermutigt werden, ihre Kraft einzusetzen, weil das ihren sonstigen Lebensgewohnheiten und -regeln widerspricht.
Variation:
Hält sich die Gruppe außerhalb des Raumes auf, in dem jetzt (weiter-)gearbeitet werden soll, kann das Spiel bereits dort begonnen werden.

● Lockerung zu Zweit

Bei den Lockerungsübungen zu zweit soll der passive Partner sich so wenig wie möglich aktiv einschalten, sich völlig „kraftlos" den Bewegungen und Handlungen seines Partners hingeben. Die Zeit seiner eigenen Anstrengung kommt erst nach dem Rollenwechsel, der nach jeder Übung oder erst zum Schluß durchgeführt wird.
Wie bei jeder Entspannung soll auch hier die Luft und bei den Übungen im Liegen auch der Boden nicht kalt sein. Wärme wirkt entspannend – Kälte führt zu entsprechend hoher Muskelaktivität (-anspannung), um zur Bildung der gewünschten Wärme zu kommen.

Ein Partner liegt am Rücken am Boden, der andere

O schüttelt/bewegt Finger und Handgelenk,
O schüttelt/bewegt Zehen und Fußgelenk,

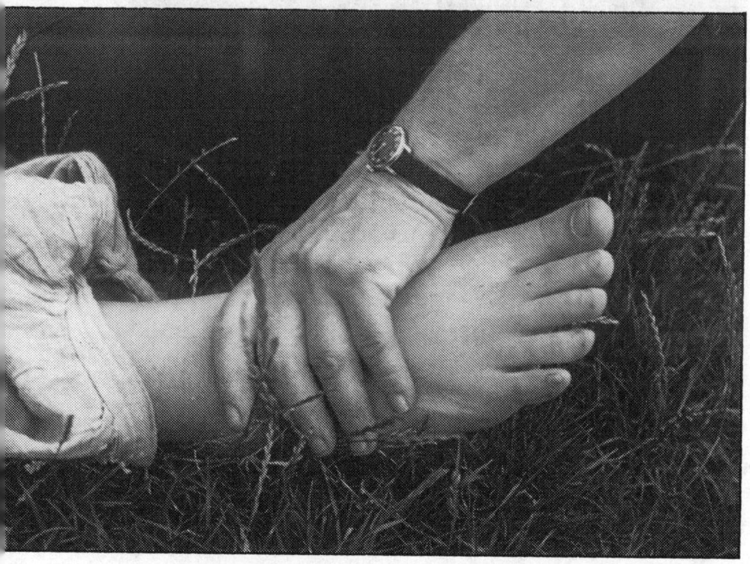

O bewegt langsam Kopf und Hals
O schüttelt/dreht Arm im Schultergelenk,
O schüttelt/dreht Bein am Hüftgelenk und im Knie
O schüttelt/hebt Schultern und Nacken, dehnt das Rückgrat: indem er den Liegenden an den Händen hält, hinter seinem Kopf leicht zurückgelehnt steht, und mit langsamen Bewegungen die Schultern des anderen einige cm anhebt, bis sie den Boden nicht mehr berühren. Dabei hebt er einmal mehr die rechte Schulter (Arm) dann die linke. Bei schnellerer Bewegung schwingt der angehobene Brustkorb locker hin und her. Der Kopf bleibt am Boden.
O schüttelt und hebt das Becken/Taille, ähnlich den Schultern. Griff entweder an den Fersen/Achillessehne oder in den leicht gewinkelten Knien. Das angehobene Becken wird links rechts gedreht, es „knickt" scheinbar im Bauch.
O hebt/dehnt die Wirbelsäule (sehr anstrengend): Der Aktive steht mit gegrätschten Beinen über dem Liegenden und greift unter der Hüfte mit den flachen Händen so auf den Rücken des anderen, daß sich seine Fingerspitzen fast berühren. Dann versucht er so den anderen etwas anzuheben und legt ihn wieder auf den Boden.
O entspannt die Wirbelsäule: eine für den Aktiven leichtere Art, den Partner in der Wirbelsäule zu entspannen. Der Aktive geht auf allen Vieren (Knie+Hände) durch den Raum und der andere liegt entspannt auf seinem Rücken.
O streckt die Wirbelsäule: der passive Partner streckt seine Hände über den Kopf und faßt seinen Daumen, den er während der ganzen Übung nicht losläßt. Der Aktive greift dann unterhalb der Ellenbogen, geht etwas in die Knie, um mit seinen Schultern **unter** die Schultern des anderen zu kommen. Dann beugt er sich nach vor und lädt sich damit den Partner wie einen Sack auf seine Schultern.

Als Abschluß und Höhepunkt schlage ich vor:
O Hochgefühl zu fünft

● Auf deinem Rücken

**Mit dieser Reihe von Übungen möchten wir zeigen, wie eine Übung aus der Gymnastik oder dem herkömmlichen Schulsport in Richtung auf mehr Kooperation und Kontakt sowie Flexibilität weiterentwickelt werden kann.
Durch verstärkte Betonung der Abläufe (gegenüber den Endergebnissen) werden mehr und intensivere Erlebnisse möglich. Alle übrigen können auch blind durchgeführt werden. Jeweils sofort Rollenwechsel.**

1. Einer kniet auf dem Boden, die Hände oder Ellenbogen auf dem Boden aufgestützt. Sein Partner setzt sich auf das Gesäß des Knieenden und stellt die Füße flach auf die Schulterblätter. Der untere Partner atmet bewußt und betont dabei die Bewegungen seines Rückens. Beim Einatmen läßt er seinen Rükken durchhängen, beim Ausatmen zieht er sein Kinn etwas zur Brust und wölbt den Rücken nach oben (Katzenbuckel). Der obere Partner reagiert auf die Bewegungen des unteren, um im Gleichgewicht zu bleiben.

Er paßt seine Bewegungen an, und es entsteht ein gemeinsamer Rhythmus im Atmen und Bewegen. Sitzt der obere Partner ohne Verkrampfung und weit hinten, können auch unterschiedlich schwere Partner diese Übung gemeinsam machen.

2. Nach dem Rollenwechsel stellt sich der obere Partner auf die Stelle des Rückens, auf der er zuerst gesessen ist. Beide versuchen sich in dieser Stellung aufeinander einzustellen. Der Stehende hat wahrscheinlich seine Knie leicht gebeugt und den Kopf frei nach vorne gerichtet.
   Obwohl vordergründig die Sensibilität der Übenden angesprochen wird, treten doch oft Ängste auf, die Übung ist spannend geworden, manche fühlen sich schon fast als Artisten. Entscheidend ist, die Bewegung miteinander zu betonen anstatt ein „schönes" Endergebnis. Das wird als weniger beängstigend erlebt und fördert weitere Versuche und Ideen.

3. Der obere Spieler steht auf zwei unteren, die Schulter an Schulter nebeneinanderknieen. Wenn genügend Sicherheit fühlbar ist, können die beiden unteren langsam durch den Raum kriechen.
   Wenn diese Übung zu stark gefordert wird (leistungs- und ergebnisorientiert), geht damit ein Großteil der Sensibilität und Kooperationserlebnisse verloren. Die Gesichter zeigen meist deutlich — erleben sie Angst oder Freude.

4. Mehrere Spieler knieen nebeneinander, einer geht langsam und aufmerksam über die Rükken der unteren.

5. Der untere liegt flach am Boden und ist passiv. Sein Partner steigt vorsichtig auf das Gesäß des Liegenden, wobei er sich auf zwei Sessellehnen oder andere Gruppenmitglieder aufstützt. Er „massiert" mit seinen Beinen die Muskel in diesem Bereich.

6. Die Gruppenmitglieder liegen nebeneinander bäuchlings am Boden, einer wälzt sich langsam über diese „Rückenbahn".

● Standpunkte

Falls Ihr etwas mehr Körperkontakt wollt und statt zu ziehen lieber drücken möchtet: Beide Partner stehen einander zugewandt einen Arm weit auseinander gegenüber. Jeder versucht seinen Partner durch Druck auf seine Handflächen aus dem Gleichgewicht zu bringen, das heißt, daß er seine Füße vom ursprünglichen Platz wegheben muß oder mit einer Hand auf den Boden greift oder den anderen umarmt. Die Handflächen müssen immer dem Partner zugewendet sein, sonst sind alle Tricks erlaubt.
Eine Variation davon erhält Ihr, indem die beiden Spieler ihre Handflächen ständig aneinander halten müssen. Das Spiel wird dann viel weniger hektisch, wenn auch nicht weniger anstrengend.

Viele Partner:

Spielstrukturen für viele Spielpartner vermehren die Erlebnismöglichkeiten und die Intensität der Erfahrungen (z.B. bei der „sanften Landung"). Freude und Spaß hängen oft mit der Stärke des Tumults und den vielen kleinen, unvorhergesehenen Situationen zusammen, die durch die Beteiligung und Kooperation der vielen Partner entstehen.

● Sanfte Landung

Vier Paare stehen Schulter an Schulter nebeneinander, die beiden gegenüberstehenden Partner halten einander mit dem Turnergriff (Hände nicht überkreuz !). Sie stehen ganz nahe bei einem Tisch, auf dem ein Gruppenmitglied steht, das sich in dieses „Arm-Bett" hineinfallen lassen möchte. Es steht mit dem Rücken zur Gruppe und läßt sich gerade zurückfallen. „Die Fänger" schauen zu ihm hinauf, um eventuell ihren Standplatz noch etwas verändern zu können. Ist er „gelandet", schaukeln sie ihn sanft und legen ihn allmählich und behutsam auf den Boden. — Das ist der eigentlich sanfte Teil dieser Landung. Mehrfacher Rollenwechsel.

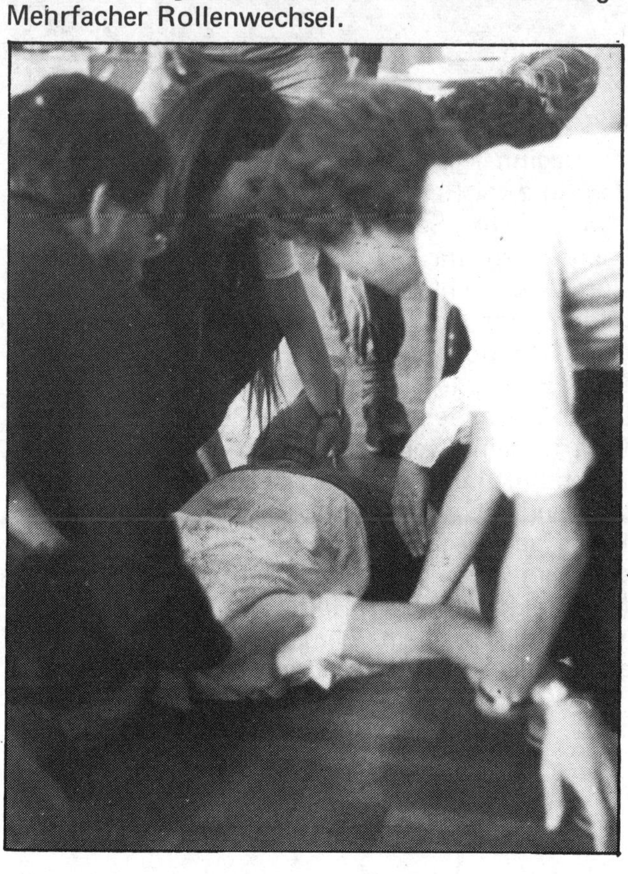

Diese Übung, in die man sich im wahrsten Sinn des Wortes hineinfallen lassen muß, mobilisiert oft alte Ängste oder deutet auf nicht genügend Vertrauen und zu wenig Sicherheitsgefühl in der Gruppe. Als Gruppenleiter kannst Du jedes Mitglied animieren, mitzutun. Du kannst auch eine — einzige — Unterstützung anbieten: Du stehst so auf einem Sessel, daß Du dem Mitglied am Tisch Deine Hand auf den Hinterkopf legen kannst. Mit dieser Berührung begleitest Du ihn vom Stehen weg das erste Stück des Fallens.

● Raumgleiter

Für dieses Spiel gründet Ihr Gruppen mit 5, eventuell nur 4 Mitgliedern. Einer wird das Flugzeug und hält als Zeichen dafür seine Arme wie Flügel zur Seite. Die nächsten beiden Mitspieler fassen einander mit beiden Händen im Turnergriff (nicht überkreuz !). Der „Flieger" legt sich dann mit seinem Brustkorb auf die gefaßten Hände. Der vierte und fünfte Spieler tragen schließlich Oberschenkel und Beine des „Flugzeugs".
Damit kann es losgehen, im Raum und die Stiegen hinunter, — ins Freie ....

Beistell-Fangerl

Dieses Fangspiel ähnelt dem „Zweitabschlagen", das Ihr wahrscheinlich in der Volksschule öfters gespielt habt. Ich finde es allerdings viel erfrischender, lustiger, weniger kämpferisch. Ihr steht dabei paarweise und mit eingehängten Armen im Raum oder auf der Wiese verteilt. Je weiter Ihr voneinander entfernt steht, umso anstrengender wird dann das Spiel, bei weniger Platz sind Reaktionsschnelligkeit und Überraschung wichtiger.
Ein Paar trennt sich jetzt voneinander, der eine wird Fänger, der andere läuft vor ihm davon .... — solange, bis er sich in ein stehendes Paar einhängt und damit seine Davon-Lauf-Rolle an den Spieler übergibt, der in diesem Trio jetzt am anderen „Rand" steht. Hat der Fänger Erfolg, wird er selbst zum Verfolgten. Laufen könnt Ihr kreuz und quer .

Leute helft!

„Leute helft" ist eine Weiterentwicklung des Spiels „Bruder Hilf !", das im Teil 1 beschrieben wird.
Anders ist:

- Helfen können mir nur zwei andere Spieler, wir müssen also zu dritt sein, um uns zu „retten". Und das verlangt ganz schön viel.
- Oder es müssen sogar drei Hilfreiche sein.
- Oder ....

Verfolgen

Alle Mitspieler gehen kreuz und quer durcheinander. Jeder wählt sich in Gedanken einen anderen, den er „verfolgt". Bricht die bisher laufende Musik ab (oder auf ein anderes akustisches Zeichen hin), versucht jeder sein bisher unauffällig verfolgtes Opfer zu schnappen — falls er nicht vorher selbst zum Opfer wird.

Variationen:

- Nach einigen Durchgängen könnt Ihr dasselbe Spiel mit Paaren spielen.
- Bei sehr großen Gruppen bildet die Hälfte der Spieler verschieden große Mauern, indem sich mehrere nebeneinanderstellen und mit den Armen einhängen. Die zweite Hälfte spielt wieder „Verfolger".

  Das Zeichen zum Schnappen geben allerdings die Mauern, die sich mit Blicken verständigen, um plötzlich gleichzeitig in die Hocke zu gehen — das ist für die Verfolger das Startzeichen.

Bandln

(Förderband —Genußbandl, ...)
Zu Beginn legen sich alle rücklings auf den Boden, in zwei Reihen, mit den Köpfen zusammen (Ohr an Ohr), Seite an Seite und die Füße zeigen nach außen. Ihr liegt ganz eng und streckt dann Eure Arme senkrecht in die Höhe — Eure Hände bilden jetzt ein „Förderband" — und wenn der erste, der noch steht, sich mit dem Rücken auf Eure Hände legt, transportiert Ihr ihn weiter, bis er am anderen Ende des Bandes ankommt. Dort ist seine Genußreise zu Ende und einer von Eurch hilft ihm wieder auf den Boden.
Während sich der eben Angekommene an die Reihe der Liegenden anschließt, erhebt sich der erste am Anfang und legt sich auf Eure Hände (dabei kann ihn ein Helfer unterstützen).
Variante: Ihr liegt beim Weiterreichen nicht am Boden, sondern steht nebeneinander.

● Stein - Papier - Schere

Von diesem Spiel zu zweit gibt es auch eine Gruppenform.
Ihr beginnt in zwei gleich großen Gruppen, die in ihrer Hälfte des Spielfeldes stehen, die Köpfe zusammenstecken und beraten, ob sie mit „Stein", „Papier" oder „Schere" das Spiel beginnen wollen. Jede Gruppe berät sich so, daß die andere dabei keinen Einblick hat. Dann stellen sich beide Gruppen 1 m hinter der Mittellinie und einander gegenüber auf. Auf ein gemeinsames „Eins – Zwei – Drei – ..." zeigen alle Mitglieder beider Gruppen ihr vereinbartes Zeichen.
Zeigen beide Gruppen dasselbe Zeichen = unentschieden, kommt es zu einer neuen Beratung und einem zweiten Durchgang. Gewinnt eine Gruppe, dürfen deren Mitglieder die anderen verfolgen, die versuchen, ihre eigene Grundlinie (Zimmerwand) zu erreichen. Wer dabei gefangen wird, wechselt zur anderen Partei. Fangen dürfen nur die Mitglieder der siegreichen Gruppe und zwar

- O gewinnt Schere über Papier,
- O gewinnt Papier über Stein, und
- O gewinnt Stein über Schere.

Bewegung mit Material:

Wir möchten zeigen, daß Material bewußt kooperationsfördernd verwendet werden kann. Unabhängig davon trägt jedes Material bestimmte „Kooperationsbotschaften" in sich. Eine Kooperation der Spieler wird durch sie von vornherein gefördert oder gebremst.
Ein Erdball signalisiert vor allem: „Alleine geht bei mir nichts !" Eine Botschaft der Batacas lautet: „Kämpfen: ja – Verletzen: nein".

● Wolkentuch und Fallschirm

Ihr könnt diese Spiele mit einem alten Fallschirm spielen oder mit einem selbst genähten Tuch aus billiger Futterseide, 5 x 5 m oder noch größer.

● Ihr steht um das Tuch (Fallschirm) herum und ihr bewegt es auf und ab, wie ein schlaffes Segel im Wind ...

● Wahrscheinlich wird einer von Euch ohne Aufforderung von selbst beginnen, irgendeinen Gegenstand hineinzuwerfen, einen Ball, einen Schuh, einen Hut, ...

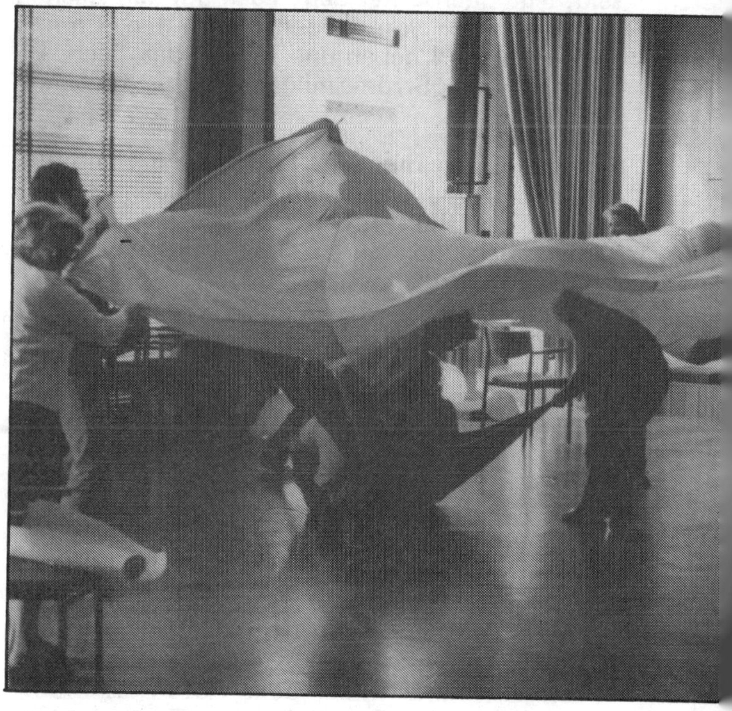

- Geht in die Hocke und legt das Tuch ganz auf den Boden – dann steht gemeinsam auf, zieht das Tuch mit, streckt Eure Arme in die Höhe und ihr steht unter einer Kuppel aus Seide ....

- Zählt zu dritt ab und beim nächsten Hoch-Ziehen laufen alle Einser zur gegenüberliegenden Seite ...

- Wenn Ihr das Tuch hoch in der Luft habt, zieht Eure Hände mit dem Tuch auf den Rücken und setzt Euch so nieder, daß jeder auf dem Rand des Tuches sitzt. So sitzt Ihr in einer Höhle aus Seide. Ihr könnt Plätze wechseln, umherkriechen, ...

- Und wenn Ihr ruhiger oder müde geworden seid, legt Euch unter dem Tuch auf den Rücken und laßt Euch von 4 Teilnehmern den Himmel zeigen. Diese 4 heben und senken das Tuch, erzeugen Wellen, Ströme milder kühler Luft .... Musik ...

- Setzt Euch mit dem Tuch in der Hand auf den Boden und erzeugt mit dem Tuch Wellen. Genießt das Bild mit den Augen. Zwei oder drei können sich auch durch diese Wellen zur anderen Seite hin rollen ....

- Fangen. Der Fänger spielt über dem Tuch, der andere unter dem Tuch. Die Gruppenmitglieder halten das Tuch am Rand und machen kräftige Wellen.

- Mit dem Tuch könnt Ihr außerdem
  – zu zweit oder mehreren tanzen
  – dahinter Schattenspiele aufführen
  – pantomimische Szenen und Weiterspielaktionen starten
  – Vorübergehende zum Hinschauen oder Mitspielen animieren.
  – selbstbemalte Bilder oder Foto-Dias draufprojizieren, während ihr das Tuch bewegt.

● Weiche Landung

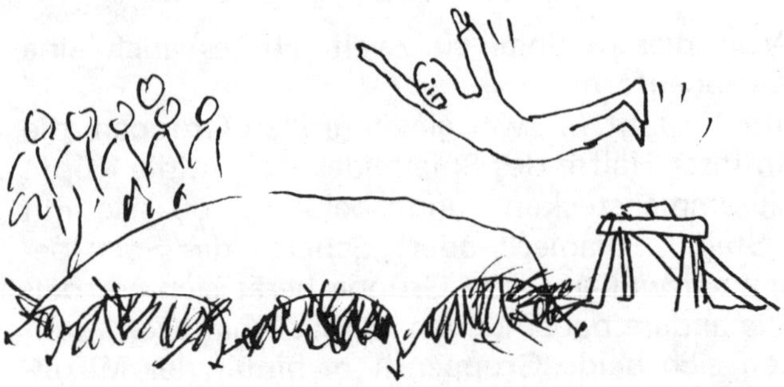

Einen Landeplatz speziell für weiche Landungen könnt Ihr selbst herstellen. Aus **Stroh,** Plastikresten, aufgeblasenen, alten, ineinandergesteckten Autoschläuchen, Luftballons ... Eventuell überdeckt mit einer Plastikfolie, einer alten Zeltbahn oder 10 zusammengenähten alten Leintüchern. Vergewissert Euch der Bremswirkung Eurer Anlage (Ihr dürft beim Hineinspringen den harten Boden nicht spüren) und dann sind Eurer Phantasie nur die Grenzen Eurer Sicherheit gesetzt. Nur einzeln springen !
Wie auf einem echten Heuboden ....

● Holzklötze

Ihr braucht dazu zwei Holzklötze, so dick, daß Ihr gerade noch mit beiden Füßen auf ihnen stehen könnt und nicht höher als 20 – 30 cm. Und ein Seil oder eine dickere Schnur. Dann stellt Ihr die zwei Klötze einige Meter voneinander entfernt auf, jeder nimmt ein Ende des Seils in die Hand und steigt auf seinen Klotz. Wer durch Anziehen oder Seil–Nachlassen den anderen aus dem Gleichgewicht bringt, hat die erste Runde gewonnen.

Variationen:

– statt der Holzklötze verwendet Ihr je zwei Limonaden–Dosen.
– Es spielen drei mit einem Y–förmigen Seil.
– Es spielen noch mehr, weil sich die Schnur total verwickelt hat und jeder an irgendeinem Ende zieht.
– Wenn schon mehrere spielen, probiert außergewöhnliche Figuren !
– Ihr spielt im Wasser auf "schwimmenden Untersätzen" reitend oder stehend (Luftmatratzen, Holz, . . .).

● Batacas

Mit Batacas, weichen Schaumstoffschlägern (siehe Teil 5), können auch sportlich oder lustig orientierte Kämpfe ausgetragen werden. Gekämpft wird immer zu zweit. Es können auch mehrere Paare zweier Mannschaften gleichzeitig kämpfen. Ob Mann oder Frau, spielt dabei keine Rolle.

Wichtige Regeln:

- Mit den Batacas darf nur geschlagen werden, Stöße sind nicht erlaubt.
- "Zielgebiet" der Schläge sind Rücken, Gesäß, Oberschenkel und Bataca des Gegners.
- Schiedsrichter, Zeitgegrenzung, Handicaps (damit auch der Starke im Kampf mit einem Schwächeren seine Kraft einsetzen kann) können vorher einvernehmlich vereinbart werden.
- Nach jedem Kampf gibt es eine herzliche Abschieds– und Dankgeste.

● Polsterschlacht

Die "Urform" der Schaumstoffschläger war der federngefüllte Kopfpolster, und Polsterschlachten waren zu Hause, auf Lagern, Schikursen und in Heimen und Zelten sehr beliebt.
Ob ihr "regellos" oder nach den Regeln für den Batacakampf spielt, ist Geschmacksache. Macht euch jedenfalls klar, daß ihr den Mitspieler als Partner braucht, denn allein kann man kaum kämpfen !

Viele Erzieher, Betreuer und Lehrer begehen bei der Anreise zu bestimmten Veranstaltungen wie Schikursen, Sommerlagern usw. einen groben Wahrnehmungsfehler: Sie erkennen zwar die körperliche Belastung ("Müdigkeit") der Kinder und Jugendlichen durch die Fahrt, übersehen aber die stundenlange totale Bewegungseinschränkung bzw. Bewegungsverhinderung in Auto, Bus oder Bahn. Sie erkennen auch nicht, daß ein Teil der Müdigkeit auf die Unterdrückung der Bewegungsimpulse zurückzuführen ist. Jedenfalls bleibt eine körperliche Anspannung zurück.

In den Fahrtpausen und besonders am Fahrtziel soll deshalb im Interesse aller eine große Möglichkeit für Bewegung und Austoben gegeben sein. Dazu gehören Platz, ausdrückliche Erlaubnis, Zeit, Lärmmöglichkeit und auch Geräte. Schonen Sie die Polster, die zum Schlafen benötigt werden und stellen Sie Batacas oder Polster für Kämpfe zur Verfügung !

● Tortenschlacht

Als weicheres Kampfmedium empfehlen wir Schlagobers und andere schaumige Massen. Bei Schlamm und nasser Erde Schibrillen als Augenschutz verwenden !

● Erdball

Falls Ihr einmal die Möglichkeit habt, einen Erdball zu verwenden, wird das sicherlich eine der größten Attraktionen aller Spielangebote sein. Ihr könnt Aufmerksamkeit erregen, wenn Ihr den Ball durch den Ort transportiert . . .
Für den Anfang braucht Ihr sicher keine Spielregeln, weil jeder seine ersten Erfahrungen mit diesem ungewohnten Ding machen möchte. Und die wesentlichste Spielregel für später lernt jeder unbewußt selber: Alleine geht nichts – nur im Miteinander lassen sich Ideen und Spiele entwickeln:

O auf den Erdball hinaufspringen, sich mitdrehen, auf ihm stehen, . . .
O im Kreis sitzend ihn einander zuspielen, mit Händen und Füßen . . .
O ihn auf eurem Fallschirm tanzen lassen, (beim Seidentuch probiert erst, ob die Nähte das aushalten !) ....
O zwei Mannschaften oder Frauschaften versuchen auf ein Startzeichen den zwischen ihnen liegenden Ball (Entfernung zum Ball etliche Meter und viel Platz rundherum) zu "Ihrem" Startpunkt (Tor, Jacke, . .) zu bringen. . . .

● Zwischen-Bäume

Stehen **Bäume** wirklich sinnlos in der Wiese . . ? Diese Frage könnt Ihr praktisch beantworten, in-men" heißt Euer Thema. Jede Gruppe hat ver-Platz geht, wo zwei oder mehrere Bäume stehen oder zu einer schmalen Allee, und dort experimentiert. **"Spielmöglichkeiten zwischen Bäumen"** heißt Euer Thema. Jede Gruppe hat verschiedenes Material (Schnüre, Stoffe, . . .) und setzt die Ideen sofort in die Praxis um. Ein Rundgang durch alle " Versuchsplätze" wird Euch überraschen und noch weitere Ideen bringen.

● Wasserrutschbahn

Nehmt ein längeres Stück Kunststoffolie (Bauplastikfolie), legt es auf eine leicht abfallende Wiese und legt am oberen Ende einen Wasserschlauch so hin, daß das Wasser über das Plastik herunterrinnt. Die Wasserrutschbahn ist fertig – für Rutschpartien bäuchlings, rücklings,mit Anlauf und paarweise.

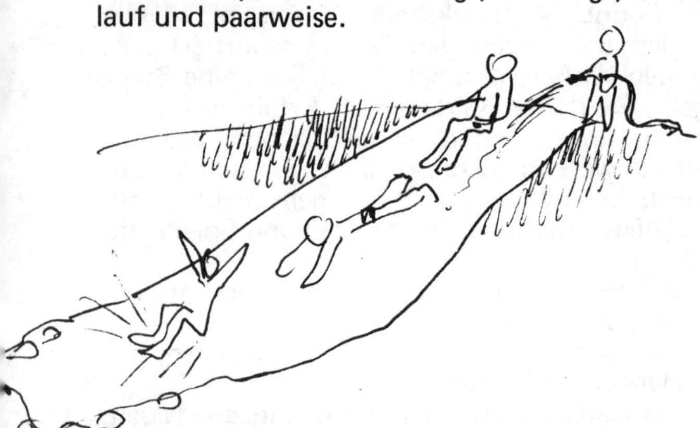

● Ball-ance

Jeder hat einen Ball und versucht auf ihm sitzend so zu balancieren, daß Hände und Füße den Boden nicht berühren. Auch das Gesicht kann dabei in Balance sein, locker, nicht verkrampft.

Bewegung mit Wasser:

In den meisten Hin–und–her–Schwimmbecken ("Hallenbäder") sind die Bewegungsmöglichkeiten der Badegäste durch die eher sterile Gestaltung, die gefühlsarmen Farben und Formen und die Verhaltensvorschriften auf ein eintöniges Mindestmaß eingeschränkt. Sogar Strandbäder versucht man in ähnlicher Weise zu begrenzen. Diese "materielle" und "gesellschaftliche" Bewegungseinschränkung führt für Kinder, Jugendliche und Erwachsene konsequent in eine Erlebnisverhinderung.

Unsere Ideen zum Spielmedium Wasser versuchen, eine ursprüngliche Integration wieder herzustellen: Die **Integration** der **Spiel–Flächen** "Wasser" und "Ufer" mit verschiedenen spielpädagogischen **Materialien** und bekannten, aber angepaßten **Spielregeln.**

Für die Praxis wie für das kreative Entwickeln neuer Spielideen trennen wir verschiedene Bereiche:

O	**Ufer, Strand:**	Es wird **mit** und nicht im Wasser gespielt, das Wasser spielt eine wichtige Rolle
O	**Strandzone:**	bis zu einer Wassertiefe von 50 cm, man spielt auch **im** Wasser, Schwimmen nicht notwendig.
O	**seichtes Wasser:**	50 - 140 cm
O	**tiefes Wasser:**	kein Stand mehr möglich
O	**Wasseroberfläche:**	Es wird **auf** dem Wasser gespielt, von Booten und anderen schwimmenden Körpern aus.

● Volleyball

Volleyball im Wasser zu spielen braucht weniger Platz als an Land, aber auch ein Netz oder eine Schnur als Orientierungshilfe.
Zwei Möglichkeiten dazu:

O Im seichteren Wasser und unmittelbaren Uferbereich wird das Netz oder die Schnur mit Stangen (alten Rohren) wie in der Wiese montiert bzw. verspannt.

O Für tiefes Wasser gibt es schwimmende Netze (kleiner und leichter) zu kaufen oder selbst zu basteln. Als Schwimmkörper eignet sich ein Styroporblock, eine alte Tonne, ein Holzblock etc., auf die eine dünne Stange montiert wird, die die Schnur trägt. Gegen das Wegschwimmen wird die Anlage mit einer Schnur an zwei größeren Ankersteinen gesichert.

● Basketball

Dem schwimmenden Volleyballnetz(ständer) ist der schwimmende Basketballkorb ähnlich. Freilich ist ein 30 – 40 cm großer Ring aus Abfallmaterial genauso geeignet. Das bekannte Brett hinter dem Korb bleibt besser weg. Die Spieler schwimmen am Spiel–teich herum und spielen mit Bällen oder wassergefüllten Luftballons und mit größeren oder kleineren Mannschaften; notfalls spielst Du auch alleine.

● Tauziehen

Tauziehen war für mich in der Schule nie ein Spaß gewesen – umso größer meine Überraschung, als ich das erste Mal Tauziehen im Wasser erlebte !
Im Wasser (solange man stehen kann) ist Tauziehen für Kinder wie für Erwachsene tatsächlich ein "Anziehungspunkt" und es beteiligen sich immer mehr "Fremde". Auch beim Tauziehen gibt es Variationschancen, durch Überlaufen zur anderen Seite, um ein vorzeitiges Ende zu verhindern, oder durch ein Tauschen der Plätze beider Seiten gleichzeitig (!)

Schaumgummi:

Schaumgummi ist eines der reizvollsten Spielmaterialien, die im Spielbereich "Wasser" verwendet werden können.

Aus verschieden festem Schaumstoffmaterial gibt es Freesbies, Tennisbälle, Volleybälle, Medizinbälle, Stangen, Quader u.ä. Bedenke jedenfalls, daß besonders leichte Schaumgummiarten bei Benützung im Wasser rascher zerreißen, weil die Festigkeit des Materials auf sein Trockengewicht und nicht die aufgenommene Menge Wasser ausgerichtet ist !

Abhilfe verschafft hier ein dünner **Stoffüberzug.** Knote den Ball in ein Stück Trikotstoffschlauch ein ! Für den großen Schaumgummiball (Medizinball) ist der Stoffüberzug unbedingt notwendig, weil der Ball 20 – 40 Liter Wasser aufnehmen kann. Den Stoff kann man dann auch bemalen. Alle Schaumstoffbälle sollen regelmäßig austrocknen und gereinigt werden. Vor allem der große Ball neigt in seinem Inneren zur Algenbildung und damit Fäulnis, weil das Wasser sehr langsam abrinnt und praktisch keine Luftzirkulation im Inneren stattfindet.

Wird zum ersten Mal mit Schaumgummibällen gespielt, ist es Aufgabe des Gruppenleiters, auf die körperliche Sicherheit der Spieler zu achten. Durch die große Lust am Spiel mit dem aufregend neuen Spielmaterial tritt die gewohnte Vorsicht stark in den Hintergrund. Besonders beim Spiel mit dem großen – wasserschweren – Ball gilt eine Spielregel unbedingt:
„Der Ball darf nur Spielern zugeworfen werden, die zum Ball schauen. Ein überraschendes Getroffenwerden ist absolut gefährlich."

● Wasserkegeln

Dazu braucht Ihr etliche Luftballons, die Ihr der Reihe nach kurz über die nächste Wasserleitung oder Gartenschlauch steckt und mit Wasser aufpumpt – einen Knoten als Verschluß hinein – und in einem Küberl zur "Kegelbahn" tragt. Dort warten schon einige mit Wasser gefüllte Becher als Kegel. Nimm das nächste Wasserlaberl und versuch dein Glück ! Sein "abgerundeter" Lauf wird dich überraschen – so oder so . . .

● Wasserball

Zum Wasserball brauchst Du ganz wenig:

1. Wasser: Das vorhandene Wasser teilst Du in zwei ungleich große Teile, den einen füllst Du in einen Luftballon, in den Rest steigst Du selber.
2. Menschen: als Partner zum Spielen.
3. Einen zweiten Luftballon, denn der erste ist mit Sicherheit kurzlebiger als Dein Spaß am Spiel.

O Tip: Luftballons nur mit Wasser gefüllt schwimmen nicht. Nach dem Füllen mit Wasser kann man noch Luft hineinblasen. Du ersparst Dir dann das Suchen und Tauchen, außerdem fliegen und rollen sie anders, je mehr Luft sie haben.

● Laberl*werfen

* Wienerisch; bedeutet „unrunde Kugel" z.B. „Fetzenlaberl"(–ball)...

Falls Ihr Euch aber noch gar nicht entschieden habt, ins Wasser zu gehen oder gar nur eine Wasserleitung mit Wiese in eurer Nähe ist, werft Euch doch die Wasserlaberln dort zu. Ob Ihr Euch dazu in zwei Reihen gegenüber aufstellt, Regellosigkeit vorzieht oder Eure eigenen Spielregeln erfindet, Ihr werdet einige Ballons abnützen...

Ideenpool:

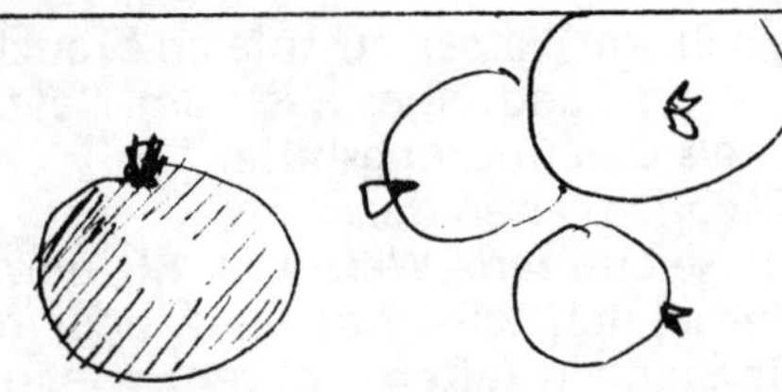

Außerdem haben wir mit **Wasserballons** etliche andere altehrwürdige Sportarten und traditionelle Spiele modernisiert – genauer : verwässert.

Aus Boccia wurde

– **Balcia**
  Man kann es auf festem Boden spielen oder im Wasser.

Aus Polo wurde

– **Rudergolf**
  Statt Pferden werden Boote verwendet - es können auch mehrere Spieler in einem Boot sitzen. An Stelle der Golfschläger traten die Ruder, und die Wasseroberfläche hat den grünen Rasen vedrängt.
– **Matratzengolf**
  heißt die Version für weniger begüterte Spieler. Das Boot wird von einer Luftmatraze ersetzt.

Dann kreierten wir noch

– **Kugelstoßen**
– **Krocket**
– **Fußball**
– **Gymnastik**
– **Volleyball**
  Häufig wird der Spielablauf und damit Lust und Freude der Spielenden durch die Größe und die Struktur der Ballons beeinflußt.
  Es gibt verschieden große Luftballons (Durchmesser von 20 – 100 cm) mit unterschiedlich starkem Gummi. Sogar die Form der Ballons kann ebenfalls neue Spielreize fördern.
  Die wichtigste Variation entsteht durch die Variation des Verhältnisses Wasser – Luft im Ballon. Vom reinen Luftballon über den Wasserballon können die Wasserlaberln an die aktuellen Spielideen angepaßt werden.

Weitere Ideen für Bewegung im Wasser:

– **Wasserballett & Figurenschwimmen**
  Dabei könnt Ihr auch verschiedene Geräte und Gegenstände, abends zum Beispiel Fakkeln und Kerzen,verwenden.
– **Gymnastik und Partnerübungen**

– **Kostüm – Baden**
  Zu den Kostümen könnt Ihr Euch auch mit wasserfester Schminke bemalen.

Aktivspielplätze mit Wasser:

Abschließend noch einige Gedanken zur Einbeziehung des Elements Wasser auf "trockene" Spielplätze.

Wasser–, Sand– und Matschbereich

Ein sehr wichtiger Bestandteil des Spielplatzes sind Wasser und Sand.

Im Sommer ist Wasser notwendig zur Abkühlung der erhitzten Gemüter. Fehlt den Kindern diese Möglichkeit, werden sie an heißen Tagen grundsätzlich ins Freibad abwandern. Ein Wasserbereich auf dem ASP wird jedoch mit Sicherheit einen Teil der Kinder zurückhalten. Zudem ist Wasser ein sehr lustvolles Element, mit dem man einfach nur Spaß untereinander haben, aber auch sehr viel Konstruktives machen kann, auf das ein Spielplatz auf keinen Fall verzichten sollte. Am günstigsten ist natürlich eine etwas größere Wasserfläche (50 – 100 qm), die die Kinder zum Plantschen ebenso wie zum Schiffchen Fahren lassen, Floßfahren oder im Winter bei Minustemperaturen zum Schlindern etc. benutzen können. Die einfachste Art stellt wohl das Ausheben einer knietiefen breiten Fläche dar, die anschließend mit einer Plastikfolie bedeckt und mit Wasser gefüllt wird. In Verbindung mit Erde oder Sand, bieten sich für die Kinder natürlich noch wesentlich mehr Möglichkeiten. Dämme und Mühlen können gebaut, unterirdische Bäche gelegt werden, der Phantasie sind hier keine Grenzen gesetzt.

Zusammen mit dem Sandbereich, der entsprechend groß sein sollte und damit nicht nur Kuchenbacken zuläßt, sondern auch Burgenbauen oder sich einfach im Sand aalen, können diese 3 Tätigkeitsfelder Kinder von 2 – 15 Jahren anziehen und im Spiel miteinander verbinden.

E. KAPINOS, Pädagogische Arbeit auf Abenteuerspielplätzen.

Abenteuerstrand:

Falls Ihr eine eigene Strandzone, also einen Bereich Wasser und eigenes Ufer habt, die Ihr selbst gestalten könnt, nützt diese wirklich seltene Chance und baut Euch eine **Kombination** von Wasser und Abenteuer–Aktiv–Spielplatz. Die Ideen werden ziemlich rasch von allen Benützern hervorsprudeln, daran wird kein Mangel sein. Die **Hauptfunktion** des Leiters ist dabei, auf die körperliche **Sicherheit** der Kinder und Jugendlichen und auch der Erwachsenen zu schauen. Das beginnt bereits bei der Auswahl des Materials, z.B. wird nasses Holz rasch glitschig. Neue **Spiel– und Verhaltensregeln** müssen entwickelt und auch von später dazukommenden Mitspielern übernommen werden.

Einige Vorschläge für den Anfang:

O **Tarzan–Schwingen:** an einem hängenden Seil kann man wie Tarzan auf den Urwaldlianen über dem Wasser schwingen und ins Wasser springen.

O **Wasserbett:** Eine große Bauplastikfolie wird auf das Wasser gelegt und die Kinder können "im trockenen Wasser spielen".

O **Netze und Gerüste:** Zum Klettern wie auch zum phantasievollen Gestalten ("kunstvolle Bauwerke" oder "Kulissen") und Spielen wird ein Grundgerüst von Seilen und Stangen im unmittelbaren Strandbereich montiert.

Bekannte Spiele — kooperativer Inhalt:

- Auch bekannte Sportarten wie Volleyball und Sportbereiche wie Schulsportstunden bieten Raum für Kontakt- und Kooperationserfahrungen, die über das übl(ich)e Maß hinausgehen.
- Durch die Änderung einiger Spielregeln werden unerwartete Möglichkeiten zugänglich gemacht.
- In den Schulunterrichtsgesetzen, — vor allem in den allgemeiner gefaßten Abschnitten, den Grundsatzerklärungen usw. —, werden Begriffe wie "Gemeinschaft", "miteinander", "Freude", "Entwicklung", "Erleben" ständig verwendet. Mit Spielen, Methoden und Übungen aus diesem Buch kannst du diesen Zielen mit Sicherheit näher kommen als mit den meisten der gebräuchlichen Unterrichtselemente.

● Volleyball

Regeln und Ziele

O Ihr zählt nicht im üblichen Sinn die erreichten Punkte, sondern zählt die Anzahl der Netzüberquerungen des Balles, ohne daß er auf den Boden fällt.

O Zählt die Anzahl der Zuspiele innerhalb der Mannschaft, vereinbart ein erlaubtes Maximum zwischen Annahme und Zurückspielen des Balles.

O Oder Ihr vergeßt alle Arten von Zählerei und spielt einfach SCHÖN !!

O Volleyball — Tennis: Der Ball darf vor der Annahme auf dem Boden aufspringen.

O Sitz-Volleyball: Ihr spielt mit niederem Netz, kleinem Feld. Beim Spielen des Balles muß ein Teil des Rumpfes den Boden berühren.

O Der Serviceball darf gefangen werden, erst dann wird er in der Mannschaft oder über das Netz gespielt. Auch das zweite Zuspiel innerhalb der Mannschaft darf gefangen werden.

O Bei Schwierigkeiten mit dem Service, serviert von vorne oder laßt jeden Mitspieler seinen Serviceplatz selbst wählen.

Die letzten Veränderungen dienen auch der Unterstützung Spielschwächerer und können das Erlernen der Technik erleichtern.

Material

O Statt mit Volleybällen spielt mit
Wasserbällen,
Luftballons,
Softbällen,
kleineren — größeren Bällen.

O Spielt statt über das Netz zwischen Netz und einem noch höher gespannten Seil durch. Durch das geänderte Material werden sich auch neue Regeln anbieten.

Spieler

Nicht immer werden Euch zwölf Spieler zur Verfügung stehen, auch wenn es mehr sind, können alle mitspielen.

O Spielt mit beliebig vielen Spielern und verbindet das mit einer Änderung des Spielfeldes, nehmt vielleicht einen zweiten Ball dazu.

O Oder Ihr rotiert über eine oder zwei „Außenstellen". Der „Zuschauer" kann dann jeweils die Funktion des Schiedsrichters oder eines Betreuers übernehmen.

● Volleyball-Theater

(szenisches Volleyball)

O Jeder Sportverein, jede Mannschaft trägt üblicherweise einen Mannschaftsnamen. Diese Namen dienen wie die verschiedenfarbigen Spielerdressen zum Erkennen der Mannschaften. Weil die Unterschiede der Mannschaften immer geringer geworden sind (bei „Post SV" spielen nicht nur oder gar keine Angestellten der Post), bleibt der Name als einzige „Andersartigkeit".
Wir stellen die ursprüngliche Bedeutung der Namen wieder her. **Der Name wird zum Programm.** Das Volleyballspiel wird damit zum äußeren Anlaß einer Interaktion. **Sport wird „ein Theater".**

Jede Frauschaft und Mannschaft sucht sich einen „programmträchtigen" Namen. Sie spielt — besser gesagt: **inszeniert ihr Spiel** — Volleyball so wie sich die Spieler vorstellen, daß derartige Menschentypen spielen würden.
Anhaltspunkte zur Auswahl:
Burgfräulein, Politiker, Boxer, Verliebte, Römer, Ehrgeizlinge, Playboys, Soldaten, Stars, usw.

Siamesisches Volleyball

Wenn das Angebot an Mitspielern viel größer ist als das Angebot an Spielfläche und Bällen, spielt Volleyball in der „siamesischen Fassung": Zwei oder vielleicht sogar drei Spieler werden an den Handgelenken so zusammengebunden, daß sie nebeneinander stehen können, die Außenhände bleiben also frei. Dazu könnt Ihr alle übrigen Regelvariationen, die wir bisher beschrieben haben, kombinieren.

Basketball

O Nach gültigem Korbwurf tauschen jeweils zwei Mannschaftsmitglieder ihre Mannschaft.

O Im Freiwurfraum steht ein Sessel, ein Sprungkasten oder eine Leiter, auf welchem ein Spieler steht. Es muß versucht werden, ihm zuzuspielen, denn er ist für den Korbwurf verantwortlich. Hat er eine bestimmte Wurfanzahl oder Trefferanzahl erreicht, wird er ausgewechselt. Das Spiel könnte erst dann zu Ende sein, wenn alle Spieler beider Mannschaften ihre Trefferanzahl erreicht haben. Aus Sicherheitsgründen könnt Ihr die Regel einführen, daß der Freiwurfraum nicht betreten werden darf.

O Übrigens: Es muß nicht immer ein Korb mit Brett vorhanden sein, um Basketball spielen zu können. Verwendet einfach einen alten Kübel, eine alte Waschmitteltrommel ohne Boden an Bäumen oder auf Stangen (niedriger als sonst) befestigt als Wurfziel.

Fußball

O Dreibein-Fußball: Jeweils zwei Spieler sind an Knöchel und Knie mit einem Band fest zusammengebunden. Auch die Torleute. Alles andere bleibt wie gewohnt.

O Spielt mit anderen, größeren Bällen, auch Dreibein-Fußball

O Spielt mit zwei Bällen

O Nehmt an Stelle eines Balles einen oder mehrere Luftballons

O Spielt mit drei Mannschaften und auf drei Tore

O Sitzfußball: Beim Ballkontakt muß entweder der Rumpf oder eine Hand den Boden berühren.

O Fuß-Volleyball: Wie Volleyball über ein niederes Netz.

Beispiel einer Turnstunde:

O **Situation:**
- zwei 1. Klassen einer AHS, 40 Schülerinnen, 10 Jahre alt
- bisher nur konventioneller Turnunterricht
- Schülerinnen und Spielleiter kennen einander
- Spielleiter (Lehrerin) ist nicht Klassenlehrerin
- Turnsaal

O **Ziele — Gedanken bei der Vorbereitung:**

O Die Stunde soll Möglichkeiten bieten, eine Alternative zum herkömmlichen, auf Leistung, motorische Fertigkeiten und physische Fähigkeiten gerichteten Turnunterricht zu erleben.

O Förderung des sozialen Kontaktes zwischen den Schülerinnen.

O Möglichkeiten bieten, eigene kreative Lösungen anstatt genormter Bewegungsvorschriften zu finden.

O Teilweise ein hohes Maß an Bewegtheit bieten, um dem Bewegungsdrang der Kinder entgegenzukommen.

O **Programm:**
1) Krebse und Fische ⟩ Diese Fangspiele greifen Bekanntes auf
2) Einhackfangen ⟩
3) Stop — Los und Variationen
4) Stein — Papier — Schere (Gruppenform)
5) Stockpantomime
6) Leute zu Leute

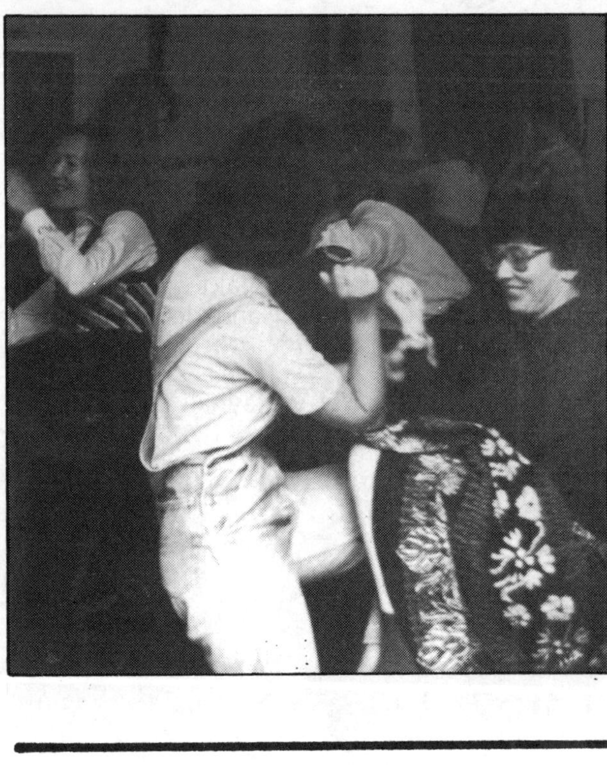

7) Blind nachformen
8) Förderband (Leute weiterreichen)
9) Sitzkreis

Reaktionen auf die Ankündigung dieser „Spielstunde":

......und nach der Stunde:

Michael Thanhoffer

5. Kapitel

Faires Kämpfen — Körper Spüren

Laß Deine Energie in Bewegung kommen anstatt sie krampfhaft festzuhalten, und — laß Dir Zeit.
Spüre Deinen Körper und spüre die anderen. Erlebe, wie Abgrenzungen zu anderen Menschen Klarheiten schaffen: über Unterschiede und Gemeinsamkeiten. Die Spielregeln geben Anregungen und notwendige Grenzen. Du entscheidest, wie weit Du Dich persönlich betreffen läßt. Du gibst Dir die Erlaubnis, ein Stück weiter zu wachsen.

Übersicht:

Mein Körper spürt:

Bewegungen in Zeitlupe
Mein Gesicht
Dein Gesicht
Körper–Teile
Körper–Formen
Körper–Berührungs–Bild
Beschnuppern
Ich überlasse mich
Ich erlaube mir

Abgrenzen und kämpfen:

angezogen – abgestoßen
Geh' weg – willkommen
Körper–be–gut–Achtung
Beziehungen gestalten
Spielgesetze–Korrektur
Bataca–Kampf
Weggehen

Sprache spüren:

Was Menschen machen
Sprich–Worte und erleb'sie
Texte

Auf den Geschmack kommen:

Ich kann mich gut schmecken
Gruppenmahlzeit
Füttern

Einleitung:

Die Methoden in diesem Kapitel zielen auf intensive persönliche Erlebnisse. Dazu braucht ihr in der Gruppe eine Atmosphäre von Sicherheit und Erlaubnis und einen Grundstock gegenseitigen Kennens. Das Erleben der Methoden wird beides, Sicherheit und Kontakt, weiter ausbauen. Wie die Methoden jedem einzelnen neue Erlebnismöglichkeiten eröffnen, werden sich auch die Beziehungen in der Gruppe weiterentwickeln. Der Handlungsspielraum wird realistisch erweitert. Das kann selbstverständlich auch eine klarere Abgrenzung einzelner in bestimmten Bereichen des Gruppenlebens bedeuten.

Mit den Übungen und Methoden können verschiedene Ziele angestrebt werden, z.B.:
- den Körper in seiner Wahrnehmungsfähigkeit stärken
- die körperliche Kontaktfähigkeit verbessern
- Starrheit durch Flexibilität ersetzen
- die Möglichkeiten, auf Umwelt und Mitmenschen aktiv einzuwirken, erweitern, also handlungsfähiger werden
- die kreativen Potentiale des Körpers entdekken

Die Methoden in der Gruppe zu erleben, ermöglicht auch Erfahrungen wie
- selbst zu sein, obwohl andere dabei sind
- frei zu sein und die Verbundenheit mit den anderen zu spüren
- Nähe und Distanz häufig und situativ zu wechseln
- andere bei einem Entwicklungsschritt zu beobachten und es dann selber zu versuchen
- die Andersartigkeit der Gruppenmitglieder akzeptieren und schätzen zu lernen

Die Methoden wurden in vier Abschnitte zusammengefaßt, um exemplarisch diese Themen hervorzuheben:
- Mein Körper spürt
- Abgrenzen & kämpfen
- Sprache spüren
- Auf den Geschmack kommen

Manche andere Themen werden "mitbehandelt" und viele Übungen könnten unter mehreren Abschnitten eingeordnet werden.

Besonders für dieses Kapitel des Buches gilt:
- O Intensive Erlebnisse brauchen **viel Zeit** und Ruhe. Auch nach einer Methode darf nicht sofort der nächste Streß beginnen. Eine individuelle Verarbeitung, auch ein Genießen und Nachkosten wird sonst verhindert.
- O Ein wesentlicher Bestandteil der Methoden sind die Gespräche in den Gruppen. Nach der persönlichen **Reflexion** soll im Gruppengespräch eine gegenseitige Orientierung möglich werden.
- O Der Gruppenleiter soll sich selbst Möglichkeiten schaffen, mit anderen Leitern oder einem Trainer **(Supervisor)** seine Erfahrungen bei der Anwendung der Methoden konstruktiv zu besprechen.

Mein Körper spürt:

● Bewegung in Zeitlupe

O Wenn du deine besonders liebevoll zubereitete Lieblingsspeise genießen möchtest, läßt du die Bissen langsam auf der Zunge zergehen. Wenn du im Urlaub an einen Ort kommst, wo es dir gefällt, möchtest du dir viel Zeit nehmen, um ihn zu genießen.
Wenn du dir keine Zeit nimmst, wirst du kaum genießen können oder überhaupt kaum oder schwer Genießenswertes finden.
Ich schlage dir vor, nimm dir eine alltägliche, wahrscheinlich ungeliebte Tätigkeit, die meist sehr rasch und gedankenlos, —"bewußt—los" abläuft, und erlebe sie in Zeitlupe.

O Nehmen wir als Beispiel einen **Morgen auf einem Gruppenlager.** Die Spielregeln dazu sind:

- Während der ganzen Aktion spricht niemand .
- Alle sonst üblichen Bewegungen, Gesten, Handlungen werden in sehr viel langsamerem Tempo durchgeführt als üblicherweise.
- Jeder konzentriert sich darauf, seine Bewegungen, Handlungen und Wahrnehmungen (hören, riechen, sehen, schmecken, tasten) bewußt zu erleben.
- Der Zeitraum ist begrenzt: Vom Aufstehen bis zum Abwaschen des Früchstückgeschirrs.
- Anschließend werden die Erlebnisse aufgeschrieben und besprochen.

● Mein Gesicht

Die Gruppenmitglieder setzen oder legen sich so, daß niemand den anderen berührt; Brillenträger nehmen ihre Brille ab. Dann schließen alle die Augen.

Jeder versucht sich ein bißchen zu entspannen und ruhig zu werden. . . . (Pause)

Richtet eure Aufmerksamkeit auf die Empfindungen in euren Händen, . . .

bewegt die Finger langsam, . . .

reibt die Handflächen aneinander, . . .

laßt die Hände beisammen und lenkt die Aufmerksamkeit nun auf euer Gesicht, . . .

spürt das Näherkommen und den Kontakt, . . .

sucht neue und vielfältige Berührungsmöglichkeiten von Händen und Gesicht, . . .

dann verabschieden sich Hände und Gesicht voneinander, vereinbart vorher noch, wann sich beide wieder treffen werden, . . .

die Hände entfernen sich wieder. . . .

Schaut zurück auf dieses neue Erlebnis und macht die Augen allmählich wieder auf.
Tauscht die Erfahrungen im Gruppengespräch mtieinander aus.

● Dein Gesicht

Nun geht es um das Gesicht eines **Partners.** Ihr setzt euch paarweise gegenüber. Vereinbart, wer zuerst beginnt das Gesicht seines Partners zu ertasten.
Der Passive schließt jetzt die Augen und der Aktive nimmt sich Zeit, das Gesicht seines Gegenübers zu berühren, mit den Fingern zu entdecken, vielleicht auch damit zu spielen und zu experimentieren.
Nach dem Rollenwechsel besprecht eure Erlebnisse zuerst im Paar und dann in der Gruppe.

Variationen:
- Beide Partner haben die Augen geschlossen.
- Es werden bewußt gemischte oder gleichgeschlechtliche Paare gebildet.
- Das erste Auswertungsgespräch im Paar findet ohne Worte statt.
- Während der Übung spricht der blinde oder sehende Aktive aus, was er fühlt und was ihm auffällt.
- Bei geschlossenen Augen spricht der Passive aus, was er fühlt.
- Beide haben die Augen geschlossen und können miteinander sprechen.
- Jedes Paar wechselt für sich die Spielregeln und spielt einige Variationen durch bevor es im Gespräch die Erfahrungen austauscht.
- An Stelle des Gesichtes wird eine Hand oder ein Fuß entdeckt.

● Körper-Teile

Im Mittelpunkt dieser Übung steht das Erforschen und Neu–Entdecken einzelner Körperteile. So kannst du dich sonst unbeachteten oder unterdrückten Teilen zuwenden und spürbaren Kontakt finden bzw. intensivieren.

Du gestaltest einen Bereich deines Körpers aus Ton. Entscheide dich für eine Stelle und laß dir viel Zeit für die Arbeit mit dem Ton. Versuche nicht, ein "Kunstwerk" zu schaffen, sondern mit deinen Gefühlen und Körperempfindungen beim Modellieren aufmerksamen Kontakt zu halten.
Wenn du einen Teil deiner linken Körperhälfte modelliert hast, gestalte anschließend auch den entsprechenden rechten Teil. Du wirst viele Unterschiede erleben.
Halte deine Gedanken und Erlebnisse schriftlich fest und sprecht abschließend in der Gruppe darüber.
Variation:
- Körperbereiche gestalten, die "du eigentlich nicht so recht magst". Hier ist die Auswertung sehr wichtig.
- Versuche später den ganzen Körper zu modellieren.

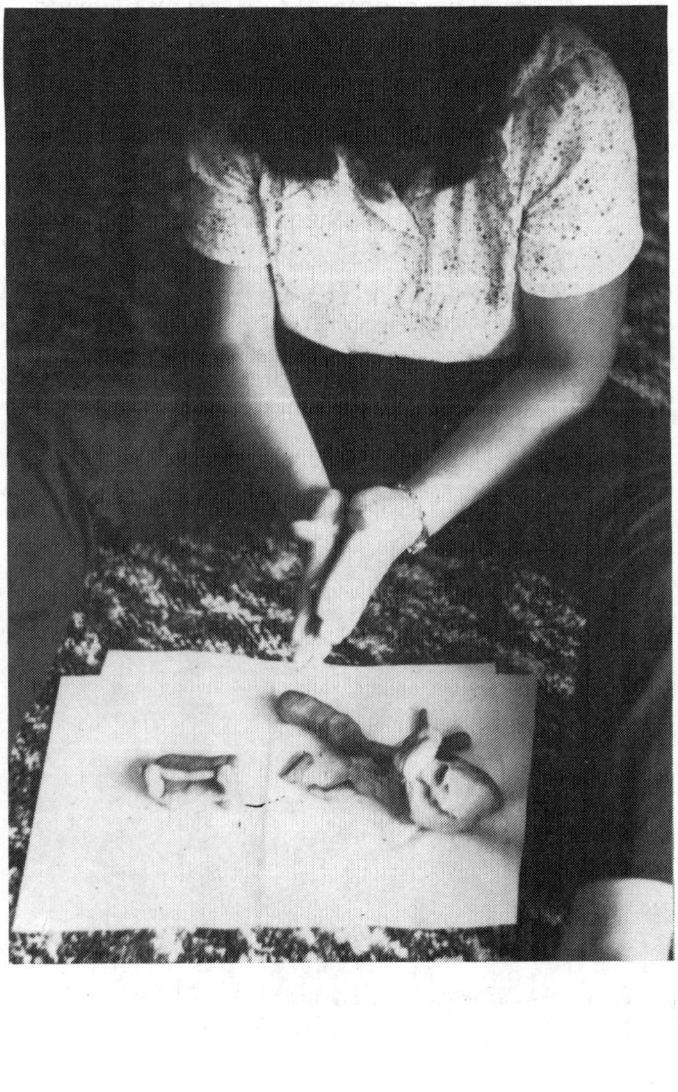

● Körper-Formen

Mit schnell trocknenden Gipsbinden, wie sie Ärzte verwenden, kannst du verschiedene Körperteile nachformen.
Die Haut wird dick mit Vaseline–Creme eingestrichen oder mit Cellophan–Folie oder einem Stück Stoff abgedeckt. Dadurch wird ein Ausreissen von Haaren beim Abnehmen der trockenen Form verhindert. Dann werden 2–4 Schichten übereinander gelegt und der weiche Gips gut verstrichen. Die Konturen des darunterliegenden Körperteiles werden deutlich sichtbar.

In einem ersten Gespräch werden die Erfahrungen beim Herstellen der Gipsform ausgetauscht.
Weiterarbeit:
– Stelle einen modellierten Körperteil oder eine Gipsform vor dich hin und beginne ein Gespräch mit ihm. Dabei wechselst du auch die Rolle und sprichst als dein nachgeformtes Stück Körper zu dir am gegenüberstehenden Sessel.
– Zwei oder mehrere Körperteile oder Körperformen von dir sprechen miteinander. Das Gespräch kannst du mit Bewegungen der einzelnen Stücke wie bei einem Puppenspiel unterstützen.

● Körper-Berührungs-Bild

Bei dieser Übung werden die Zusammenhänge zwischen Bewegung und Berührung verdeutlicht: Der Körper, die Haut ist das Ziel vieler Bewegungen.
Körperliche Berührung ist auch eine wesentliche Form der lebensnotwendigen Zuwendung.

Ihr beginnt diese Übung zu zweit. Einer legt sich auf ein körpergroßes Stück Papier, der andere zeichnet die Konturen des ganzen Körpers nach. Rollenwechsel.

Jeder hat schließlich ein Plakat mit seinen Körperumrissen, an dem er nun alleine weiterarbeitet. Mit bunten Stiften wird die Körperfläche bemalt, die der Häufigkeit der Berührung und der Art der Berührung (angenehm – unangenehm) entspricht.

Die Bedeutung der Farben wird vorher festgelegt:
z.B. rot = sehr viel angenehm berührt
orange = oft berührt
gelb = kaum berührt
grün = nicht berührt
viollett = unangenehm berührt
Das "Körper–Berührungs–Bild" wird aufgehängt und die Erfahrungen werden besprochen.

Variation:
O Zur Vorderseite wird auch die Rückseite des Körpers bzw. des Plakats bemalt.
O Eingrenzung des Zeitraums, für den die Farbverteilung gilt: als Kleinkind, in der Schulzeit, auf diesem Seminar, die letzten beiden Wochen.
O Eingrenzung auf bestimmte Personen oder Situationen.
O Gegenüberstellung des **Realbildes** mit dem **Wunschbild.**
O "Ich–berühre–mich–selbst"–Bild.

● Beschnuppern

In dieser Partnerübung gibt es eine passive Rolle (im Liegen oder Stehen) und eine aktive Rolle. Ohne zu sprechen nimmt sich der aktive Partner die Ruhe, den anderen mit allen seinen Sinnen kennenzulernen, wobei er den Schwerpunkt auf Riechen, Hören und Tasten legt. In Ruhe begreift er den liegenden oder stehenden Körper des anderen, nimmt Gerüche und Geräusche auf, legt sein Ohr zum Herz, "schnüffelt" in den Haaren, spürt Weiche und Härte einzelner Muskeln... Nach dem Rollenwechsel erzählt euch eure Erlebnisse erst im Paar, dann in der Gruppe.

Variation:
- Die halbe Gruppe liegt am Boden, die anderen erkunden nacheinander alle Liegenden. Wechsel.
- Im Stehen werden Stimme und Bewegungen der "Passiven" miteinbezogen. Die Aktiven geben Aufforderungen und Impulse, denen die anderen nachkommen.
- In der kleinen Gruppe wird ein Mitglied in der Mitte von allen anderen entdeckt.

● Ich überlasse mich

Diese Übung zu dritt beginnt ihr am Boden kniend. Der Mittlere hält seine Arme waagrecht seitlich ausgestreckt; hinter jedem Arm kniet ein Partner. Beide Partner legen ihre Hände unter den Elllbogen und das Handgelenk und laden den mittleren ein, ihnen das Gewicht seiner Arme zu überlassen. Ohne sich anzulehnen läßt er seine Arme von den Partnern tragen und bewegen. Die unterstützenden Partner können selbstverständlich erst dann helfen, wenn er ihnen seine Arme tatsächlich überläßt, ihnen spürbare Erlaubnis gibt, nicht "alles selber machen" will und sich wehrt.
Abschließend senken die Unterstützer langsam den gehaltenen Arm, bis er frei herunterhängt und ziehen sich selbst langsam aus dem Kontakt zurück.
Wechselt dann die Rollen und tauscht im Gespräch eure Erfahrungen aus.

Variationen:
Steht aus dem Knien auf und geht auch langsam umher.
Nehmt statt der Arme den Kopf, die Beine, mehrere Körperteile gleichzeitig.

Entwickelt eigene Formen für vier und mehr Gruppenmitglieder:

Einer überläßt sich drei Partnern. Zwei Gruppenmitglieder überlassen sich ihren Partnern und diese führen die Passiven in Kontakt zueinander. Wenn ihr bereits mit dem ganzen Körper arbeitet, erinnert euch an eine längst vergangene Erfahrung: Eine legt sich zusammengerollt auf den Boden und einige Gruppenmitglieder decken sie mit ihrem Körper zu. Zwei, drei andere holen sie dann behutsam und langsam aus ihrer menschlichen Körperhöhle heraus. Entfaltet sie nicht so stark wie bei der Lockerungsübung (Seite) und bleibt auch länger mit ihr in Körperkontakt.

● Ich erlaube mir — zwei, drei Wünsche

Es gibt Wünsche und Impulse, die leicht artikuliert werden können und solche, die eher unterdrückt und zensuriert werden. Eigene **Katastrophenphantasien** und unausgesprochene, vermutete Gruppenregeln („versteckte Gesetze") verhindern ihre Verwirklichung.
Trotzdem wären viele dieser Impulse und Wünsche für die Weiterentwicklung des Einzelnen und der Gruppe anregend und wichtig. Nun braucht die **Zurück–Haltung** einer Wunschäußerung eine Menge Energie, die sonst nutzbringender einzusetzen wäre.
An die Stelle der Furcht vor Zurückweisung, die den Ausdruck auch vieler positiver und aufbauender Impulse verhindert, tritt eine **aufgeregte Neugier.** Ist der Wunsch erfüllt, breitet sich entspannte Zufriedenheit aus:

Jeder denkt sich zwei Wünsche aus, die jetzt gleich in der Gruppe erfüllt werden könnten. Nach einiger Zeit des Nachdenkens spricht jeder seine Wünsche aus. Dann erfüllt er sie sich selbst oder läßt andere sie erfüllen. Wer für seine Wunscherfüllung einen oder mehrere Partner braucht, akzeptiert ihre Gefühle, falls sie die Erfüllung ablehnen. Nach dieser Aktivitätsphase setzt euch zu einem ersten Gespräch zusammen.
Im nächsten Schritt versucht euren bisherigen Verhaltensspielraum ein kleines Stück auszudehnen, bewußt zu erweitern. Jeder wählt sich aus den Wünschen, an die er zuerst bereits gedacht, wegen interner Zensur aber zurückgestellt und nicht ausgesprochen hatte, einen aus. Teilt diese Wünsche in der Gruppe mit und schaut, ob sie nicht doch erfüllbar sind. Reflektiert auch diese zweite Phase.
Variation:
An Stelle der Formulierung „ich wünsche mir" verwendet ihr „ich erlaube mir".

Abgrenzen und kämpfen:

● Angezogen — Abgestoßen

Halte die Augen geschlossen und stell dir etwas vor, das dich sehr anzieht, zu dem du gerne hingehen möchtest. Stell es dir genau vor und nimm dabei deine Gefühle in dir wahr, – auch das in deinem Gesicht. Laß dein Gefühl in eine langsame Bewegung zu dem Anziehenden hin einfließen und achte darauf, wie sich dein Körper bewegt und was er fühlt. Wenn du am Ziel bist, laß dir Zeit, den vorgestellten (imaginären) Gegenstand zu berühren und Kontakt mit ihm aufzunehmen.

Geh dann wieder langsam zurück und drücke in deinen Bewegungen aus, wie sehr du dich noch hingezogen fühlst, obwohl du weggehst. Im zweiten Teil der Übung geht es um das Gefühl des Abgestoßen–Seins. Stell dir nun etwas Bestimmtes vor, das dich ziemlich stark abstößt, von dem du recht weit weggehen möchtest.
Schau es wieder genau an und nimm deine Gefühle in den einzelnen Körperteilen und im Gesicht wahr. Laß deine Gefühle schließlich in eine Bewegung hineinfließen, die von diesem Etwas wegführt.
Wende dich nun dem abstoßenden Gegenstand zu, drücke deine Gefühle deutlich in Bewegung aus und nähere dich ihm allmählich. Bleibe mit deinen Gefühlen in Kontakt und wenn du dem imaginären Gegenstand so nahe wie möglich stehst, versuche zu entdecken, was dich so stark abstößt, welche Eigenschaften und Charakteristika sonst noch erkennbar sind. – Vielleicht entdeckst du etwas, das dich nicht abstößt oder sogar anzieht.
Geh nun wieder von diesem Gegenstand weg und nimm auch dabei deine Gefühle und Bewegungen wahr.

● Geh weg — willkommen

Wenn du diese Erfahrung nicht nur hier lesen, sondern selbst machen möchtest, brauchst du erst einen Ball, später einen Partner und dazu einen sehr hohen Raum oder du gehst ins Freie.
Nimm nach Möglichkeit einen Ball, der dir gefällt, schau ihn an, begreife ihn und phantasiere, was du alles mit ihm machen möchtest. Jetzt wirf den Ball hoch in die Luft und wenn er aus deinen Händen aufsteigt, ruf ihm nach „Flieg!". Schau ihm nach. . .

Wenn der Ball wieder fällt, bereite dich vor, ihn zu fangen, zu emp-fangen. Spüre wie er sich auf dich zubewegt. Spüre beim Fangen bewußt seine Gestalt und sag: „Willkommen".

Wiederhole das einige Male. Experimentiere dann auch mit dir und deinen Stimmungen. Ändere deine Stimmung beim Loslassen und beim Auffangen. Versuche neue Erfahrungen zu machen, indem du dich auf Stimmungen, auf Einstellungen einläßt, von denen du dich sonst eher zurückhältst. Nimm deine Bewegungen bewußt wahr. Spüre den Zusammenhang der Gefühle beim Loslassen und Auffangen.

Jetzt tausche den Ball gegen einen Partner und verändere die Spielregeln entsprechend. Stell dich neben deinen Partner und versuch mit ihm in Kontakt zu kommen. Dein Partner läuft dann ziemlich schnell von dir weg und du rufst ..Lauf!". Bleibe in Kontkat mit deinem Körper und deinen Gefühlen, wenn dein Partner wegläuft und du ihm nachrufst. Wie erlebst du dich jetzt ohne Partner stehend?
Der Partner läuft bis zum nächsten Baum oder einem anderen markanten Punkt, an dem er umkehrt und wieder zu dir läuft, zum Ausgangspunkt. Bereite dich darauf vor, ihn zu empfangen. Fang ihn auf und sag „Willkommen". Der Partner schweigt – es ist dein Experiment. Der Partner läuft mehrere Male weg und du kannst wie mit dem Ball auch hier mit Stimmungen und Einstellungen experimentieren. Spüre bewußt deine Empfindungen und Gefühle. Nach dem Rollenwechsel sprecht über eure Erfahrungen.

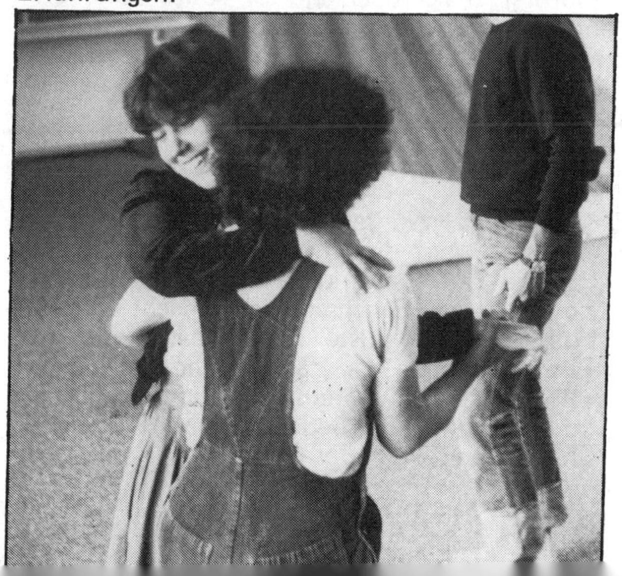

● Körper-be-Gut-achtung

Für diese Übung braucht ihr einige Zeit in der Gruppe, plant das ein. Sammelt möglichst große Spiegel und Schreibzeug. Dann entscheidet, mit wieviel oder wie wenig Bekleidung ihr arbeiten wollt. Wenn ihr dann soweit bekleidet seid wie beschlossen, beginnt zuerst jeder für sich und ohne Gespräche seinen eigenen Körper im Spiegel oder direkt genau zu betrachten. Schaut jeden einzelnen Körperteil genau an und bewertet ihn mit Punkten. Z.B.:

Häßlich:	
nicht hübsch	... 1 Minuspunkt
reizlos	... 2 Minuspunkte
häßlich	... 3 Minuspunkte
sehr häßlich	... 4 Minuspunkte
schrecklich	... 5 Minuspunkte

Schön:	
angenehm	... 1 Pluspunkt
attraktiv	... 2 Pluspunkte
schön	... 3 Pluspunkte
sehr schön	... 4 Pluspunkte
phantastisch	... 5 Pluspunkte

Diese Bewertungen schreibt ihr auf zwei Listen. Macht zuerst die Liste mit den Minuspunkten und in einem zweiten Durchgang die mit den Pluspunkten.
Dann beginnt einer in der Gruppe und nimmt seine Liste mit den Minuspunkten. Er zeigt auf seine häßlichen Stellen und jammert so richtig über seine Nachteile. Er bringt seine ganze Unzufriedenheit und den gesamten Ärger mit diesem Körperteil zum Ausdruck. Die Gruppenmitglieder wiederholen die Klagen und bestätigen auch mit eigenen Worten, „daß es wirklich schrecklich aussieht" usw. Der sich Beklagende jammert so lange, bis seine ganze Energie dafür verbraucht ist. Die Gruppe darf in keiner Weise Widerspruch leisten oder sagen „daß das ja gar nicht so arg sei" etc. Sie darf allein bei der Ablehnung unterstützen und helfen, daß das ganze Klagen einmal richtig herauskommt. Dann hat der Proponent Zeit, über diese neue Erfahrung nachzudenken. Er sollte seine Gedanken auch aufschreiben. Nach den Demonstrationen und Klagen werden die Erfahrungen und Konsequenzen in der Gruppe besprochen.

Weiterarbeit:
- O In einem zweiten Durchgang werden in gleicher Weise die Pluspunkte dargestellt.
- O Einige Zeit später kann die Liste noch einmal, eventuell auch alleine, gemacht und mit der ersten Liste verglichen werden.
- O In Anlehnung an das Körper-Berührungs-Bild (Seite ...) wird ein Plakat so bemalt, daß die Farben eine Bedeutung als Plus- und Minuspunkte erhalten.

● Beziehungen gestalten

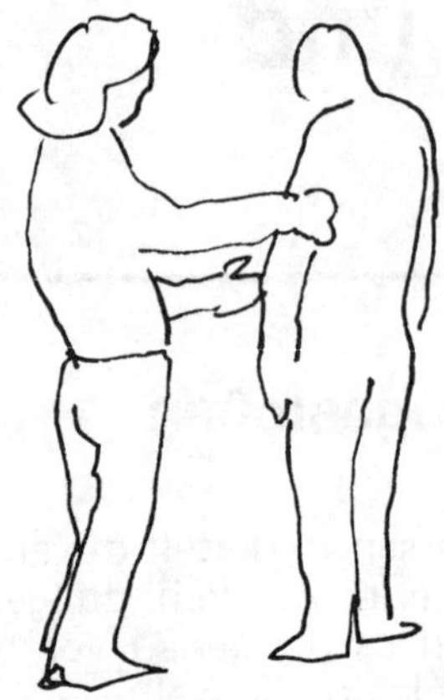

Das Spiel Bildhauer (Seite ...) wird hier mit dem Thema Beziehungen verbunden.
Im Paar ist einer der Agierende und der andere sein menschlicher Modellierton, der während des Gestaltens seine Augen geschlossen hält. Der Aktive modelliert zum Thema „Unsere Beziehung, wie ich sie jetzt erlebe"; erst seinen Partner und schließlich sich selbst dazu. Die fertige Figur ist die sichtbare Gestalt dieser Beziehung. Dann öffnet der blinde Partner die Augen und noch in der gestellten Position könnt ihr beginnen, eure Eindrücke auszutauschen. Rollen- und Themenwechsel.

Variation:
- O **verschiedene Themen:** Unsere Beziehung, wie ich sie gerne haben möchte; so möchte ich unsere Beziehung nicht haben; eine ideale Mann-Frau Beziehung; meine Beziehung zu dir in einer gemeinsamen Arbeit ...
- O Beziehungen in der **Gruppe.** Zu ähnlichen Themen werden die Beziehungen in der gesamten Gruppe gestaltet.

● Spiel - Gesetze - Korrektur

Jeder von uns kann sich an viele verschiedene Spiele seiner Kindheit und Jugendzeit erinnern. Die Erlebnisse und Erfahrungen mit den unterschiedlichsten Spielen und Spielpartnern stellen einen wesentlichen Teil unserer Erziehung dar. Die Spielerlebnisse haben uns nachhaltig geprägt. Manchmal haben sie uns ermutigt, manchmal geängstigt oder frustriert.

In manchen Spielen warst du vielleicht ständig der Verlierer, bekamst regelmäßig eine dir unangenehme Rolle oder fürchtest von Anfang an, daß das Spiel schlecht für dich ausgehen würde. — was natürlich prompt eintrat !
Es schien fast, als gäbe es in bestimmten Spielen „Gesetze" gegen dich.
Wähle eine derartige Spielsituation, die du gleichsam noch einmal erleben möchtest — allerdings mit einem für dich positiveren Ausgang.

Suche ein Detail, eine Spielregel vielleicht, von der du dir eine angenehme Wirkung und einen positiven Spielausgang erwartest ...

2. Schritt:
Erzähle den Gruppenmitgliedern kurz deine Erinnerung und deine Idee über eine positive Änderung.
3. Schritt:
Übernimm in der Gruppe die Regie und gib jedem Gruppenmitglied genaue Anweisungen, wie es spielen und handeln soll.
4. Schritt:
Spielt die Situation, das Spiel bis zum Ende durch.
5. Schritt:
Besprecht in der Gruppe eure Erlebnisse. Wenn du dich entscheidest, eine andere Korrektur zu versuchen, spielt noch einmal.

● Weggehen

Ebenso wichtig wie der Beginn eines Kontakts, einer Stunde, eines Seminars ist das Ende, das Lösen des Kontakts, der Übergang aus der Nähe in größere Distanz.
Setzt euch, schließt die Augen und denkt an die Zeit, die ihr jetzt gemeinsam verbracht habt. Diese Gemeinsamkeiten sind jetzt bald um – deshalb machst du dir Gedanken, wie du für dich den (auch vorübergehenden) Abschluß gestalten möchtest. Die anderen sollen dir das Weggehen angenehm und leichter machen.

Erzähle dann den anderen Gruppenmitgliedern, wie du deinen Abschied gestaltet haben möchtest. Gib deine Anweisungen so genau, daß du genügend sicher bist, daß sie deinen Wünschen nachkommen können.
Dann „spielt" bzw. macht deinen Abschied. Du gehst wirklich weg und gehst dann noch einmal kurz zu den anderen, um deinen Beitrag für ihr Weggehen zu leisten.
Variation:
Ihr macht das Weggehen zum Thema eurer Gruppe und reflektiert anschließend eure Erfahrungen und die Konsequenzen für den nächsten Abschied.

● Bataca-Kampf

Batacas sind keulenförmige Schläger aus Schaumstoff, mit denen sich zwei Partner prügeln können (siehe auch Seite ...). Jeder kann seine volle Kraft einsetzen und den anderen dennoch nicht verletzen.

Für den Bataca-Kampf braucht ihr zwei Batacas oder ähnliche ungefährliche Schlaggeräte, eine Uhr mit Sekundenzeiger und die anfeuernde Gruppe.

Der Kampf wird durch bestimmte Regeln **ritualisiert,** um Verlierergefühle und andere Gefühle weitestgehend auszuschließen.

1. Aufforderung und freiwillige Zustimmung des gewünschten Partners. Lehnt er ab, findet dieser Kampf nicht statt.
2. Begrenzung der Kampfzeit durch die Kämpfer (30, 45, 60 sec.)
3. Ausgleichen körperlicher Unterschiede. Der offensichtlich Stärkere wird gehandicapt, damit auch er seine Kraft voll einsetzen kann ohne den anderen zu besiegen. Er darf z.B. nur mit der linken Hand schlagen.
4. Ein Zeitnehmer wird bestimmt.
5. Mit den Batacas muß geschlagen werden. Schieben, drücken, niederschlagen ist verboten. Die Schläge werden auf den Rücken, das Gesäß oder den Bataca des Partners gezielt. Kopf, Bauchseite und Genitalbereich sind tabu.
6. Der Kampf wird unterbrochen oder beendet, wenn ein Kämpfer „Aus !" ruft, die Zeit um ist oder von der Gruppe eine zu große Unterschiedlichkeit festgestellt wird. In diesem Fall werden die Handicaps vergrößert bzw. verringert.
7. Erste Runde. Die Kämpfer sollen ihren körperlichen Einsatz durch Schimpfen und Brüllen unterstützen, die Gruppe feuert beide lautstark zu vollem Einsatz an.
8. Nach dem Ende der ersten Runde wird entweder eine zweite Runde vereinbart, die sofort anschließt oder es folgt eine
9. körperliche Geste (Umarmung o.ä.) als Dank und Schlußpunkt.

Variationen:
- Einer kämpft gegen zwei Partner.
- Einer steht ruhig, nur der andere ist aktiv.
- Der Schlagende kniet vor einem Sitzenden auf dem Boden und schlägt statt auf den Partner auf einen Polster oder eine Matratze.

Sprache spüren

● Was Menschen machen

Überlegt einmal und sammelt eure Gedanken auf einem Plakat, in welchen Formen von Gemeinschaft und Kontakten Menschen leben. Nehmt in die Liste auch einseitige und verkümmerte Kontaktformen auf, z.B. bekämpfen, verletzen, heilen, usw.
Diese Sammlung bringt dann in eine Ordnung, wobei jeweils zwei Begriffe einander widersprechen. Ein solches Begriffe-Paar ist „begegnen – aus dem Weg gehen" oder „zusammen wohnen – allein sein".
Dann wird die Gruppe in zwei Hälften geteilt und jede kleine Gruppe probiert nun in eigener Aktivität einen der beiden Begriffe aus. Sie versucht Formen und Bewegungen zu finden, die z.B. „sich aus dem Weg gehen" bedeuten können. Wichtig für alle soll dabei sein, die körperlichen Bewegungen bewußt an sich selbst und gleichzeitig an den Gruppenmitgliedern zu erleben und zu erfahren, wie sich derartige Begriffe anfühlen.

Reflexion:
O Wie geht es dir in einer Gruppe, die „sich aus dem Weg geht" ?
O Welche Gefühle stecken hinter derartigen, schnell gesagten Worten ?
O Welche Ein-Drücke hast du selbst von diesem Begriff schon erlebt ?
O Welche Vorteile bringt es dir, einen derartigen Begriff in die Tat umzusetzen ?

Möglichkeiten zur Weiterarbeit:
O Ihr realisiert und spielt gleichzeitig mehrere Begriffe, die ihr wahllos aus eurer Liste herausgreift. Z.B. einander bekämpfen, heilen, allein sein und abwechseln. Was erlebt ihr als Mitglieder dieser konstruierten „Mini-Gesellschaft" ?
O Es wird der Schwerpunkt mehr in Richtung Darstellung verschoben (siehe Seite ...)
O Nach dem Ausprobieren der Bewegung werden die Eindrücke grafisch oder gemalt dargestellt.
O Die grafische Darstellung wird zuerst hergestellt und die Bewegungserfahrung folgt anschließend.
O Zur Bewegung produziert die Gruppe eine passende Geräusch- oder Musikkulisse.
O Zur Bewegung mit dem Körper werden passende Gegenstände, Material und Kostüme miteinbezogen.

Vor allem durch den letzten Vorschlag wird deutlich, daß hier der Übergang von einer einfachen Methode zur Gestaltung eines längeren Zeitraumes – ein oder mehrere Tage – fließend möglich ist.
Die Gruppenmitglieder können bewußt erleben,
– welche Kommunikationsformen gelebt werden
– welche Kommunikationsformen in der Sprache versteckt werden,
– wie korrekt eine bestimmt Kommunikation in Worte übersetzt, sprachlich dargestellt wird.

● Sprichworte — und erleb' sie auch

„Redewendungen wörtlich nehmen" wirst du in deiner Gruppe vielleicht schon als Lockerungsspiel verwendet haben (Seite ...)

auf den Arm nehmen
den Mund stopfen
jemanden an der Nase herumführen
die kalte Schulter zeigen

Aus dieser Sammlung von Redewendungen kann man auch sehr persönliche Erfahrungen herausholen. Der Unterschied zum Lockerungsspiel: Die Gruppe beschäftigt sich längere Zeit mit einer Redewendung:
Einige Gruppenmitglieder versuchen längere Zeit, eine Redewendung wörtlich zu nehmen, sich entsprechend zu begegnen. Sie sollen bewußt die Möglichkeiten erleben, auf diese Weise die Welt und andere Menschen wahrzunehmen, sie zu beeinflussen, mit ihnen Kontakt aufzunehmen oder zu halten.

- O Wie geht es euch dabei ?
- O Welche Signale spürt ihr in eurem Körper ?
- O Welche Handlungsmöglichkeiten werden erleichtert und eröffnet ? („kalte Schulter zeigen" ermöglicht z.B. rasches Vorbeigehen an unangenehmen Situationen)
- O Welche Handlungsmöglichkeiten werden eingeschränkt oder ausgeschlossen ? (in diesem Beispiel u.a. eine offene Umarmung).

Variation: **Reaktionen**
So könnt ihr den Schwerpunkt weg von der eigenen persönlichen Erfahrung hin zur Reaktion der Gruppenmitglieder verschieben: Ein Gruppenmitglied spielt weiter eine bestimmte Redewendung. Alle übrigen erproben verschiedene Handlungen, und Bewegungen als gezielte Reaktionen.
Welche Reaktionen der Gruppe werden als hilfreich erlebt, aus dem stereotypen Verhalten herauszukommen ? Welche Reaktionen verstärken das der Redewendung entsprechende Verhalten noch mehr ?

● Texte

Jetzt geht es darum, kurze Textstellen in körperliche Bewegung und damit in hautnahes Erleben zu übersetzen. Nehmt kurze Texte verschiedener Herkunft und schreibt sie für alle lesbar auf ein Plakat oder eine Overheadfolie. Dann setzt die einzelnen Worte, Phrasen, Sprachbilder und Redewendungen in körperliche Bewegung um. Zielt nicht auf eine ausdrucksstarke szenische Darstellung für andere, sondern allein auf das eigene persönliche Erlebnis.
Wichtig ist der eigene intensive und körperliche Kontakt mit dem mitgeteilten Inhalt.

Texte

Nachrichten	Briefe
Meldungen	Tagebücher
Gedichte	Mitschrift von Interviews mit Cassettenrecorder
Literaturstellen	

Wenn ihr das bei mehreren Textstellen zum gleichen Thema macht, könnt ihr so die Unterschiedlichkeit und Gleichheit der einzelnen Texte in ihren Aussagen spüren, in eurem Körper wahrnehmen.

Diese Methode kann eine Hilfe sein, unklare Positionen in Gesprächen zu verdeutlichen, Klarheit fühlbar zu machen, persönliche Betroffenheit zu vergrößern. Z.B. werden gesellschaftspolitische Aussagen greifbar, wenn nacheinander Berichte verschiedener Zeitungen zum selben Thema (AKW, Fußball, Jet-Set, usw.) bewegt erlebt werden.

Weiterarbeit:
Spielt noch einmal den Text, erlebt noch einmal eure Gefühle in der Bewegung und nehmt vor allem den Schlußpunkt wahr.

- O Was spürst du an der Stelle, wo der Text endet ?
- O Wohin möchtest du dich jetzt bewegen ?
- O Wollen alle Körperteile in dieselbe Richtung ?
- O Für welche Bewegungen, Handlungen hast du Energie ?
- O Welche Reaktionsmöglichkeiten bieten sich an, entsprechen in etwa dem vorangegangenen Text ?

Setzt eventuell mehrmals an diesem „Schlußpunkt" an und spielt, bewegt, probiert mit eurem Körper.
Ihr werdet erleben, daß sich bestimmte Bewegungen (=Handlungen) eher **aufdrängen** und andere kaum oder gar nicht **dazupassen.**

Auf den Geschmack kommen:

● Ich kann mich gut schmecken

Sag einmal statt „ich kann mich gut leiden" – „ich kann mich gut schmecken". Erlebe, wie du dich dabei fühlst, wenn du diese Worte in Bewegungen und Handlungen umsetzt.

Als Vorstellungshilfe kannst du dir einen Tiger, eine Katze oder ein Tier, zu dem du eine angenehme Beziehung hast, hernehmen. Entspannt, zufrieden, recht ruhig, vielleicht auch etwas müde oder mit blauen Flecken aus einem Kampf pflegt es seinen Körper.

Zieh dein Hemd aus und leg dich auf den Boden. Schmecke deine Haut, spüre ihre Struktur, ihre Vielfalt. Fühl die Aufregung bei dieser neuen oder seltenen Erfahung und die Ruhe, die allmählich in dir aufsteigt.
Fühle, daß du wirklich gut bist.

● Gruppenmahlzeit

Das gesamte Essen wird zu Beginn mitten auf den Tisch gestellt. Es wird nicht portioniert, sondern jedes Mitglied ißt ohne zu sprechen direkt aus den Schüsseln in der Mitte.
Jeder ißt wie und was er möchte.
Variation:
Es wird auch ohne Besteck gegessen.

● Füttern

Die Gruppe ißt und trinkt gemeinsam an einem Tisch ohne zu sprechen. Niemand ißt selbst sondern jeder wird von anderen gefüttert und füttert selbst andere. Niemand bekommt Essen von seinem eigenen Teller.
Hunger, Ablehnung usw. dürfen nur mit Gesten nicht aber mit Worten mitgeteilt werden.
Dauer mindestens 20 Minuten, besser die ganze Mahlzeit.
Variation:
– Es werden zu Beginn bestimmte Rollen verteilt, die während der gesamten Mahlzeit eingehalten werden. Füttere Gruppenmitglieder, kleine Kinder, Kranke, usw.
  Bei der nächsten Mahlzeit übernehmen die Aktiven eine passive Rolle und umgekehrt.
– Gefüttert wird ohne Besteck.

Reinhold Rabenstein und
Erich Heiligenbrunner

6. Kapitel

Tänze erfinden und verändern Lieder + Texte gestalten

**Ihr könnt bekannte Tänze vereinfachen und verfeinern,
Musik regt Euch zu neuen Bewegungen an,
Lieder und Texte bringen Bewegungsmöglichkeiten und
laden Euch zum rhythmischen Gestalten ein.**

Übersicht:

1. Tänze erfinden

A) Kreative Spielregeln
B) Bewegungsvorstellungen regen an
C) Materialien bewegen

Beispiele:
Aufbau einer Maschine, Leben unter Wasser, Tanz mit Tüchern, Tanzmosaik, Gruppen-Bewegung

2. Tänze verändern

A) Tänze vereinfachen
B) Tänze verfeinern
C) zu bekannter Musik Neues entwickeln

Beispiele:
Bingo, Swing in der Gasse, Yankee Doodle, Patty Cake Polka

3. Lieder gestalten

A) Lieder mit Bewegung
B) Liedtexte und -inhalte darstellen

Beispiele:
Hejo, spann den Wagen an, Auf einem Baum ein Kuckuck, Baggerführer Willibald, Froh zu sein, Ana hot imma des Bummerl

4. Texte bewegen

A) Geschichten beleben
B) Rhythmische Texte gestalten

Beispiele:
Swimmy, Namen-Melodie, Dreiklang-Sinn-Sprüche, Straßenverkehr

Die Kapitel „Kreativ Tanzen" und „Darstellen und pantomimisch Spielen" stellen sehr differenzierte Möglichkeiten dar, zu ausdrucksstarker, darstellender Bewegung zu kommen.

Einleitung:

In diesem Kapitel findest Du handgreifliche und bewegende Vorschläge, wie Du und Deine Gruppe durch

- bekannte Tänze
- spürbare Musik
- bewegende Lieder und
- rhytmische Texte

in Bewegung kommt. Wir zeigen Möglichkeiten, wie Ihr von diesen Impulsen zum Anpassen, Verändern und Erfinden angeregt werden könnt.

Dies bringt zu Euch passende Bewegungserlebnisse, beim gemeinsamen Erfinden ein bewegtes Zusammenspiel und Freude und Spaß beim Experimentieren und Bewegungsuchen.

Die veränderten Tänze sind einfache, bekannte Gruppentänze, deren Musik und übliche Beschreibung bei vielen Organisationen und z.B. beim Calig- und Fidula-Verlag erhältlich sind.

1. Tänze erfinden

A) Kreative Spielregeln:

Kreative Spielregeln wie bei den Bewegungsimpulsen

- **Follow me**
- **Follow me — gruppenweise**
- **Von Wand zu Wand**
- **Tanzmosaik**

können zu spontanen, gemeinsamen Bewegungen zu einer einfachen, schwungvollen Musik anregen.

Die Beschreibung der oben genannten Bewegungsimpulse findest Du im Kapitel „Bewegungsanimation bei Festen und Veranstaltungen" an dieses Kapitel anschließend.

B) Bewegungsvorstellungen:

Rund um uns bewegt sich vieles. So stehen uns viele Bilder und Vorstellungen über Bewegungsarten zur Verfügung:

wie sich Pflanzen bewegen, bewegt werden
wie Maschinen in Bewegung kommen
wie Tiere schleichen, springen, gleiten
wie die Luft, das Wasser, die Erde wehen, krümmeln, blubbern

Laßt Euch von derartigen Beobachtungen und Fantasien zu Eurer Bewegung anregen.

Musik, die Eure Fantasien beim Gleiten, Wehen, Zittern, Fahren, Rollen unterstützt, kann dabei sehr wichtig sein.

Bewegungsvorstellungen wie „Marionetten", „Maschine", „fliegen", „wachsen" ua. unterstützen Euch beim Entdecken gemeinsamer Bewegungsmöglichkeiten.

● Aufbau einer Maschine

Zunächst eine Vorübung:

alle versammeln sich an einer Wand. Zur Trommelmusik versucht nun jeder mit einer **ganz einfachen Bewegung eines Körperteils** zur anderen Wand zu kommen:

— mit der Hand
— mit dem Arm
— mit dem Rumpf

„. . . denn die Maschine hat viele Elemente, mit ganz einfachen Bewegungen . . ."

Aufbau der Maschine

1. Alle stehen im Kreis – die Trommelmusik eine(r) beginnt nun mit einer solch einfachen Bewegung, dann gegenüber oder gleich reihum der nächste – einfach, exakt und wiederholbar

2. Nun beginnt eine(r) mit Seitschritten und bildet eine enge Spirale

3. ist die Maschine ganz eng beisammen,
— **explodiert** sie entweder durch Steigerung der Heftigkeit oder
— **erlahmt** durch Verringerung der Bewegungen oder
— **Kontaktbewegungen** entwickeln:
jede(r) greift mit seiner Bewegung zu und in eine(n) andern (dabei kann eine neue Körperposition gefunden werden)

● Leben unter Wasser

– zu elektronischer Musik

Die Gruppenmitglieder bilden verschiedene **Elementgruppen** z.B.:

* **die angewachsenen Pflanzen** – die stehen also fest und wogen so

* **die freibeweglichen** – verschiedene Fische – die überall, zwischen den Pflanzen herumflitzen können

* bei großen Gruppen-
das Wasser rundherum – ein Teil der Gruppe bildet einen Kreis, nimmt sich an den Händen und wogt und quallt

Wie Texte und Geschichten
Bewegungen und Darstellungen anregen, zeigen wir Euch in den nächsten Schwerpunkten.

C) Materialien bewegen

Bereits im Schwerpunkt „Tänze verändern" findest Du zum Einfluß von Tüchern und Stäben auf die Bewegung der Tanzenden zwei Beispiele:

O Yankee Doodle – mit Tüchern
O Patty Cake Polka – mit Stäben

Hier folgt eine Möglichkeit, mit der bekannten Musik „Summertime" von Gershwin und mit Tüchern in Bewegung und zur gemeinsamen Gestaltung zu kommen:

● Tanz mit Tüchern

– zu „Summertime"

Material: Seidentücher oder Leintücher

O Jede(r) hat das Tuch neben sich liegen – alle liegen
zur beginnenden Musik beginnen alle sich und ihr Tuch zu heben –
\+ Bewegungsunterschiede oder
\+ Bewegungsgleichheiten

können den Bewegungsanreiz ausmachen.

Die Bewegung ist nicht so sehr „rhythmisch".

O Zusätzliche Atmosphäre oder Impulse kann die **Beleuchtung** schaffen.

2. Tänze verändern

Den folgenden Beispielen und Vorschlägen von veränderten Tänzen liegen drei Möglichkeiten, Tänze zu verändern, zu Grunde:

A) Tänze vereinfachen

Diese Veränderung kommt vor allem Gruppen von Behinderten und Kindern zu Gute. Zusätzlich könnt Ihr zunächst schwierig erscheinende Tänze anfangs derart erleichtern.

B) Tänze verfeinern

Manche Tänze sind so einfach, daß Ihr Euch bald „sattgetanzt" habt. Gefällt Euch allerdings die Musik und wollt Ihr diese nicht missen, so könnt Ihr Euch bekannte Tänze verfeinern.

C) Neues zu bekannter Musik entwickeln

Manche Gruppentänze haben eine derart animierende Musik, daß sie Euch zu gänzlich neuen Bewegungen anregt.

Beispiele:

● Swing in der Gasse

Möglichkeit B)

Veränderungen zum 1. Teil:
„Aufeinander zugehen"

Die folgenden Verfeinerungen verkürzen die Musikdauer fürs Durchtanzen, so ist es günstig, wenn gleich mehrere Paare durchtanzen:

1. mit 4 Schritten auf meinen Partner zu und mit den Handflächen zuklatschen, 4 Schritte auseinander

2. mit 4 Schritten auf den rechtsgegenüber-Partner zu, Klatsch, zurück

3. ebenso zum linksgegenüber-Partner, Klatsch, zurück jetzt Swing durch die Gasse mit Klatschen oder:

4. mit meinem Partner mit 8 Schritten Rükken—an—Rücken—Spirale und dann gleich

5. mit rechter Schulter an rechter Schulter und Hände um die Hüften im Kreis drehen, jetzt Swing durch die Gasse von mehreren Paaren.

Yankee Doodle

mit Tüchern, z.B. für Behinderte

Möglichkeiten A) und C)

Veränderungen zur gesamten Musik

Alle haben je ein Tuch in der rechten oder linken Hand.

1. alle gehen in einer Reihe

2. eine(r) faßt ein Tuch eines anderen und alle machen dies, so bildet sich eine Kette,

3. die A zu einer Spirale zusammen dreht

4. A läßt das Tuch des andern aus, alle tun dies und tanzen allein herum

5. nun macht B eine neue Kette und führt sie ineinander usw.

6. C bildet mit einem Partner ein Paar und so entstehen lauter Torbögen, die einander durchschlüpfen oder einfangen und entschlüpfen.

Nach diesem Muster etliche andere Figuren.

Patty Cake Polka

Möglichkeit C)

Aus den folgenden Figuren könnt Ihr eine Rondo-Form entwickeln. D.h. eine der Figuren wiederholt Ihr ständig zwischen jeder neuen Figur.
Ihr könnt die Figuren einfach nacheinander ,,tanzen..'

Figur 1:
alle gehen und benützen die Stäbe als Gehstock

Figur 2: alle bilden eine Runde und tragen ihren Stock hoch – als Fahne

Figur 3: alle strecken ihre Stöcke in die Mitte – Kuppel

Figur 4: alle stellen ihren Stab ab und gehen, sich darauf stützend im Kreis herum

Figur 5: die Stäbe machen die Tänzer(innen) zu Instrumentspieler – die Stäbe sind jeweils
+ Querflöten
+ Posaunen
+ Gitarren

Figur 6. **die Stäbe sind jeweils ein Werkzeug** und machen die Tänzer(innen) zu Arbeitern

+ Schaufel
+ Preßlufthammer
+ Schraubenschlüssel

Weitere Bewegungsmöglichkeiten werden sicher von den Gruppenmitgliedern entdeckt.
Zusätzlich: Die Art der Stöcke beeinflußt die Bewegung. Z.B.: Gerten oder kurze Pflöcke – oder Bänder dran . . .

Bingo

Möglichkeit A)

Veränderungen zum 2. Teil:
„B–I–N–G–O"

Händereichen vereinfachen und Treffen erleichtern – dann geht's Schlangengehen zuletzt einfach:
Innen und Außenkreispartner stehen einander jeweils gegenüber, möglichst eng aneinander.

a) Die Außenkreisler gehen mit Beistellschritten jeweils zum nächsten Partner und **klatschen** bei jedem gerufenen Laut von Bingo dem neuen Partner auf die Handflächen.

b) Schrittweise wie bei a), nur nehmen die Partner einander an den Händen und **hocken** sich zu jedem Laut mit jedem neuen Partner nieder.

C) Die Außen und Innenkreispartner **trudeln** weiter: Mit jedem Partner mache ich eine ganze Wendung Hand in Hand und bin beim nächsten Laut beim nächsten Partner und trudle so durch den Bingo.

D) die letzte Möglichkeit ist dann das **Schlangengehen,** wie üblich.

3. Lieder gestalten

A) Lieder mit Bewegung:

Viele Lieder haben in ihrer Melodie und Textfolge schon Bewegungsanregungen eingebaut und werden erst lustig, wenn die Singenden diese Bewegungen mitmachen: Bekannte Beispiele:
„Jack saß in der Küche"
„Und jetzt gang i an Peters Brünnele"
„When an Austrian went joddeling"
„Ich bin ein Musikant"
und der militaristische Kanon „Infanterie, Kavallerie" der dann auch dementsprechende Bewegungen fordert.
Typisch beliebt ist „Cowboy Bill".

All diesen Liedern und Bewegungen sind klare Muster und einfache Verhaltensweisen gemeinsam. Zum Aufwärmen und in Bewegung kommen, bieten sie sich an.

Mehr dynamische Möglichkeiten bietet

B) Liedtexte und -inhalte darstellen:

Der einfachste Impuls ist, Lieder mit ereignisreichen Texten nachzuspielen:

Brülle ich zum Fenster raus

In diesem Bilder- und Singbuch von Fritz Eberhard Waechter, wird eine Fülle von Versen zunächst als Bilder dargestellt, zum Weiterreimen angeregt und zum körperlich Mitspielen eingeladen.

„Brülle ich zum Fenster raus"
Friedrich Karl Waechter, Beltz Verlag, 1973 Weinheim

● Auf einem Baum ein Kuckuck

Das Lied hat zwei Elemente:
Den Erzählvers, wo das stets neue Ereignis gesungen wird.
Das rhytmische Element: Simsalabi saladu saladim.

Dementsprechend kann sich die Gruppe in zwei Teile gruppieren. Ein Teil der Gruppe spielt die jeweiligen Ereignisse oder Handlungsinhalte wie Kuckuck, Baum, Jäger, schiessen usw.
Die anderen entwickeln eine Bewegung zu „Simsalabim . . .".

Nun singen alle gemeinsam das Lied und agieren entsprechend dazu. Dies ist auch für eine Aufführung vor andern möglich.

Hier ist der vollständige Text:

Auf einem Baum ein Kuckuck –
simsalabim salada saladu saladim -
auf einem Baum ein Kuckuck saß.

2. Da kam ein junger Jäger -
da kam ein junger Jägersmann

3. Der schoß den armen Kuckuck -
der schoß den armen Kuckuck tot

4. Und als ein Jahr vergangen –
und als ein Jahr vergangen war

5. Da war der Kuckuck wieder –
da war der Kuckuck wieder da.

● Der Baggerführer Willibald

Eines der bekanntesten neuen Kinderlieder, das den Kindern in einfacher, witziger Art zeigt, welche Probleme der Wohnbau aufwirft und wie simpel die Lösung wäre, wenn . . .

Der ereignisreiche Text lädt zu einfachen Szenen ein.

Text und Melodie: Dieter Süverkrüp

Es ist am Morgen kalt, da kommt der Willibald und klettert in den Bagger und baggert auf dem Acker ein großes tiefes Loch – was noch?

2. Naja, so fängt das an; dann kommen alle Mann. Sie bauen erst den Keller, dann baun sie immer schneller, was kommt dabei heraus? – Ein Haus.

3. Und in das Haus hinein ziehn feine Leute ein; die Miete ist sehr teuer, kost' 700 Eier. Wer kriegt die Miete bloß? – Der Boß!

4. Der Boß kommt groß heraus, dem Boß gehört das Haus, dem Boß gehört der Acker, der Kran und auch der Bagger, und alles, was da ist – so'n Mist!

5. Der Boß steht meistens rum und redet laut und dumm. Sein Haus, das soll sich lohnen, wer Geld hat, kann drin wohnen, wer arm ist, darf nicht rein – gemein!

6. Der Willibald kriegt Wut. Er sagt, das ist nicht gut. Er steigt auf eine Leiter: „Hört her, ihr Bauarbeiter! Der Boß ist, wie ihr seht – zu blöd!

7. Sein Haus, das bauen wir. Was kriegen wir dafür? Der Bo- zahlt uns den Lohn aus. Die Miete für sein Der Boß

7. Sein Haus, das bauen wir. Was kriegen wir dafür? Der Boß zahlt uns den Lohn aus. Die Miete für sein Wohnhaus, die ist in unsrem Lohn – nicht drin!

8. Das hat doch keinen Zweck, der Boß geht besser weg; dann bauen wir uns selber ein schönes Haus mit Keller, da ziehn wir alle ein – au fein!"

9. Wie Willibald das sagt, so wird es auch gemacht: Die Bauarbeiter legen los und bauen Häuser, schön und groß, wo jeder gut drin wohnen kann, weil jeder sie bezahlen kann, der Baggerführer Willibald baut eine neue Schwimmanstalt, da spritzen sich die Leute naß, das macht sogar den Baggern Spaß!

● Ana hot imma des Bummerl

Dies ist der Titel eines durch Kurt Sowinetz bekanntgewordenen typisch wienerischen Liedes. Die weinerlich-wienerliche Heurigenmelodie mobilisiert eine Menge Selbstmitleid und eignet sich zum Umtexten und Liednachspielen.

Dies kann zur konkreten Anregung werden, sich wachsam mit seiner Lebenssituation auseinanderzusetzen – und dies auch andern erlebbar zu machen:

Wir haben das Lied „Ana hot imma des Bummerl" zu einer realistischen Situation eines Mädchens umgetextet:

1. Refrain summen
2. Vers:

i bin a Schülerin vom B-Zug
und außadem bin i no schiach
daham woins mi nimma hobm
i waß net wia i mi do außa siach..
(2. Hälfte gesummt)

3. Refrain:

jetzt haßt's sie hot hoit des Bummerl
jetzt haßt's sie muaß hoit valian
i glaub sie is net so a dummerl
und loßd si von oi de Schmäh vafüan.

4. Vers:

des Bummerl des hot net nua ana
verlian tuan vüle mitanand
do lohnt es si an ned zu jamman
do nutzt's an nix won jeda waant
(2. Hälfte gesummt)

5. Refrain:

i find mia brauchn ka Bummal
do miaßat kana verlian
mia san do eh kane Dummerl
drum oabeit mazam mit unsam Hian

6. Sprecher(in):

„Aber meist geht die Entwicklung in a andere Richtung
– und daher sagt sich das Madl:"

7. Refrain:

ana dea muaß füa mi brenna
i mog eam net – i miaßat liagn
den mitn Göd werd i nehma
woarts no a weng – i wead eam kriegn.

Der Inhalt dieses Liedes läßt sich leicht darstellen als **Schattenspiel:**
Unterschiedliche Farben und projizierte Dias können unterschiedliche Realitäten verdeutlichen.

● Hejo — spann den Wagen an

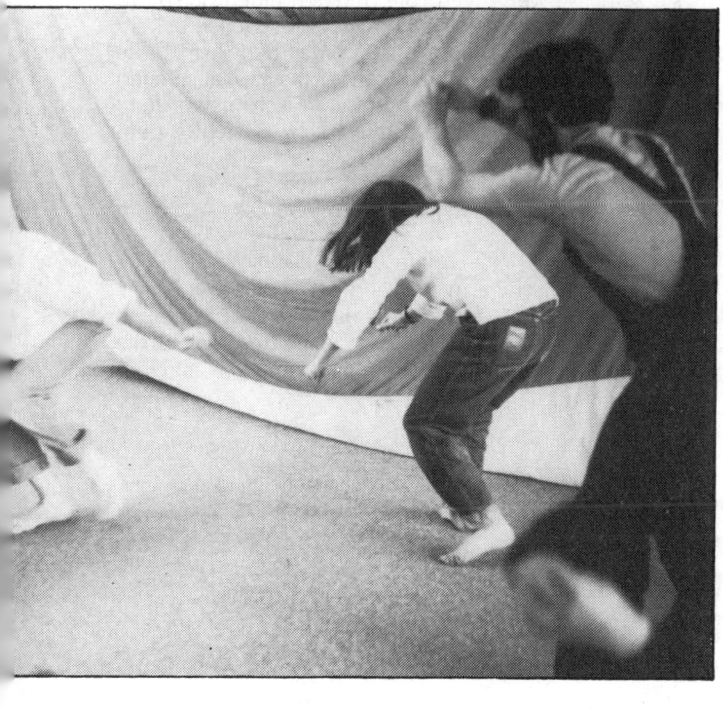

Dieses Lied ist in der Umtextung der Anti-AKW-Bewegung neu bekannt geworden und besitzt von da eine starke Kraft.

Innerhalb einer gruppenpädagogischen Woche haben wir einen zur Situation passenden Text gemacht und Bewegungen für alle eintwickelt:

Hejo – spann den Wagen an
alle stehen im Kreis und sind beieinander eingehängt – bei „spann" ziehen alle Arme zusammen und machen so den Kreis enger

Schau' was dir die Gruppe bringen kann
bei „schau" beugen sich alle zur Mitte und schauen die linken und rechten Gruppenmitglieder an

Erfolge haben Vorrang, Erfolge haben Vorrang
zu „Erfolge" heben alle die Arme gemeinsam hoch

Das Entwickeln des Textes und des Bewegungsablaufs hat in unsere Kleingruppe eine stark lustvolle und fast begeisterte Stimmung gebracht.

So bringt das Bewegungsuchen die Gruppe bereits in Fahrt.

● Froh zu sein — Frei zu sein

Bei einer anderen Gelegenheit haben wir den Kanon „Froh zu sein" umgetextet und dazu eine Gruppenbewegung entwickelt:

„Freizeit haben ist noch wenig, erst wenn's d' frei bist, bist a König"

Dazu haben wir einige Bewegungen ausprobiert und schließlich zu den 3 Textteilen passende ausgewählt.

4. Texte bewegen

Wie Dir schon die vorhergegangenen Beispiele zeigen, haben die Vorstellungen und Gefühle, die Texte bei uns auslösen, eine bewegende Kraft.
Je nach Inhalt können ganz alltägliche Bewegungen oder sehr ungewöhnliche Bewegungen entstehen.

Neben den Vorstellungen und Fantasien, die Texte in uns wachrufen, haben der Textklang und -rhythmus ihnen eigene Bewegungsimpulse.

Dazu die folgenden Beispiele:

A) Geschichten beleben:

● Swimmy

So ist der Titel des stark beeindruckenden Bilderbuches von Leo Lionni, im Verlag Gertraud Middelhauve, Köln 1964, erschienen.
Es folgen hier die Geschichte und Vorschläge, sie in Gruppen zu beleben.

Irgendwo in einer Ecke des Meeres lebte einmal ein Schwarm kleiner, aber glücklicher Fische. Sie waren alle rot. Nur einer von ihnen war schwarz. Schwarz wie die Schale der Miesmuschel. Aber nicht nur in der Farbe unterschied er sich von seinen Schwestern und Brüdern: er schwamm auch schneller.
Sein Name war Swimmy.
Eines schlimmen Tages kam ein Thunfisch in diese Ecke des Meeres gebraust, ein schneller, grimmiger, überaus hungriger Bursche.

Der verschlang alle kleinen roten Fische mit einem einzigen Maulaufreißen. Nur ein Fisch entkam ihm. Das war Swimmy.

Erschrocken, traurig und einsam wedelte der kleine Swimmy hinaus ins große, große Meer.

Nun ist aber das Meer voller wunderbarer Geschöpfe, die Swimmy in seiner heimatlichen Meeresecke nie gesehen hatte.
Als der große Ozean ihm Wunder um Wunder vorführte, wurde er bald wieder so munter wie ein Fisch im Wasser. (Und ein Fisch im Wasser war er ja, wenn auch nur ein kleiner.)
Zuerst sah Swimmy die Meduse, die Qualle. Er fand sie wunderbar. Sie sah aus, als wäre sie aus Glas, und sie schillerte in allen Farben des Regenbogens.
Dann sah Swimmy eine Art lebenden Schaufelbagger. Das war der Hummer.

Gleich darauf schwammen sehr seltsame Fische an ihm vorbei, leise und gleichmäßig, als ob sie von unsichtbaren Fäden gezogen würden. Dem kleinen munteren Swimmy waren sie ein bißchen unheimlich.
Bald aber war Swimmy wieder heiter. Er durchschwamm einen prächtigen Märchenwald. Einen Wald aus Meeresalgen, die auf bunten Felsen wuchsen.
Swimmy kam aus dem Staunen nicht heraus. Jetzt nämlich begegnete er einem Aal, der ihm unendlich lang erschien. Als Swimmy endlich wild wedelnd am Kopf des Aales angekommen war, konnte er sich schon nicht mehr an die Schwanzspitze erinnern.
Ein Wunder schloß sich ans andere an. Das nächste waren die Seeanemonen. Sie schwangen in der Strömung sanft hin und her, wie rosa Palmen, vom Wind bewegt.

Dann jedoch glaubte Swimmy seinen Augen nicht zu trauen: es sah einen Schwarm kleiner roter Fische. Hätte er nicht gewußt, daß sein eigener Schwarm verschlungen und verschwunden war, er hätte die Fische für seine Schwestern und Brüder gehalten.
„Kommt mit ins große Meer!" rief er ihnen munter zu. „Ich will euch viele Wunder zeigen!"
„Geht nicht", antworteten die kleinen roten Fische ängstlich. „Dort würden uns die großen Fische fressen! Wir müssen uns im sicheren Felsenschatten halten."

Die Antwort der kleinen roten Fische machte Swimmy nachdenklich. Er fand es traurig, daß der Schwarm sich nie hinaus ins offene Meer trauen durfte.

„Da muß man sich etwas ausdenken", dachte er.
Und er dachte nach. Er überlegte und überlegte und überlegte. Und endlich hatte er einen Einfall.
„Ich hab's!" rief er fröhlich. „Laßt uns etwas ausprobieren!"
Da Swimmy den kleinen roten Fischen gefiel, befolgten sie seine Anweisungen: Sie bildeten einen Schwarm in einer ganz bestimmten Form. Jedes Fischchen bekam darin seinen Platz zugewiesen. Als der Schwarm diese bestimmte Form angenommen hatte, da war aus vielen kleinen roten Fischen ein großer Fisch geworden., ein Fisch aus Fischen, ein Riesenfisch. Es fehlte dem Fisch nur das Auge.
Also sagte Swimmy: „Ich spiele das Auge!"
Dann schwamm er als kleines schwarzes Auge im Schwarm mit.

Jetzt traute der Schwarm sich endlich hinaus ins offene Meer, hinaus in die große Welt der Wunder. Niemand wagte mehr, sie zu belästigen. Im Gegenteil: selbst die größten Fische nahmen vor dem Schwarm Reißaus.

So könnt Ihr diese Geschichte lebendig machen: (und andere Geschichten auch):

1. **Die Geschichte vorlesen**

2. **Abschnitte** in der Geschichte entdecken

3. **Die Mitspieler zeichnen** Bilder oder malen ihre Eindrücke zu den jeweiligen Abschnitten: Dabei können sich auch Malgruppen bilden.

Overheadfolien ermöglichen Bilder für ganz große farbige Lichterlebnisse!
Zusätzlich können Overheadfolien oder Folienstreifen verschoben werden, wobei ein bewegtes Bild entsteht.

4. Alle probieren die Abschnitte mit einfachen Instrumenten **mit Geräuschen und Musik zu untermalen**

Dieses Schallspiel kann auf Tonband aufgenommen und mit den Bildern oder Folien andern vorgeführt werden.

5. Eine Gruppe der Mitspieler kann überdies — unterstützt von entsprechender Beleuchtung oder Overhead-Farb-Bildern **Bewegungen und Szenen spielen.**

Hier können Masken und Tücher eine gute Unterstützung sein.

Statt der Fasen 3. und 4. kann eine vorbereitete **Musik-Collage** (u.B. Animations-Kassette Seite 2, Impulse) gleich zu Bewegung animieren.

Einen zusätzlich realen Effekt könnt Ihr erzielen, wenn Ihr zwischen die Geschichte Szenen (z.B. mittels Schatten-Spiel) aus dem Leben spielt, die zur Geschichte passen.

Die gleiche Aufgabe können einprägsame Dias, die die Geschichte real verdeutlichen, erfüllen.

B) Texte rhythmisch gestalten:
● Namen-Melodie

Diesen Bewegungsimpuls findest Du in diesem Buch bei den verschiedenen Schwerpunkten öfters beschrieben. Das deshalb, weil es sich bei „Namen-Melodie" um einen recht erquicklichen Impuls handelt:

Ihr wählt Euch den Namen eines Gruppenmitglieds und versucht dem Klang und den Bildern des Namens und dessen Silben und Lauten entsprechend eine Bewegungs- und Geräuschimprovisation.

Ähnliches könnt Ihr zu vielen anderen Begriffen probieren: *Solidarität, Frieden*
Dieser Impuls war eine Station des „Solidaritätskarussells" das wir in unserm Buch „Großgruppen-Animation" beschreiben.

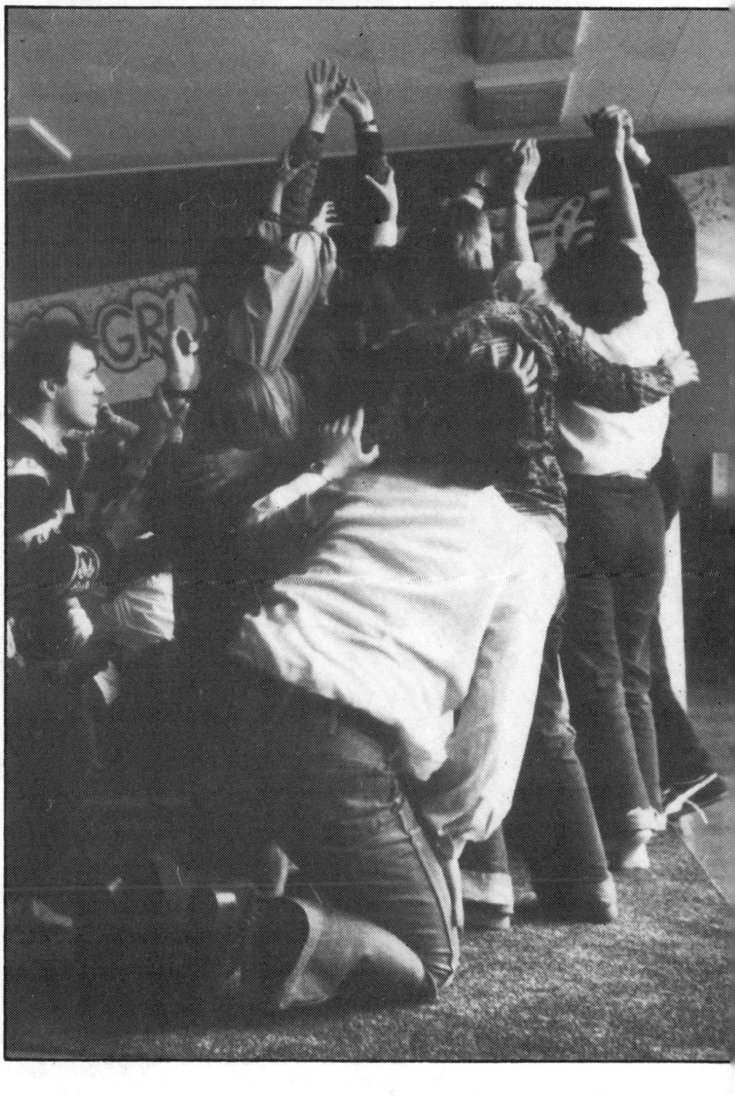

● Dreiklung-Sinn-Sprüche

„im morgengrauen
den frauen
vertrauen"

Jede der Kleingruppen bekommt einen derartigen Spruch und experimentiert dazu:

1. Stimmliche Experimente
2. Skulpturen oder Bewegungsabläufe zum Text machen
3. Selbst neue Dreiklang-Sinn-Sprüche erfinden und darstellen oder einander zum Darstellen geben.

auf steinen
mit kleinen
weinen

auf stühlen
im kühlen
sich fühlen

auf bäumen
das träumen
versäumen

in hecken
die schnecken
verstecken

● Straßenverkehr

Zum folgenden Lautgedicht habt Ihr Möglichkeiten:

1. Lautisieren: statt rattern – rra ra ra ra
2. Rhythmisieren: Worte rhythmisch sprechen und mit Instrumenten unterstützen. Jede Gruppe hat z.B. eine Instrumentenart . . .
3. Bewegungsabläufe dazu machen

rattern
knattern
rutschen
quietschen
wischen
blinken

stinken
tanken
dröhnen
rauschen
rasen
sausen
bremsen

kreisen
kreiseln
krachen
brechen
blech
brennen

rennen
rufen
tuten
bluten
blenden
gelb
grün
rot
tot

Quellen der Texte:
„Sprachspiele", Reihe „ludi musici", Fidula Verlag, Wilhelm Keller

Reinhold Rabenstein und
Gusti Reichel

7. Kapitel

Bewegungs-Animation

bei Festen und Veranstaltungen

Wie Großgruppen in Bewegung kommen, wie gemeinsames Bewegen Kontakte erleichtert und bei Veranstaltungen und Festen Stimmung und Beteiligung bringt: das findet Ihr in diesem Kapitel.

Übersicht:

Einleitung:

Großgruppen
- Anonymität
- Persönliche Erlebnisse

- Sicherheit
- Risiko und Anreiz

Kommunikations-Strukturen für Großgruppen

Veranstaltungen

Feste

1. In Bewegung und Kontakt kommen

2. Tanz-Spiele

3. Bewegungs-Aktionen

4. Berühren und einander Spüren

„Großgruppen-Animation"

In diesem Buch stellen wir viele Beispiele und hilfreiche Methoden für das Animieren von Großgruppen vor.

Einleitung:

In diesem Kapitel haben wir Impulse gesammelt, die Großgruppen in Bewegung bringen:
- lockern
- warm werden
- aufeinandertreffen, in Kontakt kommen
- durch Darstellungen eingestimmt werden
- Beteiligung und Mitmachen für viele ermöglichen

Großgruppen-Animation:

Großgruppe:

In Großgruppen haben die Beteiligten ganz andere Möglichkeiten als in kleineren Gruppen – allerdings auch andere Grenzen und Schwierigkeiten.
Auch für Dich und Euch fordern Großgruppen andere Schwerpunkte bei der Bewegungsanimation.

Ausführlich gehen wir auf die Besonderheiten der Großgruppen in unserem Buch „Großgruppen-Animation" ein: Im Teil 2 „Beachtliches" stellen wir die Spannungsfelder der Großgruppen-Animation, das Animateur-Verhalten und die Zusammenarbeit des Animateur-Teams dar.

Hier einige Notizen zu wichtigen Stichworten der Großgruppen-Animation:

Anonymität

In Großgruppen erleben die Beteiligten mehr Anonymität als Gruppenmitglieder einer Kleingruppe.
Diese Anonymität kann das bange Gefühl, allein zu sein, wecken und gleichzeitig für die einzelnen einen großen Handlungs- und Bewegungsraum bieten.
Eure Bewegungsanimation kann dementsprechend viele persönliche Kontakte in der Großgruppe erleichtern wie zum freien Toben und risikovollen Agieren anregen.
Richtet Euch dabei nach den (vermuteten) Möglichkeiten Eurer Teilnehmer und nach der Menge an persönlicher und methodischer Sicherheit, die Ihr selbst braucht!

Persönliche Erlebnisse

Großgruppen bedeuten gerade in Versammlungen oft ein rein sprachliches oder aufs Zuschauen beschränktes Erleben.
Viele Bewegungs- und Kontaktimpulse dieses Buches und Kapitels eröffnen Euch die Möglichkeit, in Großgruppen Intimität zu erleben:

Jemandem ins Auge sehen, beieinander verweilen, einander spüren und berühren, gemeinsam entspannen, ein Thema darstellen, neue Partner treffen ....

Bewegungsanimation:

Sicherheit

Einzelne brauchen in Großgruppen oft mehr Sicherheit (auf Grund von vielfältigeren Gefahren-Fantasien: „Was mir da alles passieren kann").
Um auch in Großgruppen zu entspannten, nicht nur auf wenige fixierten Kontakten zu kommen, kann Sicherheit durch klare Strukturen und Regeln wichtig sein.
Ein gelungenes Beispiel für die Ausgewogenheit von Sicherheit und Risiko sind die Strukturen
O Die Zwiebel
O 4 - 6 Ecken
O Spots in Movement

Risiko und Anreiz: anregen und regeln!

Wir verstehen Animation als die zur Gruppe passende Mischung von Anreiz und Regel = anregen und regeln!
Originelle, unbekannte, spannende und risikovolle Impulse — eingebettet in eine sichere Gesamtstruktur — animieren Großgruppen.

Obige Stichworte sind für die Abstimmung Eurer Vorbereitung und Reflexion wichtig.
Das glückliche Zusammenspiel von bewegenden Impulsen und tragenden Strukturen ist für mich der Kern von Bewegungsanimation in und mit Großgruppen.
Deshalb fasse ich hier kurz die wichtigsten Kommunikations-Strukturen zusammen. Differenzierter beschrieben findest Du sie in unserem Buch „Großgruppen-Animation", Teil 3, Kapitel „Kommunikations-Strukturen".

Kommunikations-Strukturen:

1. Bienenkörbe
Aus der Großgruppe bilden sich für kürzere Zeit viele Kleingruppen (zu Aufgaben oder Interessen), dann wieder Großgruppe.
Viele neue Partner bei neuen Kleingruppen.

2. 4—6 Ecken
Zu 4 - 6 Wahlmöglichkeiten eines Themas bilden sich bei den jeweiligen Aussagen Kleingruppen, die sich über ihre gemeinsame Wahl unterhalten, (Es können in den Ecken auch andere Kommunikationsformen wie Malen, Darstellen, Schreiben angeregt werden)

3. Karussell
Angebote gleichzeitig, Partner (Gruppen) sind fix und erleben nacheinander die Angebote/Aufgaben, Zeit daher geregelt, Abfolge geregelt.

4. Markt
Angebote/Aufgaben sind gleichzeitig, jeder wählt nach Belieben, Gruppen treffen sich zufällig (können auch vorher gebildet werden).

5. Verschnitt-Gruppen
Aus größeren Teilgruppen bilden sich mit je einem Gruppenmitglied neue Kleinstgruppen.

6. Pool
Aus der Großgruppe bildet sich eine Kleingruppe, die vor aller Augen agiert.

7. Wechselnde Paare
Zu verschiedenen oder gleichbleibenden Aufgaben und Impulsen treffen stets neue Partner aufeinander und bilden für eine gewisse Zeit ein Paar.

8. Lawine
Alle bilden Paare, schließen sich dann zu 4er Gruppen zusammen, dann zu 8er, dann zu 16er — jeweils neue Aufgabe möglich.

9. Signalzeichen
Aus den Sitzreihen oder dem großen Kreis reagieren die verschieden betroffenen Gruppenmitglieder durch Aufzeigen, Zueinandergehen, Position-Beziehen.

10. Ausgangspunkt
Von einer Stelle (Bühne, Leinwand u.a.) geht die Aktion aus. Die Animateure kommen nicht immer aus der Großgruppe.

11. Kreis
Alle stehen, sitzen, tanzen im großen Kreis.

Feste und Veranstaltungen:

Veranstaltungen

Bei Veranstaltungen steht meist ein Thema im Vordergrund, die Teilnehmer sind anonymer als bei Festen, die Veranstalter sind den Teilnehmern oft nicht persönlich bekannt.

Auch bei derart üblichen Veranstaltungen bringt Bewegungsanimation einiges:
— Auflockerung im üblichen Verlauf
— Kontakte leichter knüpfen
— inhaltliche und persönliche Berührungspunkte
— Betroffenheit beim szenischen Darstellen

Bei Veranstaltungen mit Erwachsenen ist dosiertes In-Bewegung-Kommen besonders wichtig. Dafür sind folgende Methoden geeignet:

● 4 - 6 Ecken
● Die Zwiebel (mit dementsprechend dezenten Impulsen)
● Namenschleifenspiel
● Kreuzwortnamen
● Mein (unser) rechter Platz ist leer

Feste

Je nach Anlaß zielen Feste auf inhaltliche oder körperliche Aktivität und Berührung. Der Wunsch nach verbindlichen Erlebnissen ist bei Festen deutlicher als bei Veranstaltungen.
Bei Festen hat Bewegungsanimation dementsprechend viele Möglichkeiten:
— auflockern und warm werden
— in Stimmung kommen
— einander hautnah spüren
— Kontakte zu (andersgeschlechtlichen) Partnern unterstützen
— aus sich herausgehen
— explodieren
— einander was vorspielen und vortanzen
— gemeinsam Bewegungen und Szenen schaffen
— ergriffen sein
— begriffen werden

Die Bewegungsimpulse können kurze Spots im Festgeschehen sein,
zum Beispiel:
● Leute zu Leute
● Spots in Movement
● Follow me
● einige Gruppentänze
● Zwischenräume
● An-Feuertanz

Die Bewegungsanimation kann dem Fest für längere Dauer eine deutliche Struktur geben,
zum Beispiel:
● Punkt für Punkt
● Zwiebel - gruppenweise
● An-Feuertanz

Neben den vielfältigen Bewegungsimpulsen aller Kapitel dieses Buches stellen wir die für Großgruppen besonders geeigneten hier folgend vor.
Impulsbündel:
1. In Bewegung und Kontakt kommen
2. Tanz-Spiele
3. Bewegungs-Aktionen
4. Berühren und einander spüren

1. In Bewegung und Kontakt kommen

Diese Methoden findest Du im 1. Kapitel beschrieben:

- **Die Zwiebel**
- **Spots in Movement**
- **Atome Moleküle**
- **Bewegung mit Material**
- **Knie-Sitz-Kreis**
- **Knoten**

- **Punkt für Punkt**

Im Bündel „Bewegungs-Aktionen" beschrieben.

● 4—6 Ecken

Die Teilnehmer haben die Möglichkeit, in Kleingruppen mit jeweils gemeinsamer Entscheidung zusammenzutreffen:
Alle stehen in der Mitte des Raumes. Zu einem Thema: „Wie ist gerade meine Wetterlage" sind an 4 - 6 (ab 30 Personen 6 Wahlmöglichkeiten) Stellen im Raum Zetteln, mit jeweils einer Wahlmöglichkeit angebracht. Nun gehen alle von Ecke zu Ecke und wählen jene, die zu ihrer Wetterlage paßt.

So bilden sich Kleingruppen, die jeweils ihre Entscheidung gemeinsam haben. Darüber läßt sich's leicht kommunizieren.
Nach einiger Zeit gehen wieder alle in die Mitte, ein neues Thema wird genannt (Was tue ich gern in meiner Freizeit. Welches Tier möchte ich sein. Meine Lieblingsfarbe u.a.). Jede(r) wählt sich ein neues Eck und trifft dort mit neuen Gesprächs- und Aktionspartnern zusammen.

Neben dem Miteinandersprechen können noch Malen, Bewegen, Szenische Darstellungen, Plakatemachen die Aufgaben der Kleingruppen sein.

● Spielkarussell: Frieden

Das System des Spielkarussells ist Dir wahrscheinlich schon bekannt:
Kleingruppen wandern von Spielstation zu Spielstation.
Die Stationen sind zu einem Thema mit möglichst unterschiedlichen Kommunikationsimpulsen gestaltet.

In den vergangenen Wochen hatten wir zweimal die Gelegenheit, das Spielkarussell „Frieden" zu animieren:
Beim AGB-Pfingstseminar '82, 49 junge Erwachsene,
bei einem Seminar für burgenländische Sozialarbeiter, 18 Erwachsene.

So war's zu Pfingsten '82:

An 7 Tischen waren die Spielimpulse der Stationen aufgeklebt, alle setzten sich in die Szenerie und **René erzählte die Geschichte vom Frieden-spielen:**

„Ein russischer Schriftsteller saß vor seinem Haus und sah den Kindern beim Spielen zu. Er sah, wie sie einander verfolgten, bekämpften, töten und bekriegen spielten. Da rief er die Kinder zu sich: ‚Hallo ihr Kinder, ihr spielt schon die ganze Zeit Krieg, könnt ihr auch Frieden spielen? Spielt lieber Frieden!' ‚Ist gut Väterchen, wir spielen Frieden.'
Die Kinder liefen wieder zu ihrem Spielort. Dort angekommen wollten sie Frieden spielen. Doch es wurde kein rechtes Spielen draus – unschlüssig standen sie herum.
Jetzt kamen die Kinder zum Schriftsteller zurück und fragten: ‚Väterchen, wie spielt man Frieden?'"

Nach dieser Einleitung erklärte René das Spielprinzip und lud ein, **Kleingruppen von je 6–7 Gruppenmitglieder zu bilden.**

Eine Musikfanfare (Zirkus-Kassette) war für alle das Zeichen, die Station zu verlassen und zur nächsten zu gehen.
Pro Station hatten wir ca. 15 Minuten Zeit.

Diese Stationen hatte unser Team vorbereitet:

- **Einander freundlich schminken**
  Auf einem Tisch waren etliche Dosen mit Wasserschminke und Schminkstifte und ein großer Spiegel

- **Meine Friedenshaltung – dann zu einer Friedensstatue zusammenbauen**
  Hier konnte jede(r) eine passende körperliche Haltung suchen und den andern der Kleingruppe erklären.
  Daraus baute die Kleingruppe ihre Friedensstatue.

- **Geschichten erfinden mittels TASK–Kärtchen**
  Aus einem Päckchen Karten (je zwei Strichmanderl in Aktion) zog jeder 4, einer begann zu einer Karte die Geschichte zu erzählen und legte die Karte auf. Ein anderer setzte mit seiner passenden Karte die Geschichte fort . . . bis derart die Geschichte fertig erzählt war oder die Kärtchen alle aufgelegt waren.
  Thema: Konflikte und Lösungen.

- **Friedensutopische Gstanzlstrofen zur Melodie von „Holloderidio – wos sogst denn do?"**

  Einige herzhafte Beispiele und Ergebnisse:

  Mit d' Bomben Raketen –
  i waß, wos ma mochen,
  wir loßn's zu Pfingstn
  ols Feierwerk krochn.

  Wann alle des kriagn,
  wos se holt so brauchn,
  dann brauchn s' kan Krieg net
  damit eahna s' flauchn.

  Waun i do so sitz –
  und dein Gsichterl schau –
  daunn wird ma so friedlich und
  im Bauch so lau.

Refrain jeweils:
Holloderidio . . . wos sogst denn do !?

- **Eine Szene machen: Eine typische Prüfungssituation und eine „neue"**

  Die Kleingruppe teilt sich und eine Hälfte spielt eine übliche Prüfungsszene und die andere Hälfte versucht eine „friedliche" Prüfungssituation zu erfinden und zu spielen. (Beim Seminar waren die Hälfte der Teilnehmer Lehrer)

- **Gemeinsam ein Friedensbild malen**

  Große Papierbögen und Ölkreiden waren hier vorbereitet.

- **Erarbeitet einige Punkte für einen Lehrplan zum Fach „Friedenskunde" – einigt euch vorher auf den Schultyp und die Schulstufe**
  (Auch zu dieser Station war es durch die vielen Lehrer als Teilnehmer gekommen)

Zum Abschluß
des Karussells schauten wir uns die Friedensbilder an und sangen einige der getexteten Gstanzlstrofen und genossen die bunt geschminkten Gesichter.

Beim Spielkarussell „Frieden" mit den burgenländischen Sozialarbeitern hatten wir folgende Spielstationen:

- **Ein Friedensbild malen**
- **TASK-Kärtchen: Geschichten legen**
- **Gstanzlstrofen texten**
- **Einander schminken**
- **Eine Rollen-Geschichte entwickeln**
  Die Rollen-Geschichte ist eine Weiterentwicklung der Szenischen Rumdumgeschichte: Zu einer einfachen Geschichte werden soviele Rollenkärtchen vorbereitet und verteilt wie Gruppenmitglieder da sind.
  Jede(r) zieht sich aus einem Sackerl sein Rollenkärtchen — nun beginnt der Animateur die Geschichte zu erzählen. Alle Rollen, die vorkommen, werden spontan von den jeweiligen Gruppenmitgliedern gespielt.
- **Friedenshaltung — Friedensstatue**

● Rollen-Geschichten

Wie einfach Rollen-Geschichten zu erfinden und zu spielen sind, habe ich schon angedeutet:

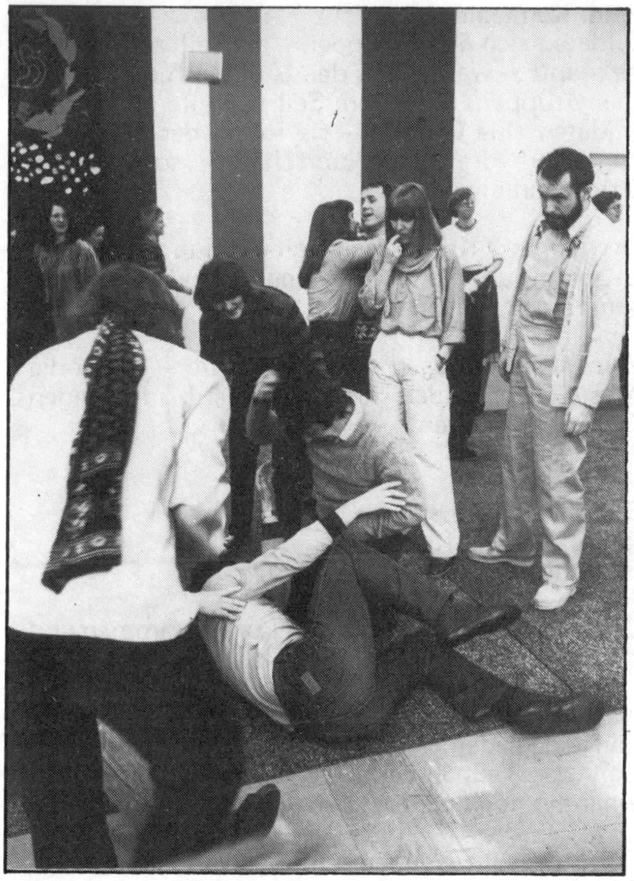

Beim Entwickeln der Geschichte müßt Ihr lediglich darauf achten, **der Mitspielerzahl entsprechende Rollen** zu beschreiben und eine möglichst einfache und zugleich **aktionsreiche Geschichte** zu erfinden oder zu beschreiben.

Die Rollen schreibt Ihr auf jeweils soviele Kärtchen, wie Mitspieler da sind —
die Geschichte schreibt Ihr in Schlagworten für den oder die Erzähler auf.

Hier folgen die 2 Rollengeschichten, die beim Spielkarussell entstanden sind:

„Fußball+Frieden—Fans":

„Eine Dame steht mit Kind im Kinderwagen bei der Haltestelle und erwartet die Straßenbahn —
die Straßenbahn mit Fahrer, Fahrgästen und Schaffner kommt daher und bleibt stehen —
von weit hinten kommen jetzt lautstark Rapidfans auf die Straßenbahn zu -
die Fahrgäste entrüsten sich über die Fans und ignorieren Frau mit Kind —
Frau plagt sich, in die Straßenbahn zu kommen —
Rapidfans heben Frau und Kinderwagen in die Straßenbahn —
umarmen alle Fahrgäste —
Tramway bleibt stehen —
alle steigen aus und machen einen Friedensmarsch."

Die Rollen waren der Geschichte entsprechend einfach:
Dame, Kind
Straßenbahnschaffner, -fahrer, -fahrgäste, Rapidfans

„Von der Unterdrückung zum Frieden:"

Hier haben wir 4 kurze Geschichten erfunden, in welchen Unterdrückung und Ausbeutung als Ursache für Verfolgungen und Bekriegen sichtbar werden — dann kommt der Friede und die Unterdrückten lehren die Unterdrücker friedlich=zusammen leben:

1. Der Tschusch putzt den Dreck
weg — der Passant kommt vorbei und sagt: „Stink net so, Du Sau!" und geht ihm aus den Weg (erstarren)

2. Der König holt sich das Gold
Vom Ritter — der Ritter holt sich das Getreide vom Bauern — und prügelt ihn nieder

3. Der Römer liegt auf seinem
Ruhebett, schaut gelangweilt und frißt — 2 Sklaven kämpfen vor ihm um ihr Leben zu seiner Belustigung — der Römer entscheidet wer am Leben bleibt

4. Der Verbrecher flüchtet vor
dem Polizeitrupp mit Hunden – der Kommisar legt an, schießt, trifft, tot

5. Der Nigger pflückt gebückt
Baumwolle, verlangt Wasser – Plantagenbesitzer peitscht ihn

Nach jeder Geschichte erstarren die jeweiligen Mitspieler.

Da kommt der Friede ins Land:

(zwei breiten ein Seidentuch über alle) und breitet das Tuch des Vergessens über alle.
Die Geschlagenen und Geschundenen vereinen sich unter dem Tuch – und lernen den untereinander kämpfenden Ausbeutern, wie man sich einhängt –
so bilden sie einen großen Kreis und tanzen gemeinsam den Frieden

Beispiele: 1600 Jugendliche bei „Spots in Movement"

Kennenlernfase.

Bewegungsanimation beim Bundestreffen 1978 der Österreichischen Gewerkschaftsjugend, Wien, Donauwiese.

Die Situation:

Aus allen Bundesländern kommen Jugendliche aus ÖGJ-Gruppen und Betrieben zusammen. „Erleben–begreifen–verändern" war das Motto.

4 Farben war die erste Zuordnung des Treffens: Jeder hatte in seinem Teilnehmerheft eine der Farben. Luftballons am Gelände markierten den Treffpunkt der „Farbgruppen". Diese 4 Großgruppen hatten beim späteren Verlauf eine Bedeutung.

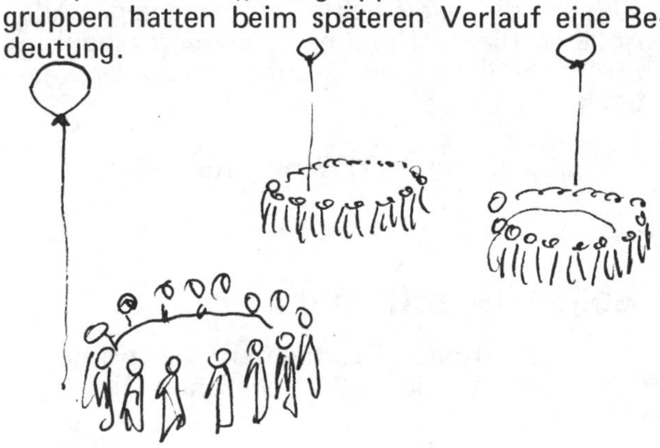

Zum Kennenlernen
bildeten sich 50er Gruppen – ein Seil, zusammengeknüpft – war jeweils der „Anknüpfungspunkt" der Gruppen. Soviel am Seil zugreifen konnten, bildeten eine Gruppe – sie legten das Seil kreisrund auf die Wiese und hatten somit ihren **Gruppenraum.**

In diesem Kreisfeld spielten nun alle 50er Gruppen „Spots in Movement" nach **Gemeinsamkeiten:**

Zur Musik bewegen sich alle herum – bricht die Musik ab, so bilden sich Grüppchen zu folgenden Gemeinsamkeiten
1) Augenfarbe
2) Haarfarbe
3) Schuhgröße
4) Gewerkschaften
5) Bundesländer

Diese Grüppchen plauderten kurz zusammen und trennten sich zur Musik jeweils.

Nach der 5. Gemeinsamkeit wurde zu **4er Gruppen** eingeladen: Diese 4er Gruppen hatten nun Zeit das **Teilnehmerpaket** durchzuarbeiten und einander noch näher vorzustellen.

Damit war die Kennenlernfase abgeschlossen.

Kennenlernparty mit 100 Kindern

Die Situation:

Am Keutschacher-See in Kärnten, Sommer '78. In 10 Zelten waren jeweils 10 Kinder und ein Erzieher untergebracht.
Es war der zweite oder dritte Tag des Lagers, das Erzieherteam wollte gern eine Kennenlernparty und die Kinder auch. Dazu kam der Wunsch der ca. 12-jährigen, eine Party zum Kennenlernen zu machen.

Gleichzeitig zum Kinderlager fand ein Helferkurs statt, ca. 12 Jugendliche um 16 Jahre waren beteiligt.
Dieser Helferkurs hatte nun die Aufgabe, diese Party vorzubereiten. Dies hatte mit dem ersten Schwerpunkt des Kurses zu tun:
Neue Spiele für Kindergruppen.

Die Vorbereitung
Als Probleme waren bekannt: (vom Vorjahr)
Der Raum ist für 100 Kinder ziemlich laut und hallend.
Die Kinder können sich nur kurz auf Anweisungen und Vorschläge konzentrieren.
Informationen müssen deshalb laut und kurz sein.

Daraus ergab sich dieser Ablaufplan:

1. **Namen in Kreuzworträtselform:**
   Jedes Kind wird gleich beim Hereinkommen von Helfern eingeladen und informiert.

2. **Kurze Information über den Verlauf des Abends:**
   Plakat und Erklärung durch mich.
   Wunsch: Sobald die Musik abbricht, bleibt jeder still stehn.

3. **Spots in Movement**
   Mit Atomspiel vereint

4. **Gruppen-Bewegung**

5. **Mein rechter Platz ist leer**
   Gruppenweise

6. **Lawinentanz**
   tanzen

7. **Singen**

O Der Abend

Im wesentlichen verliefen die Spiele wie geplant. Überrascht und erfreut waren alle über die große Lebendigkeit und den Riesenspaß der Kinder.
Es ging irr zu und die Gruppen konnten viele Kontakte anknüpfen.

Einige Spiele, die wir für diesen Abend verändert haben, möchte ich noch genauer beschreiben:

Die Vereinbarung, daß nach Abbruch der Musik kurz alle still sind, war wichtig und wurde von den Kindern beachtet.

Beim Element 3 war dies sehr wichtig:
Spots in Movement: Mit Atomspielelementen. Bewegte Musik, die Kinder und Erzieher bewegen sich locker durch den Raum.
Die Musik bricht ab – ich rufe „Atom 2" und je zwei schließen sich zusammen.
Die Musik setzt wieder ein, die Paare trennen sich und alle bewegen sich herum.
Dann folgten noch folgende Aufgaben:
– Atom 5
– Atom 7
– alle mit gleicher Augenfarbe
– gleiches Geburtsmonat
– mit und ohne Bart
– zeltweise
Die letzten Gruppen bildeten den Ausgangspunkt fürs nächste Spiel:

4. Gruppenbewegung, eine Abwandlung von „follow the leader":
Jede Gruppe bekam eine Nummer. Jetzt wurde eine Musik „Rockn Roll" gespielt, zu der sich jede Gruppe eine Bewegung ausmachte.
Nummerntafeln waren vorbereitet.
Nun begann die Musik wieder zu spielen:
Nummer 5 wurde in die Höhe gehalten, Gruppe 5 zeigt ihre Bewegung, die von allen übernommen wird.
Die Musik bricht ab, eine neue Nummer und alle machen die neue Bewegung nach.
Dies wurde unterschiedlich lang abgewechselt und war sehr lustig für die Beteiligten.

5. Mein rechter Platz ist leer
Zu diesem Spiel konnten die Gruppen gleich beieinander bleiben und ihre Nummern behalten.

Wie auf der Skizze standen die Gruppen dicht beieinander.
Die eine Gruppe rief nun eine andere
– singend
– weinend
– lachend
– pfeifend
– schreiend
usw. herbei.
Auch hier ergaben sich überraschende Situationen, die die Beteiligten ungemein anregten.

Während der Freien-Tanz-Abschnitte konnte dann jeder seine Kontaktwünsche weiter verwirklichen, wobei die Erzieher sich um die Kleineren kümmerten.
Die Größeren tanzten teilweise paarweise.

2. Tanz-Spiele

Tanz-Gutscheine

Eine einfache Einladung, mit verschiedenen Partnern zu tanzen und zugleich zu wählen:
Alle bekommen Kärtchen, auf denen 4 verschiedene Tänze (Musikarten) gedruckt stehen.
Nun wählen sich alle, die mitmachen, zu jedem der Tänze eine(n) Partner(in), vereinbaren dies kurz und schreiben sich deren Namen dazu. Wenn's dann soweit ist, finden oder suchen alle ihre Partner ....

Tanz-Kuvert

Verschiedene Bewegungen, gruppenweise angeregt und erlebt:
Alle bilden kleine Gruppen (6-10). Jede Gruppe bekommt ein Kuvert, mit 4-6 Zetteln. Darauf schreiben die Gruppen je eine Bewegungsart.
Die Zettel kommen wieder ins Kuvert und die Kuvert vermischt in die Mitte.
Jede Gruppe zieht sich nun ein Kuvert, zieht den ersten Zettel und bewegt sich zur jetzt beginnenden Musik, wie's draufsteht.
Die Musik bricht ab, mit der neuen einsetzenden Musik beginnen die Gruppen mit ihrer neu gezogenen Bewegung.

Variation:

Tanz-Prosit

Hier gehts genauso zu, wie oben. Statt der Kuverts und der Zettel, werden die Böden von Gläsern beschrieben.
Nun muß jede Gruppe erst eine Runde trinken, bevor sie die Bewegung ablesen kann.

Lichtwalzer

In einem gut passenden Teil des Festes verlöschen alle Lichter — vorher hatten alle Paare ein Alu-Kerzerl verteilt bekommen.
Zu einer originell-feierlichen Musik beginnt bei einem Paar das Kerzerl zu brennen.
Dann geben diese das Licht weiter, diese wieder. Paare, die das Licht bekommen, beginnen sich zu bewegen.
Bis schließlich alle Kerzen leuchten und alle Paare tanzen ....
Die behagliche Atmosphäre ist garantiert.

Zeitungstanz

Kleine Aufgaben für Paare beim Tanzen:
(Üblicherweise haben die Paare die Aufgabe, bei jedem Musikabbruch sich auf die durch jeweiliges Zusammenfalten kleinerwerdende Zeitung zu stellen: wer daneben tritt oder die letzten scheiden aus)
Ich kann mir eine freudvollere Variation so vorstellen:
Jedesmal, wenn die Musik abbricht, stellen sich die Paare auf ihre immer kleiner werdende Zeitung — und versuchen so eine gemeinsame Aktion:

- ohne die Zeitung zu zerreißen, zu einem anderen Paar hinrutschen
- sich die Hände geben und im Kreis kreiseln
- jeweils auf einem Fuß ins Gleichgewicht kommen
- sich auf einen Sessel stellen
- einer hält den andern in Händen
- einen Platz finden und sich am verbleibenden Stückchen bewegen

Die Aufgaben sollten die immer kleinerwerdende Zeitung berücksichtigen.

Orangentanz

Jedes Paar erhält eine Orange. Diese wird zu Musik mit verschiedenen Körperteilen zwischen den Partnern gehalten. Die Orange soll während des Tanzes nicht zu Boden fallen oder verrutschen.
Wenn die Musik unterbricht, wird auf den Impuls des Spielleiters hin die Orange zur angegebenen Körperstelle mittels Hände gegeben.

Die Orange wird
mit den Händen
mit den Schultern
den Rücken
den Popos
der Stirn
gehalten.

Fällt einem Paar die Orange hinunter, so scheiden sie nicht aus, sondern belohnen sich mit der Orange, indem sie sie aufessen, vielleicht gleich an Ort und Stelle, am Boden sitzend ....
Getanzt wird, bis alle am Boden sitzen.

● Polonaise-Figuren

1. Umschreiten des gesamten Raumes, jede(r) weiß nun, wie groß die Fläche ist.
2. Halbieren des Tanzraumes — Paare trennen sich
3. Begegnen der beiden Partner — jeder kommt 2x vorbei
4. Kreuzen auf der Diagonale
5. Paare biegen abwechselnd rechts oder links ab
6. Tore bilden — eine Paarreihe durchzieht die Tore der Gegenreihe, Wiederholung gegengleich
7. Gasse — wie Torbögen jedoch ohne Handfassung
8. Wellenschlag oder drunter und drüber — die Paare bilden Torbögen und schlüpfen einmal drunter und lassen andere wieder drunter schlüpfen, stets abwechselnd.
9. zu Vierer-Reihe zusammengehen
10. zu zwei Viererreihen links und rechts trennen
11. zu Acht zusammengehen
12. Irrgarten und Schlange — die erste Achterreihe beginnt, und der letzte Tänzer faßt jeweils den äußeren Tänzer der vordersten Achterreihe
13. Schnecke gegen die Tanzrichtung mit dem Gesicht zur Kreismitte, schnell hinein langsam heraus — jede(r) geht durch den Kreismittelpunkt
14. Auflösung der Schlange zu Paaren in der Reihe
15. Gasse bilden und mit verschiedenen Bewegungsarten durchtanzen
16. Schlußkreis daraus neues Tanzspiel

Kommunikative Variationen:

1. **Ausdrehen**
   vom ersten Partner an drehen sich alle folgenden an den jeweils stehenden durch, bis sie an der Spitze der Gasse stehen.
2. **Bingo-Schlängeln**
   Hände reichen, Handflächen berühren, Schultern streifen usw.
3. **Ganz enge Reihe,**
   die im Gleichschritt zu einer engen Spirale geführt wird und dann „explodiert", oder „erdrückt" zusammensinkt.

Tänze spontan gemeinsam erfinden:

Einfache Möglichkeiten:

● Follow me

Alle stehn im Kreis, zu einer einfachen bekannten Musik beginnt eine(r) eine Bewegung, alle andern machen's nach.
Nach kurzer Zeit zeigt der Beweger auf jemand andern.
Der beginnt mit einer neuen Bewegung, die ihm alle nachmachen, usw.

● Von Wand zu Wand

Etwas schwieriger und sehr anregend ist dies: Alle stehen an einer Wand (oder Linie) und eine(r) beginnt sich zu einer anregenden Musik zur gegenüberliegenden Wand zu bewegen, alle bewegen sich gleich nach – und wieder von Neuem ....
Dabei können sich auch kleine Grüppchen mit unterschiedlichen „Vortänzern" ergeben ....

Leicht, aber mit mehr Kooperationsanspruch ist diese Möglichkeit:

● Gruppentanz

Alle stehn in Gruppen zu 5 - 6 beisammen. Zu einer anregenden Musik (Psycho-Rock, Pata Pata) entwickelt jede Gruppe eine Bewegung: haben alle Gruppen ihre Bewegung gefunden, bekommt jede Gruppe eine Zahl oder Farbe,und die Musik beginnt von vorne:

In kurzen Zeitabständen wird die Musik unterbrochen und eine Gruppe gerufen, die beginnt dann ihre Bewegung, die alle anderen Gruppen nachmachen.

● Tanz-Mosaik

Ähnlich geht's dabei:
Wieder sind alle in Kleingruppen geteilt.
Zu einer mehrteiligen Musik (z.B. Jiffy Mixer) entwickelt jede Gruppe ihre Bewegung.
Alle zeigen die Bewegungen vor, aus diesen wird dann der gemeinsame Tanz zusammengesetzt.

Die jeweilige Erfindergruppe ist in ihrem Teil führend.

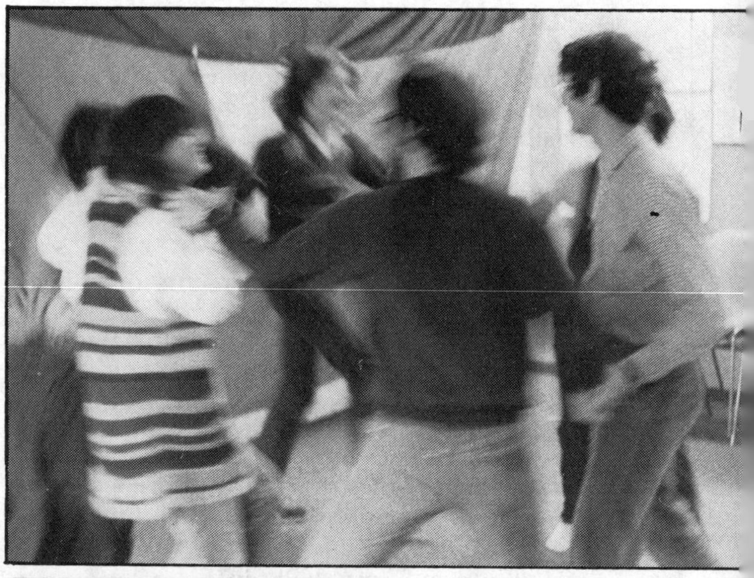

● An-Feuertanz

Die Teilnehmer bilden 10er bis 15er Kreise und beginnen zu „heißer Musik (z.B. Rolling Stones) am Platz stehend, stampfend und klatschend zu tanzen.

Einige Teilnehmer begeben sich in die Mitte und tanzen – angefeuert durch den Außenkreis – so frei wie möglich. Die Inneren sollen dann jeweils eine Person von außen ablösen und diese kommt dadurch in die Mitte.

Variation: Der Spielleiter unterbricht die Musik und gibt Impulse wie:

zwei Burschen in die Mitte
drei Mädchen
zwei Paare
ein Mädchen

Das kann auch die konventionelle Paarbildung durchbrechen helfen. Mauerblümchen gibt's nicht mehr!

Tanz für heutige Männer

Schwierigkeiten bei der Gestaltung von Festen und Feiern mit Burschengruppen, in Heimen und Männerrunden.

Üblich ist: Grillparty, Kegelabend, Kartenrunde d.h. Sitzen, Konsumieren, Wettbewerb

Schwierigkeiten
bei gemischten Tanzveranstaltungen, vor allem mit jüngeren Gruppen.

Üblich ist: Die Burschen brauchen lange, bis sie „in Schwung kommen", stehen unschlüssig herum, trinken und beginnen oft – vielleicht als Bewegungsersatz – zu raufen.

Ursachen

für die „Angst der Männer vor dem Tanzen" könnten sein:

Der Körper wird oft nur im Zusammenhang mit Leistung und Kraft erlebt (Sport, Kampf)

Männer dürfen keine Gefühle zeigen

Männer müssen „gut" sein, Eindruck machen, sicher sein. Daher kann „man" sich keine Tanzversuche leisten. Der Maßstab des guten Tänzers wird durch Tanzschulen, Shows etc. geprägt.

Tanz macht sensibel, emotional und spielerisch = unmännlich?

Ziel

Ausgehend vom Rollenbild des Mannes „stark, aggressiv, sicher", soll sich der Jugendliche frei bewegen lernen, seinen Gefühlen Ausdruck geben und neue Gefühle – z.B. zart, leicht, unsicher – erfahren.

Tip

Der Animateur kann sehr viel für die unkonventionelle Paarbildung bei Gruppentänzen, Tanzspielen und Tanz überhaupt beitragen: Aufforderung wie „jeder sucht sich einen Partner, egal welchen Geschlechts" sind geeigneter als „jeder Herr sucht sich eine Dame" ....

Strategie

für eingeschlechtliche und gemischte Gruppen:

Lockerungsübungen

- follow the leader
- Gesten weitergeben
- stop – los
- Feuertanz
- Schatten gehen
- Versteinern
- Bruder hilf
- Atome – Moleküle
- Lotsen zu zweit

Aggressions- und Kraftübungen

- pantomimisch kämpfen
- angreifen und reagieren
- rhythmische Kampfszenen
- von Ziehen zu Leiten (siehe 2. Kapitel)

Pantomimische Spiele und Übungen

- Stabpantomime
- pantomimische Kette
- Zusammengesetzte Wörter
- Alltagshandlungen umsetzen (siehe 2 + 3. Kapitel)

Gruppentänze

- Kolo von Srem
- Swing in der Gasse
- Hawa Nagila
- Follow the group bzw.
- Tanzmosaik

Playbacks zu Liedern und Musik

- Ambros „Es lebe der Zentralfriedhof" u.a. Dialektlieder
- Westernsongs

Tanz mit Material

- feste, große Tücher
- breite Stoffbänder
- Gummibänder
- Schaumgummi
- Trikotschläuche
- große Ballons
- weiches, zartes Material erst später einsetzen

3. Bewegungs-Aktionen

Möglichkeiten

Bewegungsideen werden von einer Gruppe vorbereitet, diese Gruppe tritt dann als Animator auf und reißt die anderen durch ihre **Aktionen** mit.

Die Bewegungsideen werden aus der **Umwelt** genommen, durch Medien und/oder eine Gruppe eingebracht.

Die Bewegungsideen werden einem **Thema** untergeordnet, vorbereitet, und da sie meist starke Betroffenheit auslösen, durch Gespräche nachbereitet.

● Punkt für Punkt

Farben, Gruppen und Bewegungsaufgaben.
Ablauf:

1) Jede(r) wählt eine Farbe (4–6 Möglichkeiten) und schminkt sich einen Farbpunkt ins Gesicht.

2) Alle mit dem gleichen Farbpunkt sind ab jetzt eine Gruppe
3) Diese Farbgruppen haben eine Aufgabe mit und vor allen (z.B. sich vorstellen) und je wechselnde Bewegungsmöglichkeiten

A) Alle kommen herein .... oder die mit den Schminkfarben laden alle ein, sich einen Farbpunkt (je nach Gruppengröße stehen 3 bis 6 Farben zur Auswahl) ins Gesicht zu schminken.

B) Kurze Erklärung des Spiels, alle mit der gleichen Farbe treffen zusammen und stellen einander vor (nur innerhalb der Gruppe)

C) Anregende Musik, alle bewegen sich durcheinander

Musik bricht ab: Gruppe rot stellt sich reihum vor

anregende Musik, alle bewegen sich durcheinander

Musik bricht ab, Farbgruppen treffen einander: Gemeinsamkeiten entdecken und einige davon den andern vorspielen (pantomimisch)
anregende Musik ....

Musik bricht ab: Gruppe grün stellt sich reihum vor *)
anregende Musik ....

Musik bricht ab: Farbgruppen treffen sich und entwickeln eine Bewegung zu einer einfachen Musik (je nach musikalischer Vorerfahrung) Rock, Samba oder ....
haben alle ihre Bewegung, beginnen sie, zur Musik ihre Bewegung zu machen. Kurz darauf wird eine vorkommende Farbe gerufen, und nun machen alle die Bewegung der entsprechenden Farbgruppe nach. usw.

Gruppe gelb stellt sich reihum vor usw. *)

weitere Aufgaben für die Farbgruppen:
O gemeinsames Gleichgewicht suchen
O Knoten
O Statue zu einem Thema/Wort bilden, die andern erraten das Wort
O aus verschiedenen Körperteilen Türme bauen: Faustturm, Kopfturm, Popoturm usw.
O eine Maschine (zu bestimmten Bewegungsaufgaben) bilden
O ein Tier bilden, sich durch den Raum bewegen, andere Tiere treffen ....
usw.

Aufgaben während der Einzelbewegungen:
Die Abschnitte „anregende Musik ....'' können auch mit verschiedenen Bewegungsanregungen „gewürzt werden'': rückwärts gehen, jemandes Schatten sein, nur im rechten Winkel Richtung ändern, unterschiedliche Gangarten usw.

Variation: *)

Die Farbgruppen haben wie oben immer die gleiche Aufgabe:
— sich vorstellen oder
— einander Guten Morgen wünschen oder
— eine Bewegung animieren

Dazwischen treffen sich bunte Gruppen, in welchen Mitspieler mit jeweils anderen Farbpunkten zusammentreffen. Diese haben dann immer dem Thema entsprechend wechselnd neue Aufgaben:
— Statuen bauen
— zur Musik malen
— ins Gleichgewicht kommen
— Plakat zum Thema machen
usw.
Siehe „Spielimpulse: für Gruppen''

● Rollen - Geschichten

Beschreibung siehe Seite 147

● Fortbewegungsgeschichte

Den Titel des Spiels vorher nicht verraten!

Die Teilnehmer bilden einen Kreis, die Animatorengruppe geht in die Mitte oder verteilt sich zwischen den Teilnehmern im Kreis.

Nun beginnt die Animatorengruppe ihre vorbereitende Fortbewegungsgeschichte — nur mittels Bewegungen, ohne Laute — vorzuzeigen und lädt die anderen zum Mitmachen ein. Jeder soll für sich überlegen, welche Bewegung nun was darstellt.
z.B.:

Affen	auf allen Vieren, hüpfen
Baby	am Rücken liegen und strampeln
Pferd	galoppieren
Fahrrad	im Stehen treten
Moped	starten, langsam und holprig fahren
Motorrad	starten und schnittig fahren
Auto	verschiedene Typen darstellen
Flugzeug	mit ausgebreiteten Armen schwingen
Rakete	vom Boden weg hüpfen

Nun können die Teilnehmer raten bzw. schildern, was sie dargestellt haben und machen es versuchsweise nocheinmal, diesmal mit Lauten und viel Lärm.

Farbentanz

Aktionen:

schminken
Ungefähr 10 - 15 Teilnehmer **schminken ihre Gesichter** mit je einer Farbe, möglichst klar und einfach. Es sollen gut sichtbare Farben verwendet werden.

bewegen
Dann überlegt sich jeder Geschminkte, welche **Art von Bewegung** zur Farbe paßt, probiert diese aus. Die Bewegungen sollen einfach, nachahmbar und längere Zeit durchzuhalten sein.

schauen
Nun schaut jeder Geschminkte – die ja die Rolle von Animatoren haben – wer sich ähnlich geschminkt hat, dieselbe Farbe verwendet hat bzw. dazu eine **ähnliche Bewegung** macht.

finden
Diese ähnlichen Bewegungsarten finden sich nun in kleinen Gruppen zusammen und **koordinieren ihre Bewegungen,** sodaß wiederum eine nachahmbare Bewegungsform – diesmal in Kleingruppen herauskommt. Die Kleingruppen bewegen sich nun lautlos mit ihrer Bewegungsart durch den Raum.

begleiten
Die anderen Teilnehmer werden nun durch den Spielleiter angeregt, jede Farbgruppe durch **Geräusche und Klänge** (ev. mit Instrumenten) zu begleiten. Dies können sie im Sitzen oder Mitbewegen machen.

anschließen
Ein anderer Teil: Der Teilnehmer kann sich nun durch Bewegung und ev. Körpergeräuschen anschließen: Jeder sucht sich die Farb-Klang-Bewegungsart aus, die ihm am besten zusagt.
Die Kleingruppen versuchen auch ihrerseits die noch Unentschlossenen **anzuregen.**

wechseln
Der ursprüngliche Kern der Animateure soll erhalten bleiben, die Teilnehmer können jedoch wechseln und verschiedene Arten **ausprobieren.** Dadurch entsteht auch Dynamik in der Großgruppe, die Gruppengrößen wechseln.

ändern
Den Gruppen bleibt auch frei, ob sie innerhalb der Kleingruppen **improvisieren** wollen, begleitet von den Geräuschen und Klängen.

gestalten
Diese Tanzform **kann** zu einer sehr **intensiven Interaktion** werden, kann lange dauern, kann rasch abflauen – je nach Stimmung und Anregungen.
Die Grundideen können auch über die Improvisation zu einer **festen Gestaltung** geführt werden.

untermalen
Weitere **anregende Medien** einsetzen – z.B. die entsprechenden Farben der Gruppen auf Dias malen, Scheinwerfer einsetzen oder Interaktionsimpulse wie: Die Kleingruppen sollen einander begegnen, sollen aggressiv z.B. Farbenkampf miteinander in Kontakt treten, freundlich, zärtlich .....

Dieser Tanz ist jedoch für mehr fortgeschrittene Feste geeignet und keinesfalls für den Anfang!

Schattenspiele

Ein Schattenspiel, dessen Leinwand inmitten des Raumes hängt, erleichtert den Zuschauern mitzuspielen – ja lädt sie dazu ein.

Meine Erfahrung:

Mitten in einem Fest, zeigen zwei Mitfeiernde ein sanftes Schattenspiel – zu ruhiger Musik.
Dazu beginnen im weiteren Lauf zwei bis drei mitzuspielen – indem sie andere ablösten.
Besonderen Reiz übte dabei das Gestalten **einer Figur** durch **mehrere Spieler:** So konnten dieser Figur mehrere Glieder, Köpfe usw. gegeben werden.

Noch animierender war dann der Impuls, verschiedenfärbige Scheinwerfer aufzustellen – und diese werfen verschiedene Schatten. Spielen mehrere Personen ,entstehen abenteuerliche Farbkombinationen:

Nach einigen Aktionen einzelner mit anderen, entstand plötzlich die Variation, **verschiedene Gegenstände** in das Spiel zu bringen.

Da verschiedene Spieler immer neue Ideen dazu entwickelten, entstand daraus **ein Umzug** rund um die Leinwand – zum grotesken Gebrauch von Gegenständen entwickelten die Spieler immer neue Möglichkeiten, sich an der Leinwand vorbeizubewegen: sowohl **die Bewegungsarten** als auch die **jeweiligen Verbindungen** mit- und zueinander wechselten ständig.

Neben der ständigen Neuentwicklung von „Durchgangsarten" hatte dieser **„Umzug" den Vorzug,** daß jeweils die Mitspieler **schnell wechselten** zwischen **Zuschauen und Agieren.**

● Eisscholle - tanzend

Vorbereiten: Riesengroße Packpapierfläche, für 20 Teilnehmer ca. 4m x 4m

Die Teilnehmer bewegen sich zu Musik im Raum — einzeln oder zu mehreren.
Bricht die Musik ab, so hüpfen alle auf die Papierfläche, genannt „Eisscholle".
Die Spielleiter reißen während jeder Tanzphase einige Stücke von der Eisscholle rundherum ab — die Eisscholle verkleinert sich und die Teilnehmer müssen erfinderisch sein, damit alle möglichst lange oben bleiben. Einander helfen und halten ist notwendig!

● Luftballontransport

Verschieden große Luftballons vorbereiten.

Bei jeder Aufgabenstellung jedoch jeweils gleichgroße verwenden.

Aufgaben:
O 5er Gruppen transportieren auf verschiedene Art und Weise einen Ballon von einer Ecke des Raumes in eine andere:
O mit den Händen — Stirn — Bauch — Rücken — Nasen
O entweder festhalten oder weiterschubsen, auch am Boden kriechend

Dazu Musik. Der Wechsel der Ballongrößen bringt die Teilnehmer in unterschiedliche Nähe.

● Wohnen

Die einzelnen Stationen werden mittels Schilder vorher gekennzeichnet. Die Animateure teilen sich die Stationen auf.

Nun werden die Teilnehmer eingeladen, die verschiedenen Wohnsituationen durch Bewegung, Körperhaltung usw. möglichst „hautnah" auszuprobieren:

Kachelofen
Stühle, Hocker und/oder Matratzen aufstellen, eine Reihe „besetzen", die übrigen Teilnehmer nehmen jeweils auf den Knien der Sitzenden Platz. Einander den Rücken reiben, kuscheln ....

Zelt
Ein Teil der Teilnehmer bildet mittels Hochheben der Arme ein Zelt, die anderen kriechen hinein; wechseln.

Variation:
Leichtes Riesentuch, jeder nimmt es mit der rechten Hand, leicht anspannen, schwingen und gleichzeitig hochheben, alle darunter laufen: Sogenanntes „Schwammerl".

Hängematte
Zwei Reihen stehen einander gegenüber und reichen einander die Hände, festhalten mit „Turnergriff" — Hand umfaßt Handgelenk des anderen. Nun kann sich jeder durchschaukeln oder durchschupfen lassen.

Weitere Wohnideen entstehen durch's Machen!!

● Statuen erraten

Ein kooperativ-darstellerisches Spiel für Gruppen bis 50 Teilnehmer — für jedes Thema möglich:

Die Großgruppe teilt sich in Kleingruppen (6-10) — z.B.: mittels Atome — Moleküle, Punkt für Punkt oder Spots in Movement.

Jede Gruppe bekommt nun auf einem Kärtchen einen Begriff (zu einem aktuellen Thema oder je nach Leichtigkeit) oder ein Wort, das ein Gefühl oder einen Vorgang bezeichnet.

Jede Gruppe versucht nun eine treffende Statue dazu zu entwicklen. Eine Gruppe — sobald alle fertig sind — beginnt mit ihrer Statue — die Zuschauer raten und sagen laut ihre Vermutungen.
Hat jemand die Statue erraten, löst sich diese auf. Die nächste Gruppe baut ihre Statue — alle andern raten.
Zwischen den Darstellungen (Statuen) kann auch Musik und Bewegung sein — je nach Atmosphäre und Gruppengröße.

● Spots für Mann & Frau

Diesmal – ausnahmsweise – werden die Teilnehmer zu gemischter Paarbildung eingeladen (trotzdem sollen alle integriert werden).
Musik spielt, die Paare tanzen dazu. Wenn die Musik abbricht, gibt der Spielleiter einen Impuls, der so körperlich als möglich durchgeführt werden soll.

Einige Beispiele – die bodenständige Ausdrucksform ist dabei wichtig:

O Er läßt sie „anglahnt" – sie läßt ihn „anglahnt" – sie stärken einander den Rücken

O er läßt sie links liegen – sie läßt ihn links liegen – sie treffen einander in der Mitte

O er pfeift ihr etwas – sie pfeift ihm etwas – sie pfeifen gemeinsam

O er steht unter dem Pantoffel – sie steht unter dem Pantoffel – sie ziehen einander die Schuhe aus (an)

Viel Spaß beim Weiterentwickeln!

Hinweis:
Jeweils **nur einen** Teil des Impulses sagen und durchführen. Der 3. Teil nennt sich „die Alternative".

● Spots bis 2200

Ein Spiel für die Zukunft

(Zum Gedenken an unsere Nachkommen)

In 2200 wird die Geschichte der Menschheit (Atomgeschichte) bis zum Jahr 2200 im Zeitraffer gespielt.

Die Mutationen werden durch Körperveränderungen dargestellt.

Spielanleitung:

2200 ist vom Spiel „Atome – Moleküle" abgeleitet.

O Zu „elektronischer Musik" bewegen sich die Teilnehmer im Raum. Wenn die Musik aussetzt, gibt der Spielleiter den Grad an radioaktiver Verseuchung an. Maßeinheit für Radioaktivität sind Curie von 1 – 100.

O Bis Curie 20 ist die Radioaktivität auf natürliche Umwelteinflüsse zurückzuführen. Über 20 Curie beginnen bei Lebewesen bereits Mutationen. Sie werden mit zunehmender Radioaktivität immer stärker.
O Der Spielleiter beginnt am besten mit 20 Curie – alles bewegt sich zur Musik normal im Raum.
O Setzt die Musik aus, treffen sich die Teilnehmer nach vorher angekündigten gemeinsamen Merkmalen: Kleidung, Alter, Augenfarbe ....
O Wenn sich die entsprechenden Teilnehmer gefunden haben, tauschen sie freundliche Gesten aus – wie Schulterklopfen, Mut zusprechen,
O Nach und nach erhöhen sich die Curie und somit die Mutationen ..... Bei 100 Curie kann der Spielleiter alle Teilnehmer treffen lassen und einander zu den „weitblickenden" Vorfahren gratulieren lassen.

Gefahren:
Unreflektiert ist dieses „Spiel" reine Manipulation. Eine Auswertung ist daher unbedingt notwendig.

Werdende Mütter sollten vorher über den Spielverlauf informiert werden.

Ziel: Betroffenheit führt zu intensiven Gesprächen.

„A ka weh?"

4. Berühren und einander spüren

Viele Impulse dazu findest Du im 1. Kapitel, Schwerpunkt „empfinden", im 5. Kapitel „Faires Kämpfen – Körper Spüren".

Im 1. Kapitel beschriebene Impulse:

- Goofy
- Wellenbett
- Verfolgen
- Tonbatzl

Speziell für Großgruppen:

● Zwischenräume

Die Hälfte der Gruppe bildet im Raum ein Gebilde mit vielen Zwischenräumen von Armen, Beinen, Rümpfen, Becken.
Die andere Hälfte versucht nun (zur Musik), durch diese Zwischenräume zu krabbeln, gleiten, schlüpfen.
Dieses dichte Körpererlebnis kann eine lustvolle Stimmung unterstützen und bringen.

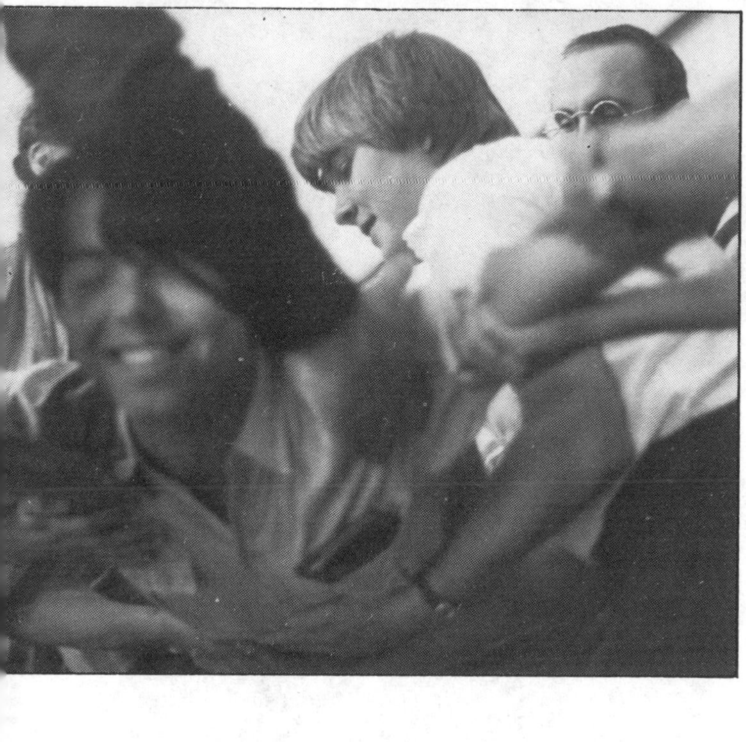

● Leute zu Leute

Die einladende Möglichkeit, mit verschiedenen Partnern und mit verschiedenen Körperteilen in Berührung zu kommen:

Alle gehen paarweise zusammen, das Spiel wird erklärt:
Eine(r) ruft „Rücken zu Rücken" – alle lehnen ihre Rücken aneinander –
Nase zu Nase, Aug zu Aug, Ohr zu Knie, Handfläche zu Handfläche, Ellbogen zu Popo, usw.

Ruft diese(r) „Leute zu Leute", wechseln alle schnell ihre Partner, bilden neue Paare – und wer übrig bleibt, gibt die **neuen Impulse.**

● Die Zwiebel

Diese schon beschriebene Spiel- und Kommunikationsstruktur bietet den Mitspielern viel Sicherheit durch den steten Ablauf und die Gewißheit, wieder zu einem neuen Partner zu kommen.
So sind in diesem Rahmen neuartige, ungewohnte und somit auch intimere Kommunikationsimpulse möglich, als dies normalerweise in Großgruppen der Fall ist.
Hier meine Auswahl von Spielimpulsen zum Berühren:

paarweise
Schulter klopfen
Spiegeln
einander auf den Rücken nehmen
sich fallen lassen
Blinde führen
Dirigieren
Marionetten
Abstreifen
sich ins Gleichgewicht bringen
Blind nachformen
Schneckenhaus
Ich zeig Dir meine Welt
mit Luftballon bewegen
Kopf massieren
Füße massieren
einander schminken
Umrisse nachziehen:
was erlebe ich gern mit meinem Körper
Schulter an Schulter ruhen

gruppenweise
Denkmal bauen
Knoten
Tücherspiele
Pendeln/Vertrauenskreis
in die Arme der Gruppe fallen lassen
Bewegtes Bett/Wellenbett
Regnen
Namen-Melodie
Klangkörper

● Genußkarussell

In besonders vertrauten Großgruppen ist dieses Karussell eine intensive Möglichkeit zum Körperspüren: entspannend und anregend.

Die Hälfte der Gruppe (ab 20 Mitspielern mehrere Karussells!) liegt auf Decken sternförmig am Boden. Die andere Hälfte stellt sich zusammen und jede(r) wählt sich eine vertraute Berührungs- oder Massageart für die Liegenden aus. Möglichst so, daß für die Liegenden über den ganzen Körper verteilt im Lauf des Karussells Berührungen spürbar werden.
Nun beginnt jede(r) bei einem der Liegenden mit seiner Wohltat. Nach ca. 2 - 3 Min. wechseln alle zum jeweils nächsten liegenden Partner. Auf diese Weise kommen alle tätigen zu allen liegenden Partnern. Die Liegenden erleben so nach und nach am ganzen Körper lockernde, entspannende Impulse.

Möglichkeiten:
– Kopf wiegen
– Gesicht abstreifen, anblasen
– Schultern bearbeiten
– Arme und Hände lockern
– Handflächen streicheln
– Bauch mit Händen streifen, mitatmen
– Popsch und Beine klopfen
– Beine lockern
– Fußsohlen massieren, tätscheln

Lassen Sie den Liegenden Zeit zum „Aufwachen", langsam Aufrichten und Aufstehen! Achten Sie darauf, daß nicht mehr als 10 Partner liegen, sonst dauert das Genußkarussell zu lange und der Rollenwechsel wird schwer.

● Unterm Tuch entspannen

Ähnlich entspannend, jedoch weniger intim ist dieses Körperspür-Erlebnis:
Nach einer engagierten Gruppentätigkeit legen sich die meisten Mitspieler eng auf den warmen Boden (Decken), einige breiten über sie das große Seidentuch und beginnen es zu dezenter Musik über die Liegenden zu streifen und zu wehen. Zusätzlich anregend kann das Licht eines selbstbemalten Dias sein, das auf das wellende, wehende, streifende Tuch fließt.
Nach einiger Zeit wechseln die tätigen Gruppenmitglieder unter das Tuch und einige liegende tun mit dem Tuch weiter.
Der leichte Wind, das Streicheln des Tuchs, die Musik und das enge Beisammenliegen bringen eine warme, entspannte Atmosphäre.

Unter großen Tüchern können ca. 35 Kinder oder 25 Erwachsene eng liegen. Bei größeren Gruppen sind mehrere Tücher gut.

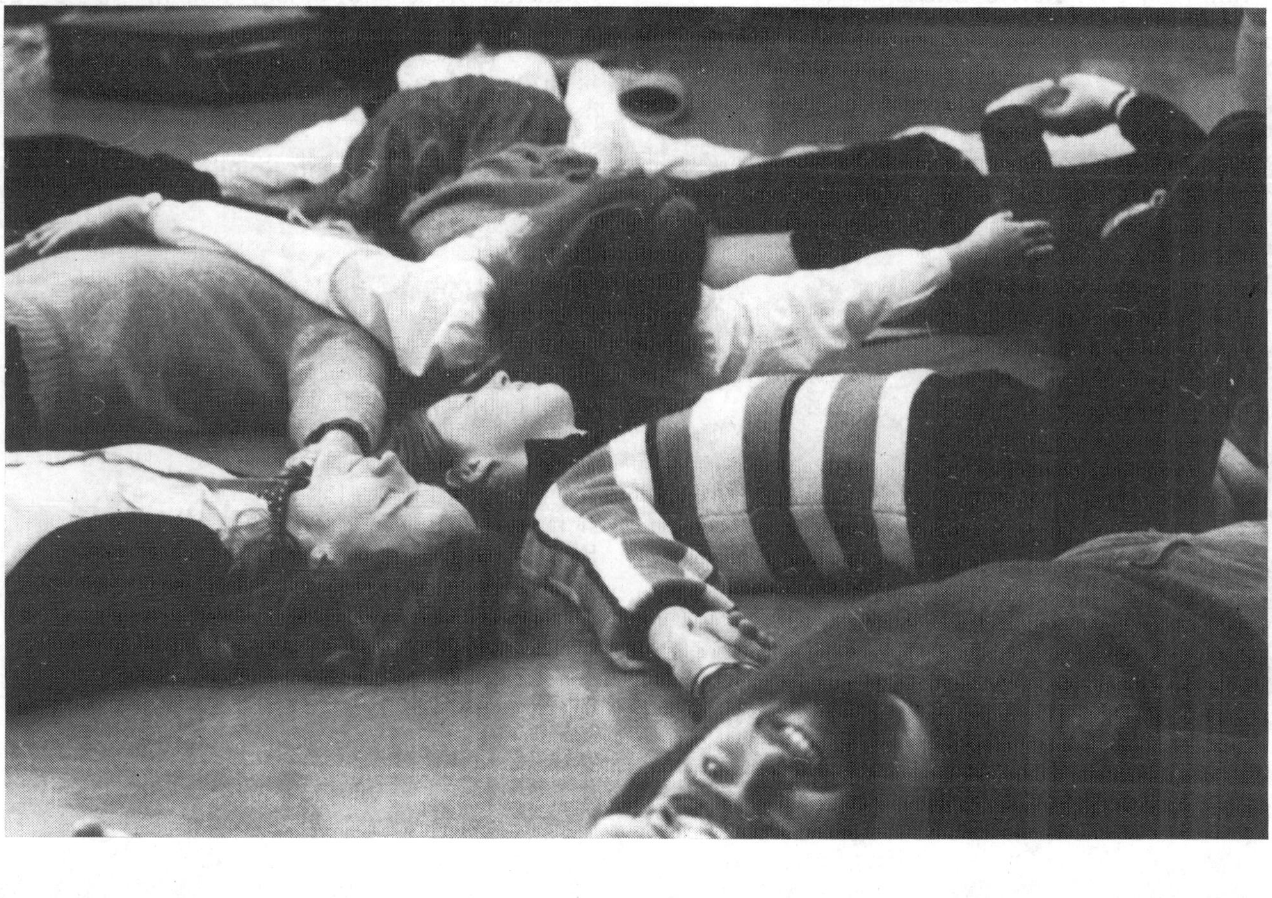

Bewegende Bücher:

Literaturliste:

Improvisation, Tanz, Bewegung
Barbara Haselbach
Klett Verlag Stuttgart

Kreativer Tanz
Madeleine Mahler
Zytglogge Verlag Bern

Moderner Ausdruckstanz in der Erziehung
Laban
Heinrichshofen-Wilhelmshaven

New games — die neuen Spiele
Autorenteam
Ahorn Verlag München

Sensitv Spiele
Rudi Wormser
Mosaik Verlag München

Das praktische Rollenspielbuch
Michael Kramer
Jugenddienst Verlag Wuppertal

Spielstücke für Gruppen - eine Praxis der Spielpädagogik
Ulrike Fink u.a.
Chr. Kaiser Verlag u.a.

Großgruppen-Animation
Reinhold Rabenstein und Rene Reichel
Puppen & Masken Frankfurt

Masken Bau Spiele
Bundesjugendwerk der AWO Bonn

Bewegungsspiele
Brinkmann und Treeß
Rowohlt Taschenbuch

Keine Angst vor Aggression
Bach und Goldberg
Diederichs Verlag Düsseldorf

Streiten verbindet
Bach und Goldberg
Diedrichs Verlag Düsseldorf

Erleben durch Sinne
Brooks
Junfermann Verlag Paderborn

Die Kunst der Wahrnehmung
Stevens
Chr. Kaiser Verlag, München

Stichwörter –

alphabetisch geordnet

10 Jahre
AGB
Arbeitsgemeinschaft für Gruppenberatung
A-4040 Linz, Pulvermühlstr.6
Tel.0732-239 43 72 (25 26 95)

BÜCHER

Spielpädagogik Neu !
Grundlagen und Berichte. René Reichel. Erfrischende Praxisberichte aus vielfältigen Bereichen: Schule, Senioren, Kindergarten, Familie, Heime u.a.. Dazu die tragenden Konzepte unserer Arbeit.

Großgruppen-Animation
Lernen und Spielen in großen Gruppen. Reinhold Rabenstein u. René Reichel. Anregend praktische Vorschläge zum Gestalten von lebendigen Lern- und Spielsituationen: in Klassen, bei Seminaren, Aktionen, Festen und Veranstaltungen.

Lernen kann auch Spaß machen
Reinhold Rabenstein. Neubearbeitung ! Ein Methodenbuch zu: Anfangen, Einstieg in Themen, Aktivieren bei Müdigkeit und Unlust, Reflexion des Gruppengeschehens.

Bewegung für die Gruppe
Gusti Reichel,R.Rabenstein,M.Thanhoffer. Unser bewegendes Buch zum gemeinsamen Lockern, Kreativ Tanzen, Körper-Spüren, Kooperativ Sporteln,Szenisch Darstellen.

Für Referenten und Seminarleiter/innen:
Das Methoden-Set
R.Rabenstein, R.Reichel, Michael Thanhoffer u.a.

MATERIALIEN

TASK-Figuren-Kärtchen
Ein Etui voll Strichmännchen-Kärtchen zum Erzählen und Mit-Spielen - Spielvorschläge beiliegend.

Spiel-Kartei (Remscheider)
200 Spiele zu 24 Spielthemen von "Ausdruck" bis "Zusammenarbeit" in handlicher Schachtel.

Gruppe&Spiel Zeitschrift-Abo:
Hsg. von Ulrich Baer. Ideen, Erfahrungen und Infos zur Gruppen- und Spielpädagogik - mit spielfertigen Beilagen.

Diskussions-Spiele (Rschd.)
Mappe mit spielfertigen, anregenden Vorschlägen zum Gespräch in Gruppen zu unterschiedlichen Themen.

Schmink-Farben (Aqua color)
Mit Wasser auftragen und abwaschen:
Schminkkasten, 12 Farbknöpfe .....
Schminktegel, sehr ausgiebig: rot, blau, gelb, weiß, schwarz, grün ......
gold, silber ....

Das Alternativ-Würfelspiel
Ein aktivierendes Spiel zu alternativpolitischen Themen wie Wohnen, Frieden u.a. Von Gusti und René Reichel.

AGB-HEFTE

GRUPPENTÄNZE UND BEWEGUNGSSPIELE
Ein handliches Heft (A5) mit einfachen Beschreibungen von Gruppentänzen und Bewegungsspielen zur Musik

TEAMARBEIT U. MITARBEITERBERATUNG
AH 5: Hilfen und Überlegungen zur wirksamen Zusammenarbeit, Beratungsmodelle

FRAUEN IN GRUPPEN
AH 9: Erfahrungsberichte, Impulse und Methoden zum Leiten und Arbeiten in Frauengruppen

KINDER-ANIMATION
AH 10: Modelle und Ideen zu Spielplatz, Spielaktion, Fest, Sommerlager, Gruppe & Club, Schulklasse

AUTORITÄT IN DER GRUPPE
AH 11: Impulse und Anleitungen zu den Themen: "Autorität in mir, in der Gruppe und in der Gesellschaft"

WIRKLICHKEITSFREUNDLICHE GRUPPENERLEBNISSE STATT FLUCHTHILFEN
AH 12: Reflexionshilfen und Methoden zu den Themen: Sucht-Konsum-Bewußtheit

ANIMATION IN DER SCHULE
AH 13: Möglichkeiten und Grenzen animierender Lernsituationen und Kommunikation für Schüler und Lehrer

LEBENDIG INFORMIEREN UND WERBEN
AH 14: Handfestes für Ihre Öffentlichkeitsarbeit: die wichtigsten Methoden, Bausteine und Aktionen - übersichtlich und anregend präsentiert